JN071128

Ⅰ 輸送状況

Ⅱ 新幹線輸送

Ⅲ 大都市旅客輸送

《目　次》

《目　次》

《目 次》

《目 次》

XI 安全対策

XII 鋼索鉄道・索道

《目 次》

鉄軌道事業者一覧

区分		鉄道 事業者名	総数	軌道 事業者名	総数	合計
JR		・北海道旅客鉄道・東日本旅客鉄道・東海旅客鉄道・西日本旅客鉄道・九州旅客鉄道	6		0	6
大手民鉄		・東武鉄道・西武鉄道・京成電鉄・京王電鉄・小田急電鉄・東急電鉄・京浜急行電鉄・東京地下鉄・相模鉄道・名古屋鉄道・近畿日本鉄道・南海電気鉄道・京阪電気鉄道・阪急電鉄・阪神電気鉄道・西日本鉄道	16	・(東急電鉄)・(名古屋鉄道)・(近畿日本鉄道)・(京阪電気鉄道)	4 (4)	16
準大手		・新京成電鉄・北大阪急行電鉄・泉北高速鉄道・☆神戸電鉄・山陽電気鉄道	5	(北大阪急行電鉄)	1 (1)	5
公営		・仙台市・東京都・横浜市・名古屋市・京都市・神戸市・福岡市	7	・札幌市交通事業振興公社・函館市・熊本市・鹿児島市・(★札幌市)・(東京都)	6 (2)	11
普通鉄道	中小民鉄	・津軽鉄道・弘南鉄道・仙台空港鉄道・福島交通・長野電鉄・上田電鉄・アルピコ交通・黒部峡谷鉄道・富山地方鉄道・北陸鉄道・関東鉄道・ひたちなか海浜鉄道・上毛電気鉄道・上信電鉄・秩父鉄道・銚子電気鉄道・小湊鐵道・流鉄・北総鉄道・☆千葉ニュータウン鉄道・芝山鉄道・東葉高速鉄道・☆成田空港高速鉄道・☆成田高速鉄道アクセス・埼玉高速鉄道・首都圏新都市鉄道・東京臨海高速鉄道・江ノ島電鉄・箱根登山鉄道・伊豆箱根鉄道・横浜高速鉄道・富士急行・伊豆急行・岳南電車・静岡鉄道・大井川鐵道・遠州鉄道・豊橋鉄道・名古屋臨海高速鉄道・☆中部国際空港連絡鉄道・☆上飯田連絡線・東海交通事業・三岐鉄道・四日市あすなろう鉄道・☆四日市市・伊賀鉄道・☆伊賀市・養老鉄道・☆養老線管理機構・福井鉄道・えちぜん鉄道・近江鉄道・嵯峨野観光鉄道・叡山電鉄・☆大阪外環状鉄道・☆大阪港トランスポートシステム・☆関西高速鉄道・☆関西国際空港・水間鉄道・☆中之島高速鉄道・☆西大阪高速鉄道・☆奈良生駒高速鉄道・和歌山電鐵・☆和歌山県・紀州鉄道・能勢電鉄・水島臨海鉄道・一畑電車・高松琴平電気鉄道・伊予鉄道・筑豊電気鉄道・☆北九州市・島原鉄道・熊本電気鉄道・(万葉線)・(大阪高速鉄道)・(広島電鉄) (以下転換鉄道等) ・道南いさりび鉄道・☆青森県・青い森鉄道・IGRいわて銀河鉄道・三陸鉄道・由利高原鉄道・秋田内陸縦貫鉄道・山形鉄道・阿武隈急行・会津鉄道・北越急行・えちごトキめき鉄道・しなの鉄道・あいの風とやま鉄道・IRいしかわ鉄道・鹿島臨海鉄道・真岡鐵道・野岩鉄道・わたらせ渓谷鐵道・いすみ鉄道・天竜浜名湖鉄道・愛知環状鉄道・伊勢鉄道・樽見鉄道・明知鉄道・長良川鉄道・信楽高原鐵道・☆甲賀市・WILLER TRAINS・☆北近畿タンゴ鉄道・北条鉄道・井原鉄道・錦川鉄道・☆八頭町・若桜鉄道・☆若桜町・若桜鉄道・土佐くろしお鉄道・阿佐海岸鉄道・甘木鉄道・平成筑豊鉄道・松浦鉄道・肥薩おれんじ鉄道・南阿蘇鉄道・くま川鉄道	124 (3)	・万葉線・京福電気鉄道・阪堺電気軌道・岡山電気軌道・広島電鉄・とさでん交通・長崎電気軌道・☆富山市・宇都宮ライトレール・★宇都宮市・★芳賀町・大阪市高速電気軌道・(富山地方鉄道)・(豊橋鉄道)・(福井鉄道)・(伊予鉄道)	16 (4)	133

（令和３年７月１日現在）

区分	鉄　　　道			軌　　　道		合計
	事 業 者 名	総数		事 業 者 名	総数	
普通鉄道 / 貨物鉄道	・日本貨物鉄道 ・八戸臨海鉄道・岩手開発鉄道・仙台臨海鉄道・福島臨海鉄道・京葉臨海鉄道・神奈川臨海鉄道・名古屋臨海鉄道・衣浦臨海鉄道・西濃鉄道	10			0	10
モノレール (懸垂式・跨座式)	・湘南モノレール・舞浜リゾートライン・東京モノレール (東京都)	4 (1)		・千葉都市モノレール・スカイレールサービス・多摩都市モノレール・大阪モノレール・北九州高速鉄道・沖縄都市モノレール	6	9
新交通システム (案内軌条式)	・札幌市・埼玉新都市交通・山万・ゆりかもめ・(西武鉄道)・(大阪市高速電気軌道)・(☆大阪港トランスポートシステム)・(神戸新交通)・(広島高速交通)	9 (5)		・横浜シーサイドライン・名古屋ガイドウェイバス・愛知高速交通・神戸新交通・広島高速交通・(東京都)・(ゆりかもめ)・(大阪市高速電気軌道)	8 (3)	9
鋼索鉄道	・(財)青函トンネル記念館・立山黒部貫光・筑波観光鉄道・高尾登山電鉄・御岳登山鉄道・大山観光電鉄・比叡山鉄道・鞍馬寺・丹後海陸交通・六甲山観光・(財)神戸すまいまちづくり公社・四国ケーブル・皿倉登山鉄道・ラクテンチ・(箱根登山鉄道)・(伊豆箱根鉄道)・(京阪電気鉄道)・(近畿日本鉄道)・(南海電気鉄道)・(能勢電鉄)・(☆北九州市)	22 (8)			0	14
無軌条電車	・(立山黒部貫光)	1 (1)			0	0
	鉄道事業者数合計	204 (18)		軌道事業者数合計	41 (14)	213

1. （　）内は、区分の種別が重複している事業者である。
2. ☆印は、第３種鉄道事業者である。
3. ★印は、軌道整備事業者である。
4. 転換鉄道等とは、旧国鉄特定地方交通線の経営又は計画を承継した鉄道事業者若しくは並行在来線に係る鉄道事業者をいう。
5. 普通鉄道の区分において、「公営」とは地方公営企業法に基づき鉄軌道事業を行っている事業者をいう。

旅客の輸送機関別輸送量の推移

分類 年度	輸送人員（単位:千人）									
	自動車	指数	鉄道	指数	うちJR（国鉄）	指数	旅客船	指数	航空	指数
昭和40	14,863,470	(52.3)	15,798,168	(89.8)	6,721,827	(95.4)	126,007	(74.2)	5,194	(20.4)
45	24,032,433	(84.6)	16,384,034	(93.2)	6,534,477	(92.7)	173,744	(102.3)	15,460	(60.7)
50	28,411,450	(100.0)	17,587,925	(100.0)	7,048,013	(100.0)	169,864	(100.0)	25,467	(100.0)
55	33,515,233	(118.0)	18,044,962	(102.6)	6,824,817	(96.8)	159,751	(94.0)	40,427	(158.7)
60	34,678,904	(122.1)	18,989,649	(108.0)	6,943,358	(98.5)	153,477	(90.4)	43,777	(171.9)
平成2	55,767,427	(196.3)	22,029,900	(125.3)	8,357,583	(118.6)	162,600	(95.7)	65,252	(256.2)
7	61,271,653	(215.7)	22,708,819	(129.1)	8,982,280	(127.4)	148,828	(87.6)	78,101	(306.7)
12	62,841,306	(221.2)	21,705,687	(123.4)	8,654,436	(122.8)	110,128	(64.8)	92,873	(364.7)
17	65,946,689	(232.1)	22,614,234	(128.6)	8,683,855	(123.2)	103,175	(60.8)	94,490	(371.0)
22	6,241,395	-	22,732,646	(129.3)	8,827,874	(125.3)	85,047	(50.1)	82,211	(322.8)
24	6,076,806	-	23,329,154	(132.6)	8,962,801	(127.2)	87,134	(51.3)	85,996	(337.7)
26	6,057,426	-	23,682,270	(134.7)	9,088,162	(128.9)	86,290	(50.8)	94,505	(371.1)
27	6,031,303	-	24,366,949	(138.5)	9,307,791	(132.1)	87,900	(51.7)	95,870	(376.4)
28	6,034,928	-	24,867,235	(141.4)	9,371,891	(143.4)	87,460	(50.3)	97,201	(381.7)
29	6,084,966	-	25,061,253	(142.5)	9,488,101	(134.6)	88,200	(51.9)	99,316	(390.0)
30	6,036,558	-	25,345,259	(144.1)	9,556,010	(135.6)	87,600	(51.6)	103,903	(408.0)
令和元	5,799,913	-	25,201,654	(143.2)	9,503,003	(134.8)	80,200	(47.2)	101,873	(400.0)

旅客の輸送機関別輸送分担率の推移

分類 年度	輸送人員（単位:%）			
	自　動　車	鉄　道	旅　客　船	航　空
昭和40	48.3	51.3	0.4	0.0
45	59.2	40.3	0.4	0.0
50	61.5	38.1	0.4	0.1
55	64.8	34.8	0.3	0.1
60	64.4	35.3	0.3	0.1
平成2	71.6	28.1	0.2	0.1
7	72.8	26.9	0.2	0.1
12	74.2	25.6	0.1	0.1
17	74.9	24.9	0.1	0.1
22	21.2	78.3	0.3	0.3
24	20.5	78.9	0.3	0.3
26	20.7	78.7	0.3	0.3
27	19.7	79.7	0.3	0.3
28	20.4	79.0	0.3	0.3
29	19.4	80.0	0.3	0.3
30	19.1	80.3	0.3	0.3
令和元	18.6	80.8	0.3	0.3

(注)　1.　自動車の輸送人員及び輸送キロは，昭和62年度より軽自動車及び自家用貨物車を加えたので，各項目の合計は，昭和61年度以前と連続
　　　　しない。平成22年度より，自家用乗用車，軽自動車の調査を除外し，営業用自動車のみの数値のため，21年度以前の数値とは連続しない。
　　　2.　鉄道の輸送人員は，平成2年度以前の数値は連続性を持たない。
　　　3.　旅客船の輸送量については昭和45年度までは定期のみ，昭和50年度からは定期と不定期をあわせたものである。なお，昭和40年度までの輸
　　　　送人キロは，輸送人員に27キロメートル（1人平均輸送キロ）を乗じて推計した。

輸　　　送　　　人　　　キ　　　ロ　（単位：百万人キロ）									
自動車	指数	鉄　道	指数	うちJR(国鉄)	指数	旅客船	指数	航　空	指数
120,756	(33.5)	255,484	(78.9)	174,014	(80.8)	3,402	(49.3)	2,952	(15.4)
284,229	(78.8)	288,815	(89.2)	189,726	(88.1)	4,814	(69.8)	9,319	(48.7)
360,868	(100.0)	323,800	(100.0)	215,289	(100.0)	6,895	(100.0)	19,148	(100.0)
431,669	(119.6)	314,542	(97.1)	193,143	(89.7)	6,132	(88.9)	29,688	(155.0)
489,260	(135.6)	330,101	(101.9)	197,463	(91.7)	5,752	(83.4)	33,119	(173.0)
853,060	(236.4)	387,478	(119.7)	237,644	(110.4)	6,275	(91.0)	51,623	(269.6)
917,419	(254.2)	400,084	(123.6)	248,998	(115.7)	5,527	(80.2)	65,012	(339.5)
951,253	(263.7)	384,287	(118.7)	240,659	(111.8)	4,304	(62.4)	79,698	(416.2)
933,006	(258.5)	391,215	(120.8)	245,955	(114.2)	4,025	(58.4)	83,220	(434.6)
77,677	－	393,431	(121.5)	244,593	(113.6)	3,004	(43.6)	73,750	(385.2)
75,668	－	404,400	(124.9)	253,791	(117.9)	3,092	(44.8)	77,917	(406.9)
72,579	－	415,880	(128.4)	260,105	(120.8)	2,986	(43.3)	86,763	(452.7)
71,443	－	427,464	(132.0)	269,385	(125.1)	3,138	(45.5)	87,913	(459.1)
70,119	－	429,038	(148.6)	270,607	(142.6)	3,275	(47.5)	88,751	(463.5)
69,815	－	437,476	(135.1)	275,127	(127.8)	3,191	(46.3)	93,088	(486.1)
70,100	－	441,774	(136.4)	277,675	(129.0)	3,364	(48.8)	96,171	(502.2)
65,556	－	435,049	(134.3)	271,927	(126.3)	3,076	(44.6)	94,489	(493.4)

輸　　送　　人　　キ　　ロ（単位：%）			
自　動　車	鉄　道	旅　客　船	航　　空
31.6	66.8	0.9	0.8
48.4	49.2	0.8	1.6
50.8	45.6	1.0	2.7
55.2	40.2	0.8	3.8
57.0	38.5	0.7	3.9
65.7	29.8	0.5	4.0
66.1	28.8	0.4	4.7
67.0	27.1	0.3	5.6
66.1	27.7	0.3	5.9
14.2	71.8	0.5	13.5
13.5	72.1	0.6	13.9
12.6	71.9	0.5	15.0
12.1	72.5	0.5	14.9
12.6	72.8	0.6	14.0
11.6	72.5	0.5	15.4
11.5	72.3	0.5	15.7
11.0	72.7	0.5	15.8

4. 指数は昭和50年度を100としたものである。
5. 交通関連統計資料集・鉄道統計年報による。
6. 端数処理してあるため、合計が合わない場合がある。
7. 東日本大震災の影響のため、自動車の22年度及び23年度の数値には、北海道運輸局及び東北運輸局管内の23年3月及び4月の数値を含ま

旅客の公共輸送機関別分担率(令和元年度)

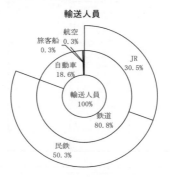

輸送人員

- 航空 0.3%
- 旅客船 0.3%
- 自動車 18.6%
- JR 30.5%
- 輸送人員 100%
- 鉄道 80.8%
- 民鉄 50.3%

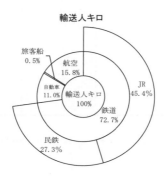

輸送人キロ

- 旅客船 0.5%
- 航空 15.8%
- 自動車 11.0%
- JR 45.4%
- 輸送人キロ 100%
- 鉄道 72.7%
- 民鉄 27.3%

(注)　交通関連統計資料集、鉄道統計年報による。
(注)　四捨五入により合計が100%にならない場合がある。

旅客輸送量の推移
表1　輸送人員

単位:百万人(%)

区分 年度	JR(国鉄)	大手民鉄	東京地下鉄 (交通営団)	地方交通	公　営	合　計
昭和40	6,721　(95.4)	5,168　(81.3)	696　(81.3)	1,042　(93.7)	2,171　(135.3)	15,797　(89.8)
45	6,534　(92.7)	5,983　(74.1)	1,148　(74.1)	1,128　(101.4)	1,591　(99.1)	16,384　(93.2)
50	7,048　(100.0)	6,361　(100.0)	1,462　(100.0)	1,112　(100.0)	1,605　(100.0)	17,588　(100.0)
55	6,824　(96.8)	6,629　(104.2)	1,603　(104.2)	1,151　(103.5)	1,797　(112.0)	18,004　(102.4)
60	6,941　(98.5)	6,885　(108.2)	1,866　(108.2)	1,177　(105.8)	2,120　(132.1)	18,989　(108.0)
平成2	8,356　(118.5)	7,835　(123.2)	2,137　(123.2)	1,055　(94.9)	2,646　(164.9)	22,028　(125.3)
7	8,982　(127.4)	7,766　(122.1)	2,090　(122.1)	1,108　(98.9)	2,761　(172.0)	22,709　(129.1)
12	8,654　(122.8)	7,153　(112.4)	2,042　(112.4)	1,161　(104.4)	2,696　(168.0)	21,706　(123.4)
17	8,683　(123.2)	9,130　(143.5)	2,102　(143.5)	1,325　(119.2)	2,903　(180.9)	22,042　(128.6)
22	8,828　(125.3)	9,413　(148.0)	2,302　(157.5)	1,431　(128.7)	3,061　(190.7)	22,733　(129.3)
27	9,308　(132.1)	10,091　(158.6)	2,586　(176.9)	1,600　(143.9)	3,368　(209.8)	24,367　(138.5)
28	9,372　(133.0)	10,443　(164.2)	2,642　(180.7)	1,621　(145.8)	3,431　(213.8)	24,867　(141.4)
29	9,488　(134.6)	10,386　(163.2)	2,709　(185.2)	1,655　(148.8)	3,352　(208.8)	25,061　(142.4)
30	9,556　(135.6)	10,505　(165.1)	2,766　(189.2)	1,685　(151.4)	3,599　(224.2)	25,345　(144.1)
令和元	9,503　(134.8)	10,466　(164.5)	2,765　(189.1)	1,682　(151.2)	3,549　(221.1)	25,201　(143.2)

(注)1.　鉄道統計年報による。　　2.　( )内は昭和50年度を100とした指数である。
　　3.　平成16年度以降の大手民鉄には、東京地下鉄(交通営団)を含む。
　　4.　地方交通には、準大手、モノレール、新交通システム、鋼索鉄道及び無軌条電車を含む。
　　5.　端数処理をしているため、合計が合わない場合がある。
　　6.　平成30年度以降の公営には大阪市高速電気軌道を含む。

表2　輸送人キロ

単位:億人キロ(%)

区分 年度	JR(国鉄)	大手民鉄	東京地下鉄 (交通営団)	地方交通	公　営	合　計
昭和40	1,740　(80.8)	604　(73.1)	45　(42.9)	76　(92.7)	88　(120.5)	2,554　(78.9)
45	1,897　(88.1)	758　(91.8)	85　(81.0)	84　(102.4)	61　(83.6)	2,888　(89.2)
50	2,153　(100.0)	826　(100.0)	105　(100.0)	82　(100.0)	73　(100.0)	3,238　(100.0)
55	1,931　(89.7)	916　(110.9)	117　(111.4)	88　(107.3)	93　(127.4)	3,145　(97.1)
60	1,975　(91.7)	975　(118.0)	140　(133.3)	93　(113.4)	118　(161.6)	3,301　(101.9)
平成2	2,376　(110.4)	1,105　(133.8)	160　(152.4)	81　(98.8)	153　(209.6)	3,875　(119.7)
7	2,490　(115.7)	1,099　(133.1)	158　(150.4)	86　(106.1)	167　(228.8)	4,001　(123.6)
12	2,407　(111.8)	1,017　(123.1)	158　(150.5)	92　(112.2)	169　(231.5)	3,843　(118.7)
17	2,460　(114.3)	1,163　(140.8)	165　(157.1)	106　(129.3)	184　(252.1)	3,912　(121.6)
22	2,446　(113.6)	1,174　(142.1)	185　(176.2)	121　(147.6)	192　(263.0)	3,934　(121.5)
27	2,694　(125.1)	1,238　(149.9)	208　(198.1)	133　(162.2)	210　(287.7)	4,275　(132.0)
28	2,706　(125.7)	1,249　(151.2)	212　(201.9)	135　(164.6)	214　(293.2)	4,304　(132.9)
29	2,751　(127.8)	1,266　(153.3)	217　(206.7)	139　(169.5)	219　(300.0)	4,375　(135.1)
30	2,777　(129.0)	1,276　(154.5)	222　(211.4)	140　(170.7)	224　(306.8)	4,418　(136.4)
令和元	2,719　(126.2)	1,268　(153.5)	222　(211.4)	139　(169.5)	224　(306.8)	4,350　(134.3)

(注)1.　鉄道統計年報による。　　2.　( )内は昭和50年度を100とした指数である。
　　3.　平成16年度以降の大手民鉄には、東京地下鉄(交通営団)を含む。
　　4.　地方交通には、準大手、モノレール、新交通システム、鋼索鉄道及び無軌条電車を含む。
　　5.　平成30年度以降の公営には大阪市高速電気軌道を含む。

貨物の輸送機関別輸送量の推移

分類 年度	自動車	指数	鉄道	指数	うちJR (国鉄)	指数	内航海運	指数	航空	指数
	輸送トン数 (単位:千トン)									
昭和40	2,193,195	(49.9)	243,524	(134.8)	191,060	(138.6)	179,645	(39.7)	33	(17.2)
45	4,626,069	(105.3)	250,360	(138.6)	193,106	(140.1)	376,647	(83.3)	116	(60.4)
50	4,392,859	(100.0)	180,616	(100.0)	137,879	(100.0)	452,054	(100.0)	192	(100.0)
55	5,317,950	(121.1)	162,827	(90.2)	117,896	(85.5)	500,258	(110.7)	329	(171.4)
60	5,048,048	(114.9)	96,285	(53.3)	65,497	(47.5)	452,385	(100.1)	538	(280.2)
平成2	6,113,565	(139.2)	86,619	(48.0)	58,400	(42.4)	575,199	(127.2)	874	(455.2)
7	6,016,571	(137.0)	76,932	(42.6)	51,456	(37.3)	548,542	(121.3)	960	(500.0)
12	5,773,619	(131.4)	59,274	(32.8)	39,620	(28.7)	537,021	(118.8)	1,103	(574.5)
17	4,965,874	(113.0)	52,473	(29.1)	36,864	(26.7)	426,145	(94.3)	1,082	(563.5)
22	4,480,195	(－)	43,647	(24.2)	30,790	(22.3)	366,734	(81.1)	1,004	(522.9)
27	4,289,000	(－)	43,210	(23.9)	30,565	(22.2)	365,486	(80.9)	1,014	(528.1)
29	4,381,246	(－)	45,170	(25.0)	31,417	(22.8)	360,127	(79.7)	999	(520.3)
30	4,329,784	(－)	42,321	(23.4)	29,009	(21.0)	354,445	(78.4)	917	(477.6)
令和元	4,329,132	(－)	42,660	(23.6)	29,323	(21.3)	341,450	(75.5)	875	(455.7)

貨物の輸送機関別輸送分担率の推移

分類 年度	自動車	鉄道	内航海運	航空
	輸送トン数 (単位:%)			
昭和40	83.8	9.3	6.9	0.0
45	88.1	4.8	7.2	0.0
50	87.4	3.6	9.0	0.0
55	89.0	2.7	8.4	0.0
60	90.2	1.7	8.1	0.0
平成2	90.2	1.3	8.5	0.0
7	90.6	1.2	8.3	0.0
12	90.6	0.9	8.4	0.0
17	91.2	0.9	7.8	0.0
22	91.6	0.9	7.5	0.0
27	91.5	0.9	7.5	0.0
29	91.5	0.9	7.5	0.0
30	91.6	0.9	7.5	0.0
令和元	91.8	0.9	7.2	0.0

(注) 1. 平成2年度より、自動車に軽自動車を加えており、昭和60年度以前の数値と連続性を持たない。平成22年度より、自動車に関する調査方法・集計方法が変更されており、21年度以前の数値と連続性を持たない。また、22年度及び23年度の自動車の数値には、東日本大震災の影響により、北海道運輸局及び東北運輸局管内の23年3月、4月の数値を含まない。

輸　送　ト　ン　キ　ロ（単位：百万トンキロ）

自動車	指数	鉄道	指数	うちJR（国鉄）	指数	内航海運	指数	航空	指数
48,392	(37.3)	56,678	(120.4)	55,788	(120.5)	80,635	(43.9)	21	(13.8)
135,916	(104.8)	63,031	(133.9)	62,043	(134.0)	151,243	(82.4)	74	(48.7)
129,701	(100.0)	47,058	(100.0)	46,288	(100.0)	183,579	(100.0)	152	(100.0)
178,901	(137.9)	37,428	(79.5)	36,688	(79.3)	222,173	(121.0)	290	(190.8)
205,941	(158.8)	21,919	(46.6)	21,410	(46.3)	205,818	(112.1)	482	(317.1)
274,244	(211.4)	27,196	(57.8)	26,728	(57.7)	244,546	(133.2)	799	(525.7)
294,648	(227.2)	25,101	(53.3)	24,702	(53.4)	238,330	(129.8)	924	(607.9)
313,118	(241.4)	22,136	(47.0)	21,855	(47.2)	241,671	(131.6)	1,075	(707.2)
334,979	(258.3)	22,813	(48.5)	22,601	(48.8)	211,576	(115.3)	1,075	(707.2)
243,150	(　-　)	20,398	(43.3)	20,228	(43.7)	179,898	(98.0)	1,032	(678.9)
204,316	(　-　)	21,519	(45.7)	21,212	(45.8)	180,381	(98.3)	1,056	(694.7)
210,829	(　-　)	21,663	(46.0)	21,332	(46.1)	180,934	(98.6)	1,066	(701.3)
210,467	(　-　)	19,369	(41.2)	18,963	(41.0)	179,089	(97.6)	977	(642.8)
213,836	(　-　)	19,993	(42.5)	19,669	(42.5)	169,680	(92.4)	931	(612.5)

輸　送　ト　ン　キ　ロ（単位：％）

自　動　車	鉄　道	内航海運	航　空
26.1	30.5	43.4	0.0
38.8	18.0	43.2	0.0
36.0	13.1	50.9	0.0
40.8	8.5	50.6	0.1
47.5	4.9	47.5	0.1
50.2	5.0	44.6	0.1
52.7	4.5	42.6	0.2
54.2	3.8	41.8	0.2
58.7	4.0	37.1	0.2
54.7	4.6	40.5	0.2
50.2	5.3	44.3	0.3
50.9	5.2	43.7	0.3
51.3	4.7	43.7	0.2
52.9	4.9	42.0	0.2

2. 指数は昭和50年度を100としたものである。平成22年度の自動車の数値には、北海道運輸局及び東北運輸局管内の3月の数値を含まないため、同年度の指数は省略した。

3. 平成23年度「鉄道輸送統計年報」の公表項目からJR部分が秘匿項目となったため計上されなくなったことから、JR貨物決算資料を使用した。

4. 自動車輸送統計年報、内航船舶輸送統計年報、航空輸送統計年報、鉄道輸送統計年報及びJR貨物資料による。

5. 鉄道は有賃のみ。

貨物主要物資別輸送量の推移（車扱）(単位：千トン)

区分 年度	農産品		原材料		工業製品		その他		合計	
昭和40	10,479	[8,837]	87,037	[58,896]	62,832	[50,360]	10,166	[－]	250,525	[198,104]
45	9,166	[7,970]	74,850	[43,243]	82,392	[67,502]	9,618	[－]	247,099	[189,788]
50	6,953	[4,845]	58,625	[34,338]	67,529	[56,063]	39,839	[34,961]	172,316	[129,577]
55	5,556	[3,517]	53,374	[27,223]	64,628	[51,898]	32,851	[29,026]	156,409	[111,664]
60	1,494	[755]	32,617	[13,561]	36,381	[27,659]	16,222	[14,393]	86,714	[56,368]
平成2	1,196	[821]	20,360	[7,702]	42,855	[29,309]	985	[407]	65,396	[38,239]
7	655	[351]	17,274	[5,808]	36,219	[24,512]	569	[215]	54,718	[30,886]
12	19	[1]	12,414	[2,637]	24,138	[16,201]	340	[137]	36,912	[18,976]
17	0	[0]	10,218	[1,210]	20,494	[13,188]	853	[139]	31,566	[14,536]
22	0	[0]	7,136	[1,061]	13,115	[9,163]	249	[120]	20,500	[10,344]
27	0	[0]	6,970	[951]	11,410	[7,571]	250	[138]	18,630	[8,660]
29	0	[0]	7,592	[989]	12,278	[8,076]	270	[138]	20,141	[9,205]
30	0	[0]	7,174	[934]	11,996	[7,890]	253	[241]	19,423	[9,064]
令和元	0	[0]	6,932	[886]	12,116	[7,749]	288	[138]	19,337	[8,774]

(注) 1. □内はJR（国鉄）の数字である。
　　 2. 昭和60年度までは、民鉄分は民鉄統計要報・陸運統計覧、JR分については日本貨物鉄道（株）の資料による。
　　 3. 昭和60年度までのJR分については、国鉄分の数字で有賃・無賃の合計値であり、合計は端数処理等の関係で合わない場合がある。また、混載車扱貨物、無賃扱貨物、事業用貨物等はその他に含む。
　　 4. 平成2年度以降のJR分・民鉄分については、鉄道統計年報による。また、JR分の数字には無賃扱いのものは含まないこと等から、昭和60年度までの数字と連続性がない。
　　 5. 端数処理のため、合計は合わない場合がある。

貨物の輸送分野別輸送量（令和元年度）

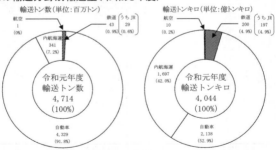

輸送トン数(単位:百万トン)

航空 1 (0%)
鉄道 43 (0.9%) うちJR 29 (0.6%)
内航海運 341 (7.2%)
令和元年度 輸送トン数 4,714 (100%)
自動車 4,329 (91.8%)

輸送トンキロ(単位:億トンキロ)

航空 10 (0.2%)
鉄道 200 (4.9%) うちJR 197 (4.9%)
内航海運 1,697 (42.0%)
令和元年度 輸送トンキロ 4,044 (100%)
自動車 2,138 (52.9%)

(注) 自動車輸送統計年報、内航船舶輸送統計年報、航空輸送統計年報、鉄道輸送統計年報を元に作成。なお、平成22年度より自動車に関する調査方法・集計方法が変更されており、21年度以前に発表されていた数値とは連続性を持たない。

車扱・コンテナ別輸送量の推移
表1 輸送トン数
(単位：千トン)

区分 年度	JR 貨物(国鉄)			民 鉄			合 計		
	車 扱	コンテナ	計	車 扱	コンテナ	計	車 扱	コンテナ	計
昭和40	188,045	3,015	191,060	52,311	152	52,463	240,356	3,167	243,523
45	184,141	8,965	193,106	57,167	86	57,254	241,308	9,051	250,360
50	125,765	12,114	137,879	42,553	184	42,737	168,318	12,298	180,616
55	107,941	9,955	117,896	44,745	187	44,931	152,686	10,142	162,827
60	53,313	12,184	65,497	30,346	443	30,788	83,659	12,627	96,285
平成2	38,239	20,161	58,400	27,198	1,021	28,219	65,437	21,182	86,619
7	30,886	20,570	51,456	23,914	1,563	25,476	54,800	22,133	76,932
12	18,976	20,644	39,620	17,465	2,189	19,654	36,441	22,834	59,274
17	14,536	22,328	36,864	12,774	2,836	15,610	27,310	25,164	52,473
22	10,344	20,446	30,790	10,158	2,699	12,857	20,502	23,145	43,647
27	8,487	22,078	30,565	9,967	2,678	12,645	18,454	24,756	43,210
29	9,033	22,385	31,417	10,938	2,814	13,752	19,971	25,199	45,170
30	8,789	20,220	29,009	10,482	2,830	13,312	19,271	23,050	42,321
令和元	8,607	20,716	29,323	10,547	2,790	13,337	19,154	23,506	42,660

(注) 1. 有貨のみ。
2. 昭和45年以前のコンテナには小口扱いを含む。
3. 交通関連統計資料集、鉄道輸送統計年報及びJR貨物資料による。
4. 端数処理のため、合計は合わない場合がある。

表2 輸送トンキロ
(単位：百万トンキロ)

区分 年度	JR 貨物(国鉄)			民 鉄	合 計
	車 扱	コンテナ	計		
昭和40	54,198	1,590	55,788	890	56,678
45	55,695	6,348	62,043	988	63,031
50	36,910	9,378	46,288	770	47,058
55	28,491	8,197	36,688	740	37,428
60	10,691	10,720	21,410	510	21,919
平成2	8,231	18,497	26,728	468	27,196
7	5,481	19,221	24,702	399	25,101
12	3,341	18,515	21,855	281	22,136
17	2,654	19,947	22,601	211	22,813
22	1,774	18,454	20,228	171	20,398
27	1,284	19,927	21,212	308	21,519
29	1,391	19,941	21,332	331	21,663
30	1,335	17,628	18,963	406	19,369
令和元	1,312	18,357	19,669	323	19,993

(注) 1. 有貨のみ。
2. 昭和45年以前のコンテナには小口扱いを含む。
3. 交通関連統計資料集、鉄道輸送統計年報及びびJR貨物決算による。
4. 端数処理のため、合計は合わない場合がある。

輸送状況

外国の輸送機関別輸送量の推移
（旅客－輸送人キロ）

国名	項目	2000 (H12)		2005 (H17)		2010 (H22)		2013 (H25)	
日本	J　　　R	2,407	(20)	2,460	(21)	2,446	(45)	2,600	(45)
	民　　鉄	1,438	(12)	1,452	(12)	1,489	(27)	1,544	(27)
	バ　　ス	873	(7)	881	(8)	700	(13)	675	(12)
	乗　用　車	6,430	(54)	5,991	(51)	77	(1)	70	(1)
	国内旅客船	43	(－)	40	(－)	30	(1)	33	(1)
	国　内　航　空	797	(7)	832	(7)	738	(13)	842	(15)
	計	11,988	(100)	11,656	(100)	5,480	(100)	5,764	(100)
イギリス	鉄　　　道	470	(6)	510	(7)	630	(8)	710	(9)
	道　　　路	6,940	(93)	7,190	(92)	7,050	(91)	7,090	(90)
	航　　　空	80	(1)	100	(1)	80	(1)	80	(1)
	計	7,490	(100)	7,800	(100)	7,760	(100)	7,880	(100)
ドイツ	鉄　　　道	754	(7)	768	(7)	839	(8)	896	(8)
	公共道路交通	773	(7)	825	(8)	781	(7)	771	(7)
	乗　用　車	8,496	(81)	8,757	(81)	9,024	(81)	9,214	(81)
	航　　　空	427	(4)	526	(5)	528	(5)	563	(5)
	計	10,450	(100)	10,876	(100)	11,172	(100)	11,444	(100)
フランス	鉄　　　道	823	(10)	909	(10)	1,022	(12)	1,052	(11)
	道　　　路	7,471	(88)	7,673	(88)	7,640	(87)	8,327	(87)
	航　　　空	151	(2)	129	(1)	127	(1)	145	(2)
	計	8,445	(100)	8,711	(100)	8,789	(100)	9,524	(100)
アメリカ	鉄　　　道	488	(1)	501	(1)	578	(1)	632	(1)
	バ　　ス	2,275	(4)	2,054	(4)	4,351	(6)	4,816	(7)
	乗　用　車	40,949	(79)	43,441	(79)	55,200	(80)	56,451	(79)
	航　　　空	8,054	(16)	9,219	(17)	8,927	(13)	9,326	(13)
	計	51,766	(100)	55,215	(100)	69,056	(100)	71,225	(100)

資料：日本は「平成31・令和元年版 交通経済統計要覧」、イギリスは「Transport Statistics Great Britain 2020」、ドイツは「Verkehr in Zahlen 2018/2019」、フランスは「Comptes des transports en 2018」および「Bilan annuel des transports en 2019」、アメリカは「National Transportation Statistics」からの数値。
日本、イギリス（鉄道のみ）は4月1日～3月31日。イギリス（鉄道以外）、ドイツ、フランス、アメリカは1月1日～12月31日。

（単位：億人キロ、％）

2014 (H26)		2015 (H27)		2016 (H28)		2017(H29)		2018(H30)	
2,601	(45)	2,694	(46)	2,720	(46)	2,751	(45)	2,777	(45)
1,539	(27)	1,581	(27)	1,598	(27)	1,622	(27)	1,639	(27)
656	(11)	649	(11)	637	(11)	635	(10)	641	(10)
69	(1)	65	(1)	64	(1)	63	(1)	60	(1)
30	(1)	31	(1)	33	(1)	32	(1)	34	(1)
868	(15)	883	(15)	907	(15)	945	(16)	963	(16)
5,763	(100)	5,903	(100)	5,959	(100)	6,048	(100)	6,114	(100)
740	(9)	760	(9)	780	(9)	790	(9)	810	(9)
7,270	(90)	7,320	(90)	7,420	(90)	7,560	(90)	7,670	(89)
80	(1)	90	(1)	80	(1)	90	(1)	90	(1)
8,090	(100)	8,170	(100)	8,280	(100)	8,440	(100)	8,570	(100)
910	(8)	916	(8)	942	(8)	955	(8)	982	(8)
788	(7)	818	(7)	814	(7)	797	(7)	801	(7)
9,350	(80)	9,457	(80)	9,652	(80)	9,124	(79)	9,133	(79)
588	(5)	615	(5)	640	(5)	675	(6)	704	(6)
11,636	(100)	11,806	(100)	12,048	(100)	11,551	(100)	11,620	(100)
1,046	(11)	1,048	(11)	1,042	(11)	1,105	(11)	1,079	(11)
8,385	(88)	8,452	(88)	8,550	(88)	8,616	(87)	8,619	(87)
141	(1)	143	(1)	148	(2)	154	(2)	159	(2)
9,572	(100)	9,643	(100)	9,740	(100)	9,875	(100)	9,857	(100)
635	(1)	633	(1)	637	(1)	633	(1)	623	(1)
5,097	(7)	5,198	(7)	5,233	(7)	5,552	(7)	5,929	(8)
56,359	(79)	58,393	(78)	59,542	(78)	59,705	(78)	60,022	(77)
9,608	(13)	10,174	(14)	10,645	(14)	11,032	(14)	11,626	(15)
71,699	(100)	74,398	(100)	76,057	(100)	76,922	(100)	78,200	(100)

（注）1）日本のバス及び乗用車は、2010年度より調査方法が変更となった為、2009年度以前とは
連続しない。また、2010年度の数値には、2011年3月の北海道及び東北6県の数値
（営業用バスを除く）を含まない。
2）日本の乗用車には軽自動車等は含まない。
3）（　）内はシェアを示すが、四捨五入のため合計は必ずしも一致しない。

（貨物－輸送トンキロ）

国名	項目	2000 (H12)		2005 (H17)		2010 (H22)		2013 (H25)	
日本	J R	219	(4)	226	(4)	202	(5)	211	(5)
	民 鉄	3	(-)	2	(-)	2	(-)		
	自 動 車	3,110	(54)	3,329	(59)	2,432	(55)	2,141	(51)
	内 航 海 運	2,417	(42)	2,116	(37)	1,799	(40)	1,849	(44)
	国 内 航 空	11	(-)	11	(-)	10	(-)	11	(-)
	計	5,760	(100)	5,684	(100)	4,445	(100)	4,212	(100)
イギリス	鉄 道	180	(7)	220	(9)	190	(9)	230	(13)
	道 路	1,500	(61)	1,530	(62)	1,390	(66)	1,310	(72)
	沿 岸 船 舶	670	(27)	610	(25)	420	(20)	290	(16)
	パ イ プ ラ イ ン	110	(4)	110	(4)	100	(5)	－	
	計	2,460	(100)	2,470	(100)	2,100	(100)	1,830	(100)
ドイツ	鉄 道	827	(16)	954	(16)	1,073	(17)	1,126	(18)
	道 路	3,463	(68)	4,027	(69)	4,406	(70)	4,427	(70)
	内 航 水 路	665	(13)	641	(11)	623	(10)	601	(9)
	航 空	8	(-)	10	(-)	14	(-)	14	(-)
	パ イ プ ラ イ ン	150	(3)	167	(3)	163	(3)	182	(3)
	計	5,113	(100)	5,799	(100)	6,279	(100)	6,350	(100)
フランス	鉄 道	577	(16)	407	(11)	300	(8)	322	(9)
	道 路	2,768	(76)	3,148	(82)	3,011	(84)	2,886	(85)
	内 陸 水 路	73	(2)	79	(2)	81	(2)	79	(2)
	パ イ プ ラ イ ン	217	(6)	209	(5)	176	(5)	115	(3)
	計	3,635	(100)	3,843	(100)	3,568	(100)	3,402	(100)
アメリカ	鉄 道	23,592	(29)	27,301	(32)	27,214	(34)	28,014	(35)
	ト ラ ッ ク	31,722	(39)	35,568	(41)	29,070	(36)	32,259	(40)
	内 陸 水 路	10,393	(13)	9,518	(11)	8,083	(10)	7,485	(9)
	航 空	241	(-)	253	(-)	202	(-)	200	(-)
	パ イ プ ラ イ ン	15,576	(19)	13,932	(16)	15,385	(19)	13,178	(16)
	計	81,524	(100)	86,572	(100)	79,954	(100)	81,136	(100)

資料：日本は「平成31・令和元年版 交通経済統計要覧」、イギリスは「Transport Statistics Great Britain2020」、ドイツは「Verkehr in Zahlen 2018/2019」および「Verkehr in Zahlen 2020/2021」、フランスは「Bilan annuel des transports en 2019」、アメリカは「National Transportation Statistics」からの数値。
日本、イギリス（鉄道のみ）は4月1日～3月31日。イギリス（鉄道以外）、ドイツ、フランス、アメリカは1月1日～12月31日。

(単位：億トンキロ、％)

2014 (H26)		2015 (H27)		2016 (H28)		2017(H29)		2018(H30)	
210	(5)	215	(5)	213	(5)	217	(5)	194	(5)
2,100	(51)	2,043	(50)	2,103	(51)	2,108	(51)	2,105	(51)
1,831	(44)	1,804	(44)	1,804	(44)	1,809	(44)	1,791	(44)
11	(–)	11	(–)	11	(–)	11	(–)	10	(–)
4,152	(100)	4,073	(100)	4,131	(100)	4,145	(100)	4,100	(100)
220	(12)	180	(9)	170	(9)	170	(9)	170	(9)
1,280	(72)	1,430	(74)	1,480	(76)	1,470	(78)	1,520	(79)
270	(15)	310	(16)	300	(15)	250	(13)	240	(12)
–		–		–		–		–	
1,770	(100)	1,920	(100)	1,950	(100)	1,890	(100)	1,930	(100)
1,150	(18)	1,210	(18)	1,289	(19)	1,312	(19)	1,300	(19)
4,519	(70)	4,646	(70)	4,734	(70)	4,860	(70)	4,992	(72)
591	(9)	553	(8)	543	(8)	555	(8)	469	(7)
14	(–)	15	(–)	15	(–)	16	(–)	16	(–)
175	(3)	177	(3)	188	(3)	182	(3)	172	(2)
6,449	(100)	6,601	(100)	6,769	(100)	6,925	(100)	6,949	(100)
326	(10)	343	(10)	326	(10)	334	(9)	320	(9)
2,885	(85)	2,819	(84)	2,890	(85)	3,099	(86)	3,137	(86)
78	(2)	75	(2)	68	(2)	67	(2)	67	(2)
111	(3)	114	(3)	114	(3)	120	(3)	124	(3)
3,400	(100)	3,351	(100)	3,398	(100)	3,620	(100)	3,648	(100)
29,793	(36)	27,975	(34)	25,515	(32)	26,953	(33)	27,836	(33)
31,492	(38)	31,959	(39)	33,165	(41)	32,578	(40)	32,733	(39)
8,119	(10)	7,896	(10)	7,690	(10)	7,870	(10)	7,915	(9)
207	(–)	212	(–)	221	(–)	244	(–)	257	(–)
13,754	(16)	14,204	(17)	13,997	(17)	14,382	(18)	15,761	(19)
83,365	(100)	82,246	(100)	80,588	(100)	82,027	(100)	84,502	(100)

(注)1) 日本の鉄道は2011年度以降、JR、民鉄を区別せず、鉄道貨物としての数値を記載している。

2) 日本の自動車は、2010年度より調査方法が変更となった為、2009年度以前とは連続しない。また、2010年度の数値には、東日本大震災の影響により、北海道及び東北運輸局管内の2011年3月分の数値を含まない。

3) （　）内はシェアを示すが、四捨五入のため合計は必ずしも一致しない。

新幹線輸送

新幹線のあらまし

（単位km）

東海道新幹線

東京 新横浜 小田原 熱海 新富士 静岡 掛川 浜松 豊橋 三河安城 名古屋 岐阜羽島 米原 京都 新大阪

6.8　18.7　51.1　18.8　15.9　23.7　32.4　43.9　27.6　35.3　38.6　29.2　25.1　41.2　68.0　39.1

山陽新幹線

新大阪 新神戸 西明石 姫路 相生 岡山 新倉敷 福山 新尾道 三原 東広島 広島 新岩国 徳山 新山口 厚狭 新下関 小倉 博多

32.6　22.2　31.1　20.0　55.0　25.8　31.0　10.5　17.4　30.9　29.3　44.2　38.1　41.1　24.1　23.8　20.7　55.9

東北新幹線

東京 上野 大宮 小山 宇都宮 那須塩原 新白河 郡山 福島 白石蔵王 仙台 古川 くりこま高原 一ノ関 水沢江刺 北上 新花巻 盛岡 いわて沼宮内 二戸 八戸 七戸十和田 新青森

3.6　27.7　49.0　28.7　20.6　17.3　21.9　38.4　31.1　31.2　24.1　21.9　20.6　25.0　17.3　21.9　30.9　36.1　45.7

上越新幹線

大宮 熊谷 本庄早稲田 高崎 上毛高原 越後湯沢 浦佐 長岡 燕三条 新潟

36.6　21.2　11.9　8.8　32.3　29.6　32.8　23.6　32.1

北陸新幹線

高崎 安中榛名 軽井沢 佐久平 上田 長野 飯山 上越妙高 糸魚川 黒部宇奈月温泉 富山 新高岡 金沢

18.5　23.3　17.6　24.8　33.2　29.6　37.0　29.3　33.8　19.8　39.7

九州新幹線

博多 新鳥栖 久留米 筑後船小屋 新大牟田 新玉名 熊本 新八代 新水俣 出水 川内 鹿児島中央

26.3　5.7　15.9　16.8　21.9　31.8　42.8　16.0　32.7　35.3

北海道新幹線

新青森 奥津軽いまべつ 木古内 新函館北斗

38.5　74.8　35.5

	区間	路線延長	開業
東海道新幹線	東京―新大阪間	515.4km	1964年10月1日
山陽新幹線	新大阪―博多間	553.7km	新大阪―岡山1972年3月15日、岡山―博多間1975年3月10日
	計	1069.1km	
東北新幹線	東京―盛岡間	496.5km	大宮―盛岡1982年6月23日、上野―大宮1985年3月14日 東京―上野1991年6月20日
	盛岡―八戸間	96.6km	2002年12月1日
	八戸―新青森間	81.8km	2010年12月4日
上越新幹線	大宮―新潟間	269.5km	1982年11月15日
北陸新幹線	高崎―長野間	117.4km	1997年10月1日
	長野―金沢間	228.0km	2015年3月14日
九州新幹線	新八代―鹿児島中央間	126.8km	2004年3月13日
	博多―新八代間	130.0km	2011年3月12日
北海道新幹線	新青森―新函館北斗間	148.8km	2016年3月26日

（注）　東京―博多間の営業キロは1,196.6キロ、東京―新青森間713.7キロ、大宮―新潟間303.6キロ
　　　　高崎―長野間117.4キロ、博多―鹿児島中央間288.9キロ

建設基準	東海道新幹線	山陽新幹線	東北新幹線	上越新幹線	北陸新幹線	九州新幹線	北海道新幹線
最高速度	285km/h	300km/h	320km/h	275km/h	260km/h	260km/h	260km/h
最小曲線半径	2,500m	4,000m	4,000m	4,000m	4,000m	4,000m	4,000m
最急こう配	20/1000	15/1000	20/1000	30/1000	30/1000	35/1000	21/1000
縦曲線半径	10,000m	15,000m	15,000m	15,000m	15,000m	25,000m	25,000m
レール重量	60kg/m	60kg/m	60kg/m	60kg/m	60kg/m	60kg/m	60kg/m

（注）　国土交通省鉄道局資料による。

新幹線旅客輸送量の推移

項目 / 年度		営業キロ (km)	輸送人員 (千人)	輸送人キロ (百万人キロ)	一日平均輸送人員 (人)
昭和40		552.6	30,967	10,650	84,841
45		552.6	84,627	27,800	231,855
50		1176.5	157,218	27,800	231,855
55		1176.5	125,636	41,790	344,209
60		2011.8	179,833	55,423	492,693
平成2		2032.9	260,057	72,173	712,485
7		2036.5	275,900	70,827	753,825
12		2152.9	280,607	71,153	766,686
17		2387.1	301,403	77,902	825,762
22		2620.2	324,442	77,427	800,993
25		2620.2	391,857	92,368	1,073,581
26		2679.7	375,484	90,936	1,028,723
27		2848.3	414,200	97,412	1,134,795
28		2997.1	413,847	97,405	1,130,730
29		2997.1	426,740	101,401	1,169,151
30		2997.1	435,735	103,653	1,193,795
令和元		2997.1	415,502	99,343	1,138,362
内訳	北海道 平成27	148.8	102	14	279
	28	148.8	2,116	306	5,781
	29	148.8	1,666	245	4,564
	30	148.8	1,599	266	4,380
	令和元	148.8	1,503	252	4,381
	東海道・山陽 平成2	1197.6	195,942	57,406	524,493
	7	1197.6	196,267	54,576	536,249
	12	1196.6	188,890	53,475	516,093
	17	1196.6	204,075	58,625	559,110
	22	1196.6	201,337	59,287	551,608
	25	1196.6	222,713	66,490	610,173
	26	1196.6	225,017	68,159	617,745
	27	1196.6	235,017	71,125	642,123
	28	1196.6	237,452	71,863	648,966
	29	1196.6	244,420	74,392	669,644
	30	1196.6	250,178	76,199	685,419
	令和元	1196.6	240,136	73,332	657,907
	東北 平成2	531.7	57,669	10,678	157,997
	7	535.3	71,669	11,956	195,817
	12	535.3	80,113	12,297	219,488
	17	631.9	81,680	13,484	223,781
	22	713.7	75,033	12,594	205,570
	25	713.7	86,056	15,334	235,770
	26	713.7	86,794	15,336	237,792
	27	713.7	90,448	15,536	247,126
	28	713.7	90,985	15,918	248,593
	29	713.7	92,117	16,014	252,375
	30	713.7	93,491	16,224	256,140
	令和元	713.7	88,830	15490	243,370
	上越 平成2	303.6	22,810	4,089	62,493
	7	303.6	27,254	4,295	74,464
	12	303.6	36,101	4,575	98,907
	17	303.6	36,723	4,590	100,611
	22	303.6	34,382	4,303	94,197
	25	303.6	37,313	4,706	102,227
	26	303.6	39,196	4,830	107,386
	27	303.6	42,960	4,913	117,377
	28	303.6	43,017	4,941	117,533
	29	303.6	43,636	5,025	119,551
	30	303.6	44,451	5,125	121,784
	令和元	303.6	41,845	4,825	114,644
	北陸 平成12	117.4	9,427	806	25,827
	17	117.4	9,664	850	26,477
	22	117.4	9,288	753	25,447
	25	117.4	10,154	823	27,819
	26	345.5	12,016	1,039	32,921
	27	345.5	31,838	3,888	87,227
	28	345.5	30,726	3,712	83,951
	29	345.5	30,895	3,720	84,644
	30	345.5	31,671	3,807	86,770
	令和元	345.5	29,251	3,494	80,140
	九州 平成17	137.6	3,946	403	10,811
	22	288.9	4,402	489	12,060
	25	288.9	12,580	1,825	34,466
	26	288.9	12,935	1,863	35,438
	27	288.9	13,482	1,929	36,936
	28	288.9	13,160	1,852	36,055
	29	288.9	14,006	2,005	38,373
	30	288.9	13,937	1,950	38,184

(注) 1. 昭和60年度までは鉄道要覧、昭和63年度からは国土交通省鉄道局資料による。
2. 昭和63年度からは会社間またがり旅客を重複計上しているため、
   それぞれ昭和60年度以前との数値と前後に連続的ではない。
3. 東海道・山陽新幹線の営業キロについては、62.4.1の承継の際に実営業キロに改めたため、
   運賃計算上の営業キロとは、一致しない。(運賃計上は、岩国〜櫛ヶ浜間を岩徳線経由で計上)

大都市旅客輸送

大都市圏内輸送機関別旅客輸送人員の推移

〔三大都市交通圏計〕 (単位：千人)

区分 年度	鉄 道		自 動 車	計
昭和 45	13,713,093	[4,831,742]	11,009,928	24,723,021
50	14,898,086	[5,412,278]	12,037,041	26,935,127
55	15,407,633	[5,209,293]	13,832,660	29,240,293
60	16,636,003	[5,555,877]	14,747,774	31,383,777
平成 2	19,084,103	[6,608,371]	18,606,705	37,690,808
7	19,606,137	[6,975,387]	19,894,173	39,500,310
12	18,786,207	[6,820,532]	19,466,761	38,252,968
17	19,285,253	[6,965,421]	19,572,001	38,857,254
21	20,022,677	[7,161,021]	18,670,700	38,693,377
22	19,966,583	[7,138,306]	3,180,470	23,147,050
23	19,918,490	[7,148,991]	3,160,480	23,078,970
24	20,251,851	[7,240,308]	2,496,750	22,748,601
25	20,741,261	[7,378,077]	2,437,497	23,178,758
26	20,787,553	[7,346,648]	2,425,536	23,213,089
27	21,369,290	[7,527,468]	2,435,295	23,804,585

〔首都交通圏〕 (単位：千人)

区分 年度	鉄 道		自 動 車	計
昭和 45	8,309,264	[3,600,225]	6,271,426	14,580,690
50	9,469,707	[4,065,718]	6,405,068	15,874,775
55	9,932,435	[3,938,290]	7,113,879	17,046,314
60	10,959,911	[4,283,150]	7,739,619	18,699,530
平成 2	12,799,323	[5,109,080]	9,953,061	22,752,384
7	13,319,952	[5,373,786]	10,701,383	24,021,335
12	12,979,230	[5,252,299]	10,431,631	23,410,861
17	13,574,938	[5,381,263]	10,291,518	23,866,456
21	14,418,382	[5,579,533]	9,903,173	24,321,555
22	14,396,605	[5,555,399]	2,041,473	16,438,078
23	14,320,564	[5,551,157]	2,047,534	16,368,098
24	14,605,857	[5,629,877]	1,568,606	16,174,463
25	14,970,044	[5,728,135]	1,509,191	16,479,235
26	15,009,242	[5,708,692]	1,500,762	16,510,004
27	15,433,854	[5,850,301]	1,504,895	16,938,749

(注) 1. 〔 〕内は、JR(国鉄)の数値である。ただし、新幹線は含まれていない。
2. 都市・地域交通年報による。
3. 首都交通圏は東京駅中心半径50km、中京交通圏は名古屋駅中心半径40km、京阪神交通圏は大阪駅中心半径50kmの範囲、特に交通不便な地区及びその大半が圏外にある行政区域を除く。

〔中京交通圏〕 (単位：千人)

区分 年度	鉄　　道		自　動　車	計
昭和 45	910,449	[171,047]	1,632,702	2,543,151
50	961,719	[198,546]	2,123,379	3,085,098
55	983,835	[185,001]	2,655,076	3,638,911
60	1,002,943	[198,248]	2,778,472	3,781,415
平成 2	1,124,427	[270,641]	3,512,169	4,636,596
7	1,104,959	[220,956]	3,787,124	4,892,083
12	1,016,575	[215,118]	3,717,510	4,734,085
17	1,136,318	[230,396]	4,068,898	5,205,216
21	1,108,726	[236,844]	4,026,514	5,135,240
22	1,113,468	[238,795]	259,883	1,373,351
23	1,121,196	[240,089]	252,581	1,373,777
24	1,140,039	[242,116]	200,418	1,340,457
25	1,176,289	[248,339]	202,808	1,379,097
26	1,176,252	[248,180]	202,594	1,378,846
27	1,214,367	[255,150]	204,811	1,419,178

〔京阪神交通圏〕 (単位：千人)

区分 年度	鉄　　道		自　動　車	計
昭和 45	4,493,380	[1,060,470]	3,105,800	7,599,180
50	4,466,660	[1,148,014]	3,508,594	7,975,254
55	4,491,363	[1,086,002]	4,063,705	8,555,068
60	4,673,149	[1,074,479]	4,229,683	8,902,832
平成 2	5,160,353	[1,228,650]	5,141,475	10,301,828
7	5,181,226	[1,380,645]	5,405,666	10,586,892
12	4,790,402	[1,353,115]	5,317,620	10,108,022
17	4,573,997	[1,353,762]	5,211,585	9,785,582
21	4,495,569	[1,344,644]	4,741,013	9,236,582
22	4,456,510	[1,344,112]	879,111	5,335,621
23	4,476,730	[1,357,745]	860,365	5,337,095
24	4,505,955	[1,368,315]	727,726	5,233,681
25	4,594,928	[1,401,603]	725,478	5,320,426
26	4,602,022	[1,389,776]	721,880	5,323,902
27	4,721,069	[1,422,017]	725,589	5,446,658

4.　自動車はバス・ハイヤー・タクシー、自家用車の合計値である。ただし、平成 22 年 10 月の自動車輸送統計調査の調査方法変更により自家用車輸送人員の公表が行われなくなったため、平成 22 年度以降はバス・ハイヤー・タクシーの合計値である。このため、平成 21 年度までの数値と連続しない。

5.　端数処理してあるため、合計が合わない場合がある。

都市鉄道の現況

（令和3年7月1日現在）

〔開業状況〕

	事業者名	路線名	区間	営業キロ	開業年月日
首都圏	埼玉高速鉄道	埼玉高速鉄道線	赤羽岩淵～浦和美園	14.6	H13.3.28
	東京臨海高速鉄道	りんかい線	東京テレポート～天王洲アイル	2.9	H13.3.31
	舞浜リゾートライン	ディズニーリゾートライン	リゾート・ゲートウェイ・ステーション～リゾート・ゲートウェイ・ステーション	5.0	H13.7.27
	芝山鉄道	芝山鉄道線	東成田～芝山千代田	2.2	H14.10.27
	東京臨海高速鉄道	りんかい線	天王洲アイル～大崎	4.4	H14.12.1
	東京地下鉄	半蔵門線	水天宮前～押上	6.0	H15.3.19
	横浜高速鉄道	みなとみらい21線	横浜～元町・中華街	4.1	H16.2.1
	首都圏新都市鉄道	常磐新線	秋葉原～つくば	58.3	H17.8.24
	ゆりかもめ	東京臨海新交通臨海線	有明～豊洲	2.7	H18.3.27
	東京都	日暮里・舎人ライナー	日暮里～見沼代親水公園	9.7	H20.3.30
	横浜市	グリーンライン	日吉～中山	13.0	H20.3.30
	東京地下鉄	副都心線	池袋～渋谷	8.9	H20.6.14
	成田高速鉄道アクセス	成田高速鉄道アクセス線	印旛日本医大～成田空港高速鉄道線接続点	10.7	H22.7.17
	相模鉄道	JR直通線	西谷～羽沢横浜国大	2.1	R1.11.30
中京圏	名古屋ガイドウェイバス	ガイドウェイバス志段味線	大曽根～小幡緑地	6.5	H13.3.23
	名古屋市	上飯田線	平安通～上飯田	0.8	H15.3.27
	名古屋市	小牧線	上飯田～味鋺	2.3	H15.3.27
	名古屋市	名城線	砂田橋～名古屋大学	3.5	H15.12.13
	名古屋市	〃	名古屋大学～新瑞橋	5.6	H16.10.6
	名古屋臨海高速鉄道	あおなみ線	名古屋～金城ふ頭	15.2	H16.10.6
	名古屋鉄道	空港線	常滑～中部国際空港	4.2	H17.1.29
	愛知高速交通	東部丘陵線	藤が丘～八草	8.9	H17.3.6
	名古屋市	6号線	野並～徳重	4.1	H23.3.27
近畿圏	神戸市	海岸線	三宮・花時計前～新長田	7.9	H13.7.7
	京都市	東西線	六地蔵～醍醐	2.4	H16.11.26
	神戸新交通	ポートアイランド線	市民広場～神戸空港	4.3	H18.2.2
	近畿日本鉄道	けいはんな線	生駒～学研奈良登美ヶ丘	8.6	H18.3.27
	大阪市高速電気軌道	今里筋線	井高野～今里	11.9	H18.12.24
	大阪モノレール	国際文化公園都市モノレール線	阪大病院前～彩都西	4.2	H19.3.19
	京都市	東西線	二条～太秦天神川	2.4	H20.1.16
	西日本旅客鉄道	おおさか東線	放出～久宝寺	9.2	H20.3.15
	京阪電気鉄道	中之島線	中之島～天満橋	3.0	H20.10.19
	阪神電気鉄道	阪神なんば線	西九条～大阪難波	3.8	H21.3.20
	西日本旅客鉄道	おおさか東線	放出～新大阪	11.1	H31.3.16
その他地域	沖縄都市モノレール	沖縄都市モノレール線	那覇空港～首里	12.9	H15.8.10
	福岡市	七隈線	橋本～天神南	12.0	H17.2.3
	仙台空港鉄道	仙台空港線	名取～仙台空港	7.1	H19.3.18
	仙台市	東西線	八木山動物公園～荒井	14.4	H27.12.6
	札幌市	都心線	西4丁目～すすきの	0.4	H27.12.20
	西日本旅客鉄道	可部線	可部～あき亀山	1.6	H29.3.4
	沖縄都市モノレール	沖縄都市モノレール線	首里～てだこ浦西	4.1	R1.10.1

※ 開業後、事業者名・路線名に変更があった場合には、現在の名称を用いて記載しています。

〔整備状況〕

	事業者名	路線名	区間	建設キロ	開業（予定）
首都圏	鉄道・運輸機構	神奈川東部方面線（相鉄・東急直通線）	羽沢横浜国大～日吉	10.0	令和4年度
近畿圏	北大阪急行電鉄	南北線延伸線	千里中央～箕面萱野	2.5	令和5年度
	大阪港トランスポートシステム	北港テクノポート線	コスモスクエア～新桜島	7.3	令和9年度
	関西高速鉄道	なにわ筋線	大阪～JR難波・南海新今宮	7.2	令和13年度
その他地域	福岡市	七隈線	天神南～博多	1.4	令和4年度
	広島電鉄	駅前大橋線	広島駅～比治山町交差点	1.1	令和7年度

複々線化の現況 (令和 3 年 3 月 31 日現在)

区分	事業者名	線名	区間	営業キロ程(km)	備考
開業線	J R 東 日 本	東 海 道 線	東　京 ～ 小 田 原	83.9	S. 55. 10　完成
	〃	山 手 線	大　崎 ～ 田　端	18.6	S. 4. 3　〃
	〃	中 央 線	御 茶 ノ 水 ～ 代 々 木	7.0	S. 44. 4　〃
	〃	中 央 線	新　宿 ～ 三　鷹	13.8	S. 44. 4　〃
	〃	東 北 線	東　京 ～ 大　宮	32.9	S. 43. 9　〃
	〃	常 磐 線	綾　瀬 ～ 取　手	29.7	S. 57. 11　〃
	〃	総 武 線	錦 糸 町 ～ 千　葉	34.4	S. 56. 7　〃
	J R 西 日 本	東 海 道 線	草　津 ～ 神　戸	98.1	S. 45. 3　〃
	〃	山 陽 線	神　戸 ～ 西 明 石	22.8	S. 40. 3　〃
	東 武 鉄 道	伊 勢 崎 線	北 千 住 ～ 越　谷	17.3	H. 9. 3　〃
	〃	伊 勢 崎 線	越　谷 ～ 北 越 谷	1.6	H. 13. 3　〃
	〃	東 上 本 線	和 光 市 ～ 志　木	5.3	S. 62. 8　〃
	〃	伊 勢 崎 線	曳　舟 ～ とうきょうスカイツリー	1.3	H. 15. 3　〃
	西 武 鉄 道	池 袋 線	中 村 橋 ～ 練馬高野台	2.0	H. 13. 12　〃
	〃	池 袋 線	練　馬 ～ 中 村 橋	1.5	H. 15. 3　〃
	〃	池 袋 線	練馬高野台 ～ 石神井公園	1.1	H. 24. 11　〃
	京 成 電 鉄	本 線	青　砥 ～ 京 成 高 砂	1.2	S. 60. 8　〃
	京 王 電 鉄	京 王 線	新　宿 ～ 笹　塚	3.6	S. 53. 10　〃
	小 田 急 電 鉄	小 田 原 線	代 々 木 上 原 ～ 世田谷代田	2.1	S. 53. 3　〃
	〃	小 田 原 線	世田谷代田 ～ 喜 多 見	7.1	H. 16. 11　〃
	〃	小 田 原 線	喜 多 見 ～ 和泉多摩川	1.7	H. 9. 6　〃
	〃	小 田 原 線	和泉多摩川 ～ 登　戸	0.8	H. 22. 3　〃
	東 急 電 鉄	東 横 線	田 園 調 布 ～ 武 蔵 小 杉	2.6	H. 12. 8　〃
	〃	東 横 線	武 蔵 小 杉 ～ 日　吉	2.8	H. 23. 9　〃
	〃	田 園 都 市 線	二 子 玉 川 ～ 溝 の 口	2.0	H. 22. 3　〃
	東 京 地 下 鉄	8 号 有 楽 町 線	小 竹 向 原 ～ 池　袋	3.2	H. 6. 12　〃
	京 浜 急 行 電 鉄	本 線	金 沢 文 庫 ～ 金 沢 八 景	1.4	H. 11. 7　〃
	名 古 屋 鉄 道	名 古 屋 本 線	神 宮 前 ～ 金　山	2.2	H. 2. 4　〃
	近 畿 日 本 鉄 道	大 阪 線	大阪上本町 ～ 布　施	4.1	S. 53. 5　〃
	南 海 電 気 鉄 道	南 海 本 線	難　波 ～ 住 ノ 江	6.3	H. 7. 11　〃
	京 阪 電 気 鉄 道	京 阪 本 線	天 満 橋 ～ 萱　島	11.5	S. 57. 3　〃

(注) 国土交通省鉄道局資料による。

大都市旅客輸送

地下鉄の現況
〔地下鉄の営業線の状況〕

(令和3年7月1日現在)

圏域	事業者名	号数及び線名	区間		営業キロ(km)	開業	元年度1日当たり平均輸送人員(千人)
札幌	札幌市	①南北	麻生	真駒内	14.3	S.46/12～53/3	231
		②東西	宮の沢	新さっぽろ	20.1	S.51/6～H.11/2	239
		③東豊	栄町	福住	13.6	S.63/12～H.6/10	150
	合計	3			48.0		620
仙台	仙台市	南北	富沢	泉中央	14.8	S.62/7～H.4/7	195
		東西	八木山動物公園	荒井	13.9	H.27/12	80
	合計	2			28.7		250
首都	東京地下鉄	②日比谷	北千住	中目黒	20.3	S.36/3～39/8	1,214
		③銀座	浅草	渋谷	14.2	S.2/12～14/1	1,113
		④丸ノ内	池袋	荻窪	24.2	S.29/1～37/1	1,398
			中野坂上	方南町	3.2	S.36/2～37/3	
		⑤東西	中野	西船橋	30.8	S.39/12～44/3	1,440
		⑦南北	目黒	赤羽岩淵	21.3	H.3/11～12/9	583
		⑧有楽町	和光市	新木場	28.3	S.49/10～63/6	1,166
		⑨千代田	綾瀬	代々木上原	21.9	S.44/12～53/3	1,323
			綾瀬	北綾瀬	2.1	S.54/12	
		⑪半蔵門	渋谷	押上	16.8	S.53/8～H.15/3	1,070
		⑬副都心	池袋	渋谷	8.9	H.20/6	601
	合計	9			192.0		7,555
	東京都	①浅草	西馬込	押上	18.3	S.35/12～43/11	768
		③三田	目黒	西高島平	26.5	S.43/12～H.12/9	678
		⑩新宿	新宿	本八幡	23.5	S.53/12～H.1/3	794
		⑫大江戸	都庁前	光が丘	40.7	H.3/12～12/12	978
	合計	4			109.0		2,832
	横浜市	①1号	関内	湘南台	19.7	S.47/12～H.11/8	543
		③3号	関内	あざみ野	20.7	S.51/9～H.5/3	
		④4号	日吉	中山	13.0	H.20/3	148
	合計	3			53.4		664
	埼玉高速鉄道㈱	埼玉高速鉄道線	赤羽岩淵	浦和美園	14.6	H.13/3	122
中京	名古屋市	①東山	高畑	藤が丘	20.6	S.32/11～57/9	604
		②2号(名港・名城)	大曽根	金山	8.9	S.40/10～46/12	631
			金山	名古屋港	6.0	S.46/3	
		④名城	大曽根	金山	17.5	S.49/3～H.16/10	

圏域	事業者名	号数及び線名	区間		営業キロ (km)	開業	元年度1日当たり平均輸送人員 (千人)
中京	名古屋市	③鶴 舞	上小田井	赤 池	20.4	S.52/3～H.5/8	298
		⑥桜 通	中村区役所	徳 重	19.1	H.1/9～H.23/3	289
		上 飯 田	平 安 通	上 飯 田	0.8	H.15/3	34
		合 計 6			93.3		1,332
	名古屋鉄道㈱	小 牧 線	味 鋺	上 飯 田	2.3	H.15/3	36
近畿	京都市	烏 丸	国際会館	竹 田	13.7	S.56/5～H.9/6	253
		東 西	六 地 蔵	太秦天神川	17.5	H.9/10～20/1	147
		合 計 2			31.2		400
	大阪市高速電気軌道(株)	①御堂筋	江 坂	中百舌鳥	24.5	S.8/5～62/4	1,185
		②谷 町	大 日	八 尾 南	28.1	S.42/3～58/2	510
		④四つ橋	西 梅 田	住之江公園	11.4	S.17/5～47/11	272
		④中 央	コスモスクエア	長 田	17.9	S.36/12～H.17/7	329
		⑤千日前	野田阪神	南 巽	12.6	S.44/4～56/12	195
		⑥堺 筋	天神橋筋六丁目	天 下 茶 屋	8.5	S.44/12～H.5/3	348
		⑦長堀鶴見緑地	大 正	門 真 南	15.0	H.2/3～9/8	173
		⑧今里筋	井 高 野	今 里	11.9	H.18/12	67
		合 計 8			129.9		2,540
	神戸市	西 神	西神中央	新 長 田	15.1	S.52/3～62/3	261
		山 手	新 長 田	新 神 戸	7.6	S.58/6～60/6	
		海 岸	三宮・花時計前	新 長 田	7.9	H.13/7	51
		北 神	新 神 戸	谷 上	7.5	R2/6	24
		合 計 4			38.1		336
中国	広島高速交通㈱	広島新交通1号線	本 通	県 庁 前	0.3	H.6/8	66
九州	福岡市	①空 港	姪 浜	福 岡 空 港	13.1	S.56/7～H.5/3	367
		②箱 崎	中洲川端	貝 塚	4.7	S.57/4～61/11	36
		③七 隈	橋 本	天 神 南	12.0	H.17/2	93
		合 計 3			29.8		473
総 合 計		47			770.7		17,226

(注) 1. 横浜市3号線のうち新羽～あざみ野間8.6 km、4号線のうち東山田～川和町間7.1 km、及び神戸市西神線のうち名谷～
   西神中央間9.4 kmはニュータウン鉄道としての整備であるが、それぞれ地下鉄路線と一体となって運営されているためキロ程
   に計上した。
   2. 横浜市及び神戸市の輸送人員は、ニュータウン鉄道部分を含んでいる。
   3. 広島高速交通の総営業キロは、新交通システム部分(県庁前・広域公園間)を含めると18.4キロである。
   4. 合計及び総合計の輸送人員は、複数線以上にまたがる旅客を1人として計上している。
   5. 端数整理のため計が合わない場合がある。
   6. 国土交通省鉄道局資料による。

最混雑区間における混雑率
〔ＪＲ〕
(令和2(2020)年度)

事業者名	線名		区間	時間帯	編成・本数(両・本)	輸送力(人)	輸送人員(人)	混雑率(%)
北 海 道	函 館		琴 似 → 桑 園	7:30~8:30	6 × 10	8,322	8,068	97
			白 石 → 苗 穂	7:22~8:22	6 × 7	5,771	5,719	99
	千 歳		白 石 → 苗 穂	7:33~8:33	6 × 7	5,830	4,696	81
	札 沼		八 軒 → 桑 園	7:22~8:22	6 × 6	5,004	4,308	86
東 日 本	東 北		岩 沼 → 仙 台	7:25~8:25	5.2 × 13	9,270	7,802	84
			松 島 → 仙 台	7:35~8:35	5.4 × 7	5,084	4,452	88
	仙 山		作 並 → 仙 台	7:35~8:35	5.5 × 4	3,072	3,270	106
	仙 石		陸前原ノ町 → 仙 台	7:45~8:45	4 × 10	5,560	5,440	98
	信 越		新 津 → 新 潟	7:27~8:27	4.1 × 9	4,371	5,895	135
	白 新		新 発 田 → 新 潟	7:38~8:38	4.4 × 5	2,688	3,300	123
	越 後		吉 田 → 新 潟	7:50~8:50	5.2 × 5	3,286	3,566	109
	東 海 道		川 崎 → 品 川	7:39~8:39	13 × 19	35,036	35,930	103
	横 須 賀		武蔵小杉 → 西 大 井	7:26~8:26	13 × 11	20,504	23,980	117
	山 手	外回り	上 野 → 御 徒 町	7:40~8:40	11 × 22	35,794	33,420	93
		内回り	新 大 久 保 → 新 宿	7:40~8:40	11 × 23	37,421	36,150	97
	中 央	快 速	中 野 → 千 駄 ケ 谷	7:41~8:41	10 × 30	44,400	51,380	116
		緩 行	代 々 木 → 千 駄 ケ 谷	8:01~9:01	10 × 23	34,040	20,570	60
	宇 都 宮		土 呂 → 大 宮	6:56~7:56	13 × 14	25,816	21,690	84
	高 崎		宮 原 → 大 宮	6:57~7:57	13 × 14	25,816	28,740	111
	京 浜 東 北		川 口 → 赤 羽	7:20~8:20	10 × 25	37,000	43,770	118
			大 井 町 → 品 川	7:35~8:35	10 × 26	38,480	43,100	112
	常 磐	快 速	松 戸 → 北 千 住	7:18~8:18	14.2 × 19	38,852	35,540	91
		緩 行	亀 有 → 綾 瀬	7:19~8:19	10 × 23	32,200	30,080	93
	総 武	快 速	新 小 岩 → 錦 糸 町	7:34~8:34	11 × 19	35,416	37,100	105
		緩 行	錦 糸 町 → 両 国	7:34~8:34	10 × 26	38,480	42,870	111
	南 武		武蔵中原 → 武蔵小杉	7:30~8:30	6 × 25	22,200	26,670	120
	武 蔵 野		東 浦 和 → 南 浦 和	7:21~8:21	8 × 14	16,576	22,290	134
	横 浜		小 机 → 新 横 浜	7:27~8:27	8 × 15	22,496	24,230	108
	根 岸		新 杉 田 → 磯 子	7:15~8:15	10 × 13	19,240	13,130	68
	五 日 市		東 秋 留 → 拝 島	7:04~8:04	6 × 6	5,328	4,030	76
	青 梅		東 立 川 → 立 川	7:03~8:03	9 × 17	22,792	15,690	69
	埼 京		板 橋 → 池 袋	7:51~8:51	10 × 19	27,960	35,470	127
	京 葉		葛西臨海公園 → 新 木 場	7:29~8:29	9.3 × 24	32,856	33,420	102
東 海	東 海 道 (1)		東 静 岡 → 静 岡	7:34~8:33	5.2 × 9	6,488	4,370	67
			安 倍 川 → 静 岡	7:31~8:31	6.2 × 10	8,216	7,460	91
	東 海 道 (2)		熱 田 → 名 古 屋	7:46~8:46	6.3 × 15	13,160	12,300	93
			枇 杷 島 → 名 古 屋	7:45~8:45	7.5 × 15	15,194	12,971	85
	中 央		新 守 山 → 大 曽 根	7:49~8:49	9.7 × 13	18,045	19,717	109
	関 西		八 田 → 名 古 屋	7:31~8:31	4.1 × 7	4,140	4,080	99

〔JR〕 (令和2(2020)年度)

事業者名	線名		区間	時間帯	編成・本数(両・本)	輸送力(人)	輸送人員(人)	混雑率(%)
西日本	東海道	快速	茨木→新大阪	6:50~7:50	9.8×8	10,741	10,555	98
		快速	尼崎→大阪	7:10~8:10	11.3×12	18,682	18,120	97
		緩行	茨木→新大阪	7:40~8:40	7×13	14,157	12,000	85
		緩行	塚本→大阪	7:30~8:30	7×12	13,068	11,780	90
	大阪環状		鶴橋→玉造	7:40~8:40	8×17	19,761	21,590	109
			京橋→桜ノ宮	7:40~8:40	8×17	19,862	20,095	101
			玉造→鶴橋	7:25~8:25	8×15	17,361	12,625	73
	片町		鴫野→京橋	7:30~8:30	7×16	17,424	20,940	120
	関西	快速	久宝寺→天王寺	7:25~8:25	7.3×12	12,150	10,195	84
		緩行	東部市場前→天王寺	7:40~8:40	6×6	5,040	4,740	94
	阪和	快速	堺市→天王寺	7:10~8:10	8×11	12,056	10,505	87
		緩行	美章園→天王寺	7:10~8:10	5.1×7	4,984	4,720	95
	東		大阪天満宮→北新地	7:30~8:30	7×16	17,424	12,805	73
	福知山	快速	伊丹→尼崎	7:10~8:10	7.4×9	9,488	10,080	106
		緩行	塚口→尼崎	7:15~8:15	7×8	8,712	6,805	78
	おおさか東		久宝寺→放出	7:35~8:35	6.3×6	5,538	5,200	94
	山陽(1)		西条→広島	7:30~8:30	6.4×7	6,014	5,302	88
			岩国→広島	7:30~8:30	6.2×9	7,528	6,983	93
	呉		広→広島	7:30~8:30	5.3×7	4,982	4,359	87
	芸備		志和口→広島	7:30~8:30	4.5×4	2,120	1,521	72
	可部		可部→広島	7:30~8:30	4×5	2,580	3,405	132
	山陽(2)		東岡山→岡山	7:20~8:20	5×7	4,056	3,767	93
			倉敷→岡山	7:30~8:30	6.6×8	6,044	5,420	90
	宇野		茶屋町→岡山	7:30~8:30	5.6×5	3,384	3,274	97
	津山		福渡→岡山	7:30~8:30	2.3×3	784	547	70
	吉備		備中高松→岡山	7:30~8:30	3.7×3	1,280	1,294	101
九州	鹿児島(1)	快速	香椎→博多	7:38~8:38	7×3	2,540	1,957	77
		普通	香椎→博多	7:14~8:14	8.5×6	5,910	4,950	84
		快速	二日市→博多	6:51~7:51	3×3	1,650	1,710	104
		普通	二日市→博多	7:13~8:13	7.6×8	6,190	5,537	89
	篠栗	快速	吉塚→博多	6:49~7:49	6×1	660	520	79
		普通	吉塚→博多	5:49~6:49	3×3	1,090	930	85
	鹿児島(2)	快速	折尾→小倉	7:28~8:28	9×1	990	743	75
		普通	折尾→小倉	6:54~7:54	6.2×6	4,510	3,102	69
	日豊	快速	行橋→小倉	7:23~8:23	6×1	660	397	60
		普通	行橋→小倉	7:12~8:12	7×3	2,310	2,093	91
	日田彦山	快速	田川後藤寺→城野	7:16~8:16	2×1	200	100	50
		普通	田川後藤寺→城野	6:33~7:33	2×1	200	180	90
	鹿児島(3)	快速	八代→熊本	7:40~8:40	1×1	90	70	78
		普通	八代→熊本	7:05~8:05	3.2×5	2,040	1,960	96
	鹿児島(4)		大牟田→熊本	6:30~7:30	3×2	760	563	74
	豊肥		肥後大津→熊本	7:33~8:33	3.2×5	2,060	1,918	93

国土交通省鉄道局資料による。

大都市旅客輸送

[地下鉄・公営]   （令和2(2020)年度）

事業者名	線名	区間	時間帯	編成・本数 (両×本)	輸送力 (人)	輸送人員 (人)	混雑率 (%)
札幌市	南北	中島公園→すすきの	8:00~9:00	6×15	12,420	10,661	86
	東西	菊水→バスセンター前	8:00~9:00	7×15	13,650	14,418	106
	東豊	北13条東→さっぽろ	8:00~9:00	4×16	8,256	8,176	99
仙台市	南北	北仙台→北四番丁	8:00~9:00	4×17	9,792	11,239	115
	東西	連坊→宮城野通	8:00~9:00	4×11	4,268	3,755	88
埼玉高速鉄道	埼玉高速鉄道	川口元郷→赤羽岩淵	7:08~8:08	6×16	14,112	13,601	96
東京地下鉄	日比谷	三ノ輪→入谷	7:50~8:50	7×27	27,945	30,679	110
	銀座	赤坂見附→溜池山王	8:00~9:00	6×30	18,300	17,915	98
	丸ノ内	新大塚→茗荷谷	8:00~9:00	6×31	24,552	24,893	101
		四ツ谷→赤坂見附	8:10~9:10	6×30	23,760	22,891	96
	東西	木場→門前仲町	7:50~8:50	10×27	38,448	47,189	123
		高田馬場→早稲田	8:00~9:00	10×24	34,176	23,366	68
	南北	駒込→本駒込	8:00~9:00	6×19	16,834	19,279	115
	有楽町	東池袋→護国寺	7:45~8:45	10×24	34,176	37,419	109
	千代田	町屋→西日暮里	7:45~8:45	10×29	44,022	52,078	118
	半蔵門	渋谷→表参道	7:45~8:45	10×27	38,448	42,491	111
	副都心	要町→池袋	7:45~8:45	9×18	23,040	21,678	94
東京都	浅草	本所吾妻橋→浅草	7:30~8:30	8×24	23,040	23,083	100
	三田	西巣鴨→巣鴨	7:40~8:40	6×20	16,800	21,726	129
	新宿	西大島→住吉	7:40~8:40	9.9×17	23,520	27,656	118
	大江戸	中井→東中野	7:30~8:30	8×20	15,600	18,999	122
横浜市	1・3号	三ツ沢下町→横浜	7:30~8:30	6×14	10,864	12,581	116
	4号	日吉本町→日吉	7:15~8:15	4×19	7,220	7,864	109
名古屋市	東山	名古屋→伏見	7:30~8:30	6×29	17,954	18,683	104
	名城・名港	東別院→上前津	8:30~8:30	6×19	11,790	14,127	120
	鶴舞	塩釜口→八事	7:30~8:30	6×15	12,879	11,825	92
	桜通	吹上→今池	7:30~8:30	5×14	9,855	9,687	98
	上飯田	上飯田→平安通	7:30~8:30	4×8	4,208	4,067	97
京都市	烏丸	京都→五条	7:30~8:30	6×15	12,540	10,875	87
	東西	山科→御陵	7:30~8:30	4×11	6,600	6,534	99
大阪市高速電気軌道	御堂筋	梅田→淀屋橋	7:50~8:50	10×27	36,990	43,044	116
		難波→心斎橋	7:50~8:50	10×26	35,620	35,156	99
	谷町	東梅田→南森町	7:50~8:50	6×22	18,084	15,692	87
		谷町九丁目→谷町六丁目	7:40~8:40	6×22	18,084	18,581	103
	四つ橋	西梅田→肥後橋	7:50~8:50	6×21	17,262	12,641	73
		難波→四ツ橋	7:50~8:50	6×21	17,262	14,211	82
	中央	本町→堺筋本町	7:50~8:50	6×13	10,452	8,288	79
		森ノ宮→谷町四丁目	7:50~8:50	6×17	13,668	15,340	112
	千日前	日本橋→谷町九丁目	7:40~8:40	4×14	7,020	3,984	57
		鶴橋→日本橋	7:50~8:50	4×14	7,560	7,173	95
	堺筋	南森町→北浜	7:50~8:50	8×20	22,080	16,951	77
		日本橋→長堀橋	7:50~8:50	8×20	22,080	18,426	83
	長堀鶴見緑地	谷町六丁目→玉造	7:40~8:40	4×20	6,840	4,275	63
		蒲生四丁目→京橋	7:40~8:40	4×20	7,600	7,452	98
	今里	鴫野→緑橋	7:30~8:30	4×14	5,264	3,800	72
		鴫野→蒲生四丁目	7:30~8:30	4×11	4,136	2,654	64
神戸市	西神・山手	妙法寺→板宿	7:15~8:15	6×19	14,478	14,680	101
	海岸	ハーバーランド→中央市場前	7:32~8:32	4×10	3,620	3,579	99
広島高速交通	1号線	牛田→白島	7:30~8:30	6×21	6,006	6,163	103
福岡市	空港・箱崎	大濠公園→赤坂	8:00~9:00	6×20	16,200	18,708	115
	七隈	桜坂→薬院大通	8:00~9:00	4×15	5,730	5,869	102
熊本市	水前寺	新水前寺駅前→味噌天神前	7:30~8:30	1.2×22	1,454	1,619	111

国土交通省鉄道局資料による。

〔大手民鉄〕　　　　　　　　　　　　　　　　　　　　　　（令和2（2020）年度）

事業者名	線名	区間	時間帯	編成・本数 （両・本）	輸送力 （人）	輸送人員 （人）	混雑率 （％）
東武鉄道	伊勢崎	小菅→北千住	7:30~8:30	8.1×38	41,798	43,527	104
	東上	北池袋→池袋	7:40~8:40	10×24	33,120	31,035	94
	野田	北大宮→大宮	7:30~8:30	6×13	10,764	9,772	91
		初石→流山おおたかの森	7:10~8:10	6×10	8,280	6,986	84
		新船橋→船橋	7:20~8:20	6×12	9,936	10,009	101
西武鉄道	池袋	椎名町→池袋	7:27~8:27	9×25	31,464	34,340	109
	新宿	下落合→高田馬場	7:32~8:32	10×25	32,020	36,075	113
	西武有楽町	新桜台→小竹向原	7:32~8:32	9.8×16	21,716	16,535	76
京成電鉄	本線	大神宮下→京成船橋	7:20~8:20	7×17	14,520	14,142	97
	押上	京成曳舟→押上	7:40~8:40	8×23	22,264	20,327	91
京王電鉄	京王	下高井戸→明大前	7:40~8:40	9.9×27	37,520	42,143	112
	井の頭	池ノ上→駒場東大前	7:40~8:40	5×28	19,440	19,440	99
	相模原	京王多摩川→調布	7:20~8:20	10×12	16,800	13,387	80
小田急電鉄	小田原	世田谷代田→下北沢	7:27~8:27	9.9×36	49,646	58,765	118
	江ノ島	南林間→中央林間	7:28~8:28	8×12	13,536	14,953	110
	多摩	五月台→新百合ヶ丘	7:38~8:38	7×14	12,126	7,253	60
東急電鉄	東横	祐天寺→中目黒	7:50~8:50	8.8×24	31,650	38,853	123
	目黒	不動前→目黒	7:50~8:50	6×24	21,264	26,757	126
	田園都市	池尻大橋→渋谷	7:50~8:50	10×27	40,338	50,990	126
	大井町	九品仏→自由が丘	7:50~8:50	5.7×21	17,472	17,759	102
	池上	大崎広小路→五反田	7:50~8:50	3×24	8,832	7,278	82
	多摩川	矢口渡→蒲田	7:30~8:30	3×20	7,360	6,268	85
京浜急行電鉄	本線	戸部→横浜	7:30~8:30	9.5×27	32,000	29,201	91
相模鉄道	本線	平沼橋→横浜	7:30~8:30	9.8×25	34,440	30,982	90
名古屋鉄道	本線（東）	神宮前→金山	7:40~8:40	6.2×35	21,996	23,788	108
	本線（西）	栄生→名鉄名古屋	7:30~8:30	7.4×28	22,164	24,071	109
	常滑	豊田本町→神宮前	7:40~8:40	5.6×17	9,330	9,759	105
	犬山	下小田井→枇杷島分岐点	7:30~8:30	7.5×11	8,690	9,394	108
	瀬戸	矢田→大曽根	7:30~8:30	4×14	7,000	7,312	104
	小牧	味鋺→上飯田	7:30~8:30	4×8	3,712	3,526	95
	津島	甚目寺→須ヶ口	7:30~8:30	4×9	4,630	4,940	107
近畿日本鉄道	名古屋	米野→名古屋	7:35~8:35	4.7×18	11,560	11,600	100
	奈良	河内永和→布施	7:35~8:35	8.2×20	22,700	25,980	114
	大阪	俊徳道→布施	7:35~8:35	7×20	19,040	21,300	112
	南大阪	北田辺→河堀口	7:31~8:31	7×20	19,180	18,910	99
	京都	向島→桃山御陵前	7:36~8:36	5.9×18	14,734	15,050	102
	けいはんな	荒本→長田	7:26~8:26	6×16	12,576	9,180	73
南海電気鉄道	南海本線	粉浜→岸里玉出	7:16~8:16	6.5×21	16,652	18,186	109
	高野	百舌鳥八幡→三国ヶ丘	7:30~8:30	5.6×21	12,590	12,965	103
京阪電気鉄道	京阪本線	野江→京橋	7:20~8:20	7.4×32	28,529	27,600	97
阪急電鉄	神戸本線	神崎川→十三	7:33~8:33	8.6×24	26,574	30,313	114
	宝塚本線	三国→十三	7:31~8:31	8.3×23	24,768	27,263	110
	京都本線	上新庄→淡路	7:35~8:35	8.2×24	25,296	25,298	100
	千里	下新庄→淡路	7:32~8:32	7×12	12,276	12,838	105
阪神電気鉄道	本線	出屋敷→尼崎	7:32~8:32	5.6×25	17,364	15,365	88
	なんば	千鳥橋→西九条	7:32~8:32	8×11	8,994	6,550	73
西日本鉄道	天神大牟田	平尾→西鉄福岡	8:00~9:00	6.4×18	14,112	14,132	100
	貝塚	名島→貝塚	7:30~8:30	2×6	1,488	1,926	129

国土交通省鉄道局資料による。

〔準大手・中小民鉄〕　　　　　　　　　　　　　　　　　　　　　　　　　　　　（令和2(2020)年度）

事業者名	線名	区間	時間帯	編成・本数(両・本)	輸送力(人)	輸送人員(人)	混雑率(%)
関東鉄道	竜ヶ崎	竜ヶ崎→佐貫	7:00～8:00	2×3	810	115	14
	常総	西取手→取手	7:20～8:20	2×9	2,520	1,251	50
流鉄	流山	小金城趾→幸谷	7:00～8:00	2×5	1,415	736	52
新京成電鉄	新京成	上本郷→松戸	7:14～8:14	6×15	11,190	9,584	86
		前原→新津田沼	7:06～8:06	6×13	9,698	9,200	95
北総鉄道	北総	新柴又→京成高砂	6:50～7:50	8×9	10,080	5,920	59
東葉高速鉄道	東葉高速	東海神→西船橋	7:08～8:08	10×12	18,216	10,297	57
東京臨海高速鉄道	りんかい	大井町→品川シーサイド	8:00～9:00	10×11	17,204	13,523	79
江ノ島電鉄	江ノ島	藤沢→石上	7:36～8:36	4×5	1,500	1,299	87
首都圏新都市鉄道	つくばエクスプレス	青井→北千住	7:29～8:29	6×25	20,775	24,021	116
三岐鉄道	三岐	平津→暁学園前	7:15～8:15	2.7×3	1,270	827	65
	北勢	西別所→馬道	7:23～8:23	3.5×4	844	644	76
樽見鉄道	樽見	東大垣→大垣	6:54～7:54	1×3	357	200	56
長良川鉄道	越美南	前平公園→美濃太田	7:00～8:00	1.5×2	326	130	40
愛知環状鉄道	愛知環状鉄道	新上挙母→三河豊田	7:35～8:35	2.8×8	3,148	1,528	49
東海交通事業	城北	比良→小田井	7:40～8:40	1×3	330	102	31
名古屋臨海高速鉄道	西名古屋港	ささしまライブ→名古屋	7:30～8:30	4×6	3,486	1,902	55
四日市あすなろう鉄道	内部	赤堀→あすなろう四日市	7:00～8:00	3×6	1,044	693	66
静岡鉄道	静岡清水	長沼→柚木	8:00～9:00	2×10	2,540	1,917	75
遠州鉄道	鉄道	助信→八幡	7:00～8:00	2×10	2,760	2,146	78
養老鉄道	養老	北大垣→室	7:10～8:10	3×3	1,088	989	91
天竜浜名湖	天竜浜名湖	掛川→掛川市役所前	7:03～8:03	1.3×3	480	189	39
叡山電鉄	叡山本線	元田中→出町柳	7:00～8:00	1.4×12	1,612	609	38
京福電気鉄道	嵐山本線	蚕ノ社→嵐電天神川	7:30～8:30	1.5×12	1,655	884	53
	北野線	撮影所前→常盤	7:30～8:30	1×6	552	253	46
北大阪急行電鉄	南北	緑地公園→江坂	7:00～8:00	10×11	15,147	12,437	82
泉北高速鉄道	泉北高速鉄道	深井→中百舌鳥	6:54～7:54	7.7×13	13,302	12,575	95
水間鉄道	水間	近義の里→貝塚市役所前	7:00～8:00	2×3	750	443	59
能勢電鉄	妙見	絹延橋→川西能勢口	7:00～8:00	5.2×13	8,521	5,686	67
	日生	日生中央→山下	6:45～7:45	8×13	5,515	1,354	25
神戸電鉄	有馬	花山→谷上	7:00～8:00	3.6×10	4,104	3,073	75
山陽電気鉄道	本線	西新町→明石	7:30～8:30	4×15	7,986	6,510	82
阪堺電気軌道	阪堺	今船→今池	7:30～8:30	1×4	300	94	31
	上町	松虫→阿倍野	7:30～8:30	1.2×18	1,350	1,062	79
広島電鉄	2号線	東高須→広電西広島	7:30～8:30	3×17	2,550	2,318	91
岡山電気軌道	東山	岡山駅前停留場→東山停留場	7:10～8:10	1×3	1,200	867	72
筑豊電気鉄道	筑豊電気鉄道	萩原→熊西	7:00～8:00	1.9×10	976	852	87
熊本電気鉄道	菊池	亀井→北熊本	7:30～8:30	2×4	1,084	779	72

国土交通省鉄道局資料による。

〔モノレール〕　　　　　　　　　　　　　　　　　　　　　　　　　　（令和2（2020）年度）

事業者名	線 名	区 間	時間帯	編成・本数（両×本）	輸送力（人）	輸送人員（人）	混雑率（％）
東 京モノレール	東京モノレール羽田空港線	モノレール浜松町 → 天王洲アイル	7:45～8:45	6 × 18	10,440	5,989	57
多摩都市モノレール	多 摩 都 市モノレール	柴崎体育館 → 立 川 南	7:25～8:25	4 × 9	3,708	2,960	80
千葉都市モノレール	2 号	千葉公園 → 千 葉	7:30～8:30	2 × 10	1,610	1,723	107
湘 南モノレール	江 の 島	富士見町 → 大 船	7:11～8:11	3 × 8	1,776	2,019	114
大 阪モノレール	大 阪モノレール	宇野辺 → 万博記念公園	7:30～8:30	4 × 7	2,884	2,287	79
北九州高速鉄道	北九州モノレール小倉	片 野 → 香春口三萩野	7:30～8:30	4 × 9	3,528	2,266	64

〔新交通システム〕　　　　　　　　　　　　　　　　　　　　　　　　（令和2（2020）年度）

事業者名	線 名	区 間	時間帯	編成・本数（両×本）	輸送力（人）	輸送人員（人）	混雑率（％）
山 万	ユーカリが丘	地 区センター → ユーカリが丘	6:30～7:30	3 × 8	1,120	341	30
埼 玉新都市交通	伊 奈	鉄道博物館 → 大 宮	7:02～8:02	6 × 14	3,640	3,243	89
東 京 都	日暮里・舎人ライナー	赤 土小学校前 → 西日暮里	7:20～8:20	5 × 19	4,734	6,604	140
ゆりかもめ	東 京 臨 海新交通臨海	汐 留 → 竹 芝	8:00～9:00	6 × 19	5,814	3,802	65
横 浜シーサイドライン	金 沢シーサイドライン	新 杉 田 → 南市原場	7:30～8:30	5 × 14	3,304	3,159	96
愛知高速交通（リニモ）	東 部 丘 陵	杁ヶ池公園 → 長久手古戦場	8:00～9:00	3 × 9	2,196	1,547	70
名 古 屋ガイドウェイバス	志 段 味	守 山 → 砂田橋	7:24～8:24	1 × 24	1,656	1,137	69
大阪市高速電気軌道	南 港ポートタウン	コ ス モスクエア → トレードセンター前	7:50～8:50	4 × 24	4,032	3,544	88
		住 之 江公 園 → 平 林	7:40～8:40	4 × 24	4,032	2,701	67
神戸新交通	ポートアイランド	貿 易センター → ポートターミナル	8:00～9:00	6 × 27	8,127	7,224	89
	六甲アイランド	魚 崎 → 南魚崎	7:30～8:30	4 × 21	3,738	3,176	85

国土交通省鉄道局資料による。

大都市旅客輸送

主要駅の1日平均乗車人員　（平成27年度）

区分	事業者名	駅　名	一日平均乗車人員	区分	事業者名	駅　名	一日平均乗車人員
			人	中京圏	ＪＲ東海	名　古　屋	205,508
首都圏	ＪＲ東日本	新　宿	762,126			高　蔵　寺	20,415
		池　袋	558,807		名　　鉄	名鉄名古屋	142,066
		渋　谷	373,255		近　　鉄	近鉄名古屋	61,918
		東　京	435,825		名古屋市	名　古　屋	185,060
	東　　武	池　袋	240,340	京阪神圏	ＪＲ西日本	大　阪	432,926
		北　千　住	221,348			天　王　寺	143,595
	西　　武	池　袋	244,942			鶴　橋	97,507
	京　　成	京成船橋	46,803		近　　鉄	大阪難波	102,162
	京　　王	新　宿	376,688		南　　海	難　波	127,058
	小　田　急	新　宿	250,912		京　　阪	京　橋	88,238
	東　　急	渋　谷	567,395		阪　　急	梅　田	308,340
	京　　急	横　浜	156,995		阪　　神	梅　田	83,504
	相　　鉄	横　浜	211,263		大　阪　市	梅　田	218,623
	東京地下鉄	池　袋	270,403			難　波	124,212
		渋　谷	505,696				

(注)　1. 連絡乗客を含む。
　　　2. 平成29年版都市・地域交通年報による。

東京圏の最混雑区間における平均混雑率・輸送力・輸送人員の推移

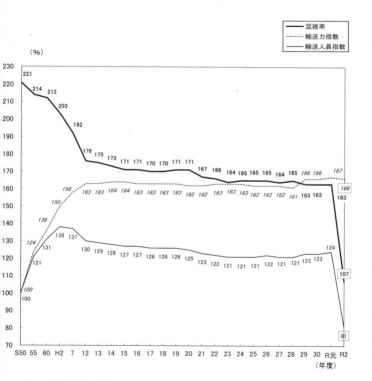

(注)1. 混雑率は主要31路線の平均
     2. 輸送力、輸送人員は昭和50年度を100とした指数

大都市旅客輸送

大阪圏の最混雑区間における平均混雑率・輸送力・輸送人員の推移

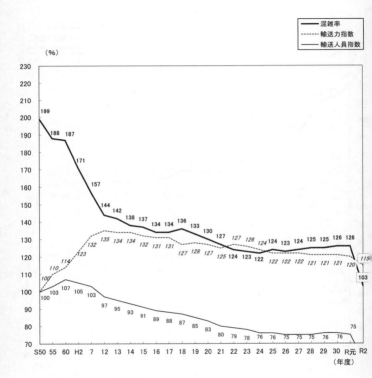

（注）1. 混雑率は主要20路線の平均
2. 輸送力、輸送人員は昭和50年度を100とした指数

名古屋圏の最混雑区間における平均混雑率・輸送力・輸送人員の推移

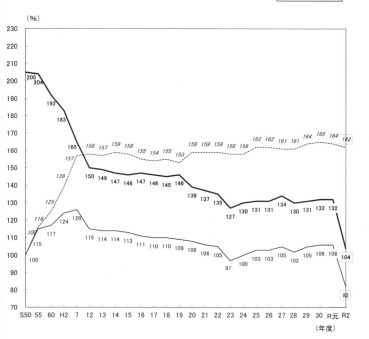

凡例:
- 混雑率
- 輸送力指数
- 輸送人員指数

混雑率: 205, 204, 192, 183, 165, 150, 149, 147, 146, 147, 146, 145, 146, 139, 137, 135, 127, 130, 131, 131, 134, 130, 131, 132, 132, 104

輸送力指数: 100, 116, 125, 139, 157, 158, 157, 159, 158, 155, 154, 155, 153, 159, 159, 159, 158, 158, 162, 162, 161, 161, 164, 165, 164, 162

輸送人員指数: 100, 115, 117, 124, 126, 115, 114, 114, 113, 111, 110, 110, 109, 108, 106, 105, 97, 100, 103, 103, 105, 102, 105, 106, 106, 82

（年度）S50 55 60 H2 7 12 13 14 15 16 17 18 19 20 21 22 23 24 25 26 27 28 29 30 R元 R2

(注)1. 混雑率は主要8路線の平均
2. 輸送力、輸送人員は昭和50年度を100とした指数

混雑率の目安

100%

定員乗車(座席につくか,吊革につかまるか,ドア付近の柱につかまることができる)。

150%

広げて楽に新聞を読める。

180%

折りたたむなど無理をすれば新聞を読める。

200%

体がふれあい相当圧迫感があるが,週刊誌程度なら何とか読める。

250%

電車がゆれるたびに体が斜めになって身動きができず,手も動かせない。

都市鉄道の直通運転の状況

線名	事業者名	線名	区間	乗り入れ開始年月日
1号線 (浅草線)	東京都	京成	押上・本線 京成成田線	押上～東成田	S35.12.4
	東京都	京成	本線	京成成田～成田空港	H10.11.18
	東京都	京成	成田空港線	京成高砂～成田空港	H22.7.17
	東京都	京急	本線・久里浜線	泉岳寺～三崎口	S43.6.21
	東京都	京急	空港線	京急蒲田～羽田空港第1・第2ターミナル	H6.4.1
	東京都	北総	北総線	京成高砂～印旛日本医大	H3.3.31
	東京都	芝山	芝山鉄道線	東成田～芝山千代田	H14.10.27
	京成	東京都	浅草線	押上～西馬込	S35.12.4
	京成	京急	本線・久里浜線	泉岳寺～三崎口	H3.3.19
	京成	京急	空港線	京急蒲田～羽田空港第1・第2ターミナル	H6.4.1
	京成	北総	北総線	京成高砂～印旛日本医大	H3.3.31
	京成	芝山	芝山鉄道線	東成田～芝山千代田	H14.10.27
	京急	東京都	浅草線	泉岳寺～押上	S43.6.21
	京急	京成	押上・本線 東成田線	押上～東成田	S48.12.16
	京急	京成	本線	京成成田～成田空港	H10.11.18
	京急	京成	成田空港線	京成高砂～成田空港	H22.7.17
	京急	北総	北総線	京成高砂～印旛日本医大	H3.3.31
	京急	芝山	芝山鉄道線	東成田～芝山千代田	H14.10.27
	北総	東京都	浅草線	押上～西馬込	H3.3.31
	北総	京成	本線・押上線	京成高砂～押上	H3.3.31
	北総	京急	本線	泉岳寺～京急蒲田	H3.3.31
	北総	京急	空港線	京急蒲田～羽田空港第1・第2ターミナル	H7.4.1
	芝山	京成	東成田・本線	芝山千代田～成田空港	H14.10.27
	芝山	京成	押上線	青砥～押上	H14.10.27
	芝山	東京都	浅草線	押上～西馬込	H14.10.27
	芝山	京急	本線	泉岳寺～京急蒲田	H14.10.27
	芝山	京急	空港線	京急蒲田～羽田空港第1・第2ターミナル	H14.10.27
2号線 (日比谷線)	東京地下鉄	東武	伊勢崎線	北千住～北越谷	S37.5.31
	東京地下鉄	東武	伊勢崎線	北越谷～北春日部	S41.9.1
	東京地下鉄	東武	伊勢崎線	北春日部～東武動物公園	S56.3.16
	東京地下鉄	東武	伊勢崎線	東武動物公園～久喜	H2.6.6
	東京地下鉄	東武	日光線	東武動物公園～南栗橋	H25.3.16
	東武	東京地下鉄	日比谷線	北千住～人形町	S37.5.31
	東武	東京地下鉄	日比谷線	人形町～中目黒	S39.8.29
5号線 (東西線)	東京地下鉄	JR東日本	中央線	中野～荻窪	S41.4.28
	東京地下鉄	JR東日本	中央線	荻窪～三鷹	S44.4.8
	東京地下鉄	JR東日本	総武線	西船橋～津田沼	S44.4.8
	東京地下鉄	東葉高速	東葉高速線	西船橋～東葉勝田台	H8.4.27
	JR東日本	東京地下鉄	東西線	中野～西船橋	S41.10.1
	東葉高速	東京地下鉄	東西線	西船橋～中野	H8.4.27

令和3年7月1日現在

路線略図
(太線は相互乗り入れ区間)

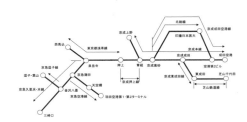

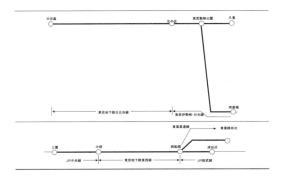

線名	事業者名	乗り入れ区分 事業者名	線名	区間	乗り入れ開始年月日
6号線 (三田線)	東京都	東急	目黒・東横線	目黒～武蔵小杉	H12. 9.26
	東京都	東急	東急・東横線	武蔵小杉～日吉	H20. 6.22
	東急	東京都	三田線	目黒～西高島平	H12. 9.26
7号線 (南北線)	東京地下鉄	東急	目黒・東横線	目黒～武蔵小杉	H12. 9.26
	東京地下鉄	東急	目黒・東横線	武蔵小杉～日吉	H20. 6.22
	東京地下鉄	埼玉高速	埼玉高速鉄道線	赤羽岩淵～浦和美園	H13. 3.28
	東急	東京地下鉄	南北線	目黒～赤羽岩淵	H12. 9.26
	東急	埼玉高速	埼玉高速鉄道線	赤羽岩淵～浦和美園	H13. 3.28
	埼玉高速	東京地下鉄	南北線	目黒～武蔵小杉	H13. 3.28
	埼玉高速	東急	目黒・東横線	武蔵小杉～日吉	H20. 6.22
8号線 (有楽町線)	東京地下鉄	西武	東上本線	和光市～川越	S62. 8.25
	東京地下鉄	東武	東上本線	川越～森林公園	H20. 6.14
	東京地下鉄	西武	西武有楽町線	小竹向原～新桜台	S58.10. 1
	東京地下鉄	西武	西武池袋線	新桜台～練馬	H6.12. 7
	東京地下鉄	西武	池袋線	練馬～飯能	H10. 3.26
	東武	東京地下鉄	有楽町線	和光市～新富町	S62. 8.25
	東武	東京地下鉄	有楽町線	新富町～新木場	S63. 6. 8
	西武	東京地下鉄	有楽町線	小竹向原～新木場	H6.12. 7
9号線 (千代田線)	東京地下鉄	JR東日本	常磐線	綾瀬～我孫子	S46. 4.20
	東京地下鉄	JR東日本	常磐線	我孫子～取手	S57.11.15
	東京地下鉄	小田急	小田原線	代々木上原～本厚木	S53. 3.31
	東京地下鉄	小田急	多摩線	新百合ヶ丘～唐木田	H14. 3.23
	東京地下鉄	小田急	小田原線	本厚木～伊勢原	H30. 3.17
	JR東日本	東京地下鉄	千代田線	綾瀬～代々木上原	S46. 4.20
	JR東日本	小田急	小田原線	代々木上原～本厚木	H28. 3.26
	JR東日本	小田急	多摩線	新百合ヶ丘～唐木田	H28. 3.26
	JR東日本	小田急	小田原線	本厚木～伊勢原	H30. 3.17
	JR東日本	東京地下鉄	千代田線	北綾瀬～綾瀬	H31. 3.16
	小田急	東京地下鉄	千代田線	代々木上原～本厚木	S53. 3.31
	小田急	JR東日本	常磐線	綾瀬～取手	H28. 3.26
	小田急	東京地下鉄	千代田線	北綾瀬～綾瀬	H31. 3.16
10号線 (新宿線)	東京都	京王電鉄	京王・高尾線	新宿～高尾山口	S55. 3.16
	東京都	京王電鉄	相模原線	調布～橋本	S55. 3.16
	京王	東京都	新宿線	新宿～本八幡	S55. 3.16
11号線 (半蔵門線)	東京地下鉄	東急	田園都市線	渋谷～二子玉川	S53. 8. 1
	東京地下鉄	東急	田園都市線	二子玉川～長津田	S54. 8.12
	東京地下鉄	東急	田園都市線	長津田～つきみ野	S59. 4. 1
	東京地下鉄	東急	田園都市線	つきみ野～中央林間	S59. 4. 9
	東京地下鉄	東武	伊勢崎・日光線	押上～南栗橋	H15. 3.19
	東京地下鉄	東武	伊勢崎線	東武動物公園～久喜	H18. 3.18
	東急	東京地下鉄	半蔵門線	渋谷～青山一丁目	S53. 8. 1
	東急	東京地下鉄	半蔵門線	青山一丁目～永田町	S54. 9.21
	東急	東京地下鉄	半蔵門線	永田町～半蔵門	S57.12. 9
	東急	東京地下鉄	半蔵門線	半蔵門～三越前	H1. 1.26
	東急	東京地下鉄	半蔵門線	三越前～水天宮前	H2.11.28
	東急	東武	伊勢崎・日光線	押上～南栗橋	H15. 3.19
	東急	東武	伊勢崎線	東武動物公園～久喜	H18. 3.18
	東武	東京地下鉄	半蔵門線	押上～渋谷	H15. 3.19
	東武	東急	田園都市線	渋谷～中央林間	H15. 3.19

路線略図
(太線は相互乗り入れ区間)

東京都営三田線

西高島平

日吉　　目黒　白金高輪　　　　　　　　赤羽岩淵　　浦和美園

東急東横・目黒線　　　東京地下鉄南北線　　　埼玉高速鉄道線

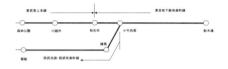

東武東上本線　　　　　　　　　東京地下鉄有楽町線

森林公園　川越市　和光市　小竹向原　　　　　　　新木場

練馬

飯能　　西武池袋・西武有楽町線

小田急多摩線

橋本田　　　　　　北綾瀬

新百合ヶ丘　代々木上原　　　　　　　取手

伊勢原

小田急小田原線　　東京地下鉄千代田線　綾瀬　　JR常磐線

京王高尾・京王線

京王八王子

高尾山口

北野

橋本　京王相模原線　調布　　新宿　　東京都営新宿線　本八幡

東急田園都市線　　　東京地下鉄半蔵門線　　　東武伊勢崎線

東武動物公園　　久喜

中央林間　　　　　渋谷　　　　　　　　　　　南栗橋

押上　　　　　　　東武日光線

線名	事業者名	乗り入れ区間 事業者名	線名	区間	乗り入れ開始年月日
13号線 （副都心線）	東京地下鉄	東 武	東 上 本 線	和 光 市 ～ 森 林 公 園	H20. 6.14
	東京地下鉄	東 武	東 上 本 線	森 林 公 園 ～ 小 川 町	H31. 3.16
	東京地下鉄	西 武	西武有楽町・池袋線	小 竹 向 原 ～ 飯 能	H20. 6.14
	東京地下鉄	東 急	東 横 線	渋 谷 ～ 横 浜	H25. 3.16
	東京地下鉄	横 浜 高 速	みなとみらい21線	横 浜 ～ 元町・中華街	H25. 3.16
	東 武	東京地下鉄	副 都 心 線	和 光 市 ～ 渋 谷	H20. 6.14
	東 武	東 急	東 横 線	渋 谷 ～ 横 浜	H25. 3.16
	東 武	横 浜 高 速	みなとみらい21線	横 浜 ～ 元町・中華街	H25. 3.16
	西 武	東京地下鉄	副 都 心 線	小 竹 向 原 ～ 渋 谷	H20. 6.14
	西 武	東 急	東 横 線	渋 谷 ～ 横 浜	H25. 3.16
	西 武	横 浜 高 速	みなとみらい21線	横 浜 ～ 元町・中華街	H25. 3.16
	東 急	東京地下鉄	副 都 心 線	渋 谷 ～ 和 光 市	H25. 3.16
	東 急	西 武	西武有楽町・池袋線	小 竹 向 原 ～ 飯 能	H25. 3.16
	東 急	東 武	東 上 本 線	和 光 市 ～ 森 林 公 園	H20. 6.14
	東 急	東 武	東 上 本 線	森 林 公 園 ～ 小 川 町	H31. 3.16
	東 急	横 浜 高 速	みなとみらい21線	横 浜 ～ 元町・中華街	H16. 2. 1
	横 浜 高 速	東 急	東 横 線	横 浜 ～ 渋 谷	H16. 2. 1
	横 浜 高 速	東京地下鉄	副 都 心 線	渋 谷 ～ 和 光 市	H25. 3.16
	横 浜 高 速	西 武	西武有楽町・池袋線	小 竹 向 原 ～ 飯 能	H25. 3.16
	横 浜 高 速	東 武	東 上 本 線	和 光 市 ～ 森 林 公 園	H25. 3.16
	横 浜 高 速	東 武	東 上 本 線	森 林 公 園 ～ 小 川 町	H31. 3.16
りんかい線	東京臨海高速	Ｊ Ｒ 東 日 本	埼京・川越線	大 崎 ～ 川 越	H14.12. 1
	Ｊ Ｒ 東 日 本	東京臨海高速	り ん か い 線	大 崎 ～ 新 木 場	H14.12. 1
相模新横浜線	相 模 鉄 道	Ｊ Ｒ 東 日 本	東海道貨物線・埼京・川越線	羽沢横浜国大 ～ 川 越	R1.11.30
	Ｊ Ｒ 東 日 本	相 模 鉄 道	相鉄新横浜線・相鉄本線	羽沢横浜国大 ～ 海 老 名	R1.11.30
新京成線	新 京 成	京 成	千 葉 線	京成津田沼 ～ 千 葉 中 央	H18.12.10
3号線 （鶴舞線）	名 古 屋 市	名 鉄	豊田・三河線	赤 池 ～ 豊 田 市	S54. 7.29
	名 古 屋 市	名 鉄	犬 山 線	上 小 田 井 ～ 犬 山	H6. 8.12
	名 鉄	名 古 屋 市	鶴 舞 線	赤 池 ～ 上 小 田 井	S54. 7.29
上飯田線	名 鉄	名 古 屋 市	上 飯 田 線	上 飯 田 ～ 平 安 通	H15. 3.27
	名 古 屋 市	名 鉄	小 牧 線	上 飯 田 ～ 犬 山	H15. 3.27
1号線 （御堂筋線）	大 阪 市	北 大 阪 急 行	南 北 線	江 坂 ～ 千 里 中 央	S45. 2.24
	北 大 阪 急 行	大 阪 市	御 堂 筋 線	江 坂 ～ あ び こ	S45. 2.24
	北 大 阪 急 行	大 阪 市	御 堂 筋 線	あ び こ ～ な か も ず	S62. 4.18
4号線 （中央線）	近 鉄	大 阪 市	中 央 線	長 田 ～ 大 阪 港	S61.10. 1
	近 鉄	大 阪 市	中 央 線	大 阪 港 ～ コスモスクエア	H9.12.18
	大 阪 市	近 鉄	東 大 阪 線	長 田 ～ 生 駒	S61.10. 1
	大 阪 市	近 鉄	けいはんな線	生 駒 ～ 学研奈良登美ヶ丘	H18. 3.27

路線略図
（太線は相互乗り入れ区間）

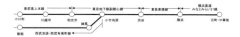

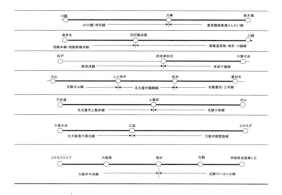

線名	事業者名	乗 り 入 れ 区 間			乗り入れ開始年月日
		事業者名	線名	区 間	
6号線 （堺筋線）	阪急	大阪市	堺筋線	天神橋筋六丁目 ～ 動物園前	S44.12.6
	阪急	大阪市	堺筋線	動物園前 ～ 天下茶屋	H5.3.4
	大阪市	阪急	千里線	天神橋筋六丁目 ～ 北千里	S44.12.6
	大阪市	阪急	京都線	天神橋筋六丁目 ～ 高槻市	S44.12.6
泉北高速鉄道線	泉北高速鉄道	南海	南海本線・高野線	中百舌鳥 ～ 難波	S46.4.1
	南海	泉北高速鉄道	泉北高速鉄道線	中百舌鳥 ～ 和泉中央	S46.4.1
神戸高速線	阪神	山陽	本線	西代 ～ 須磨浦公園	S43.4.7
	阪神	山陽	本線	須磨浦公園 ～ 山陽姫路	H10.2.15
	山陽	阪急	神戸高速線	新開地 ～ 神戸三宮（阪急）	S43.4.7
	山陽	阪神	神戸高速線・本線	西代 ～ 大石	S43.4.7
	山陽	阪神	本線	大石 ～ 梅田	H10.2.15
阪神なんば線	近鉄	阪神	本線・阪神なんば線	神戸三宮 ～ 大阪難波	H21.3.20
	阪神	近鉄	難波・大阪・奈良線	大阪難波 ～ 近鉄奈良	H21.3.20
烏丸線	京都市	近鉄	京都線	竹田 ～ 新田辺	S63.8.28
	京都市	近鉄	京都線・奈良線	新田辺 ～ 奈良	H12.3.15
	近鉄	京都市	烏丸線	竹田 ～ 北大路	S63.8.28
	近鉄	京都市	烏丸線	北大路 ～ 北山	H2.10.24
	近鉄	京都市	烏丸線	北山 ～ 国際会館	H9.6.3
東西線 （京都市）	京都市	京阪	東西線	御陵 ～ 京都市役所前	H9.10.12
	京阪	京都市	東西線	京都市役所前 ～ 太秦天神川	H20.1.16
妙見・日生線	阪急	能勢電鉄	妙見・日生線	川西能勢口 ～ 日生中央	H9.11.17
	能勢電鉄	阪急	宝塚線	川西能勢口 ～ 梅田	H9.11.17
1号線 （空港線）	福岡市	JR九州	筑肥線	姪浜 ～ 筑前前原	S58.3.22
	JR九州	福岡市	1号線	姪浜 ～ 博多	S58.3.22
	JR九州	福岡市	1号線	博多 ～ 福岡空港	H5.3.3

注1　特記のない〔当り〕年号は平成である。
注2　直通運転は行われているものの、その本数がわずかな区間に関しては、一部記載を省略している。
注3　乗り入れ開始年月日は、乗り入れ区間路線への乗り入れ開始年としている。

路線輸図
(太線は相互乗り入れ区間)

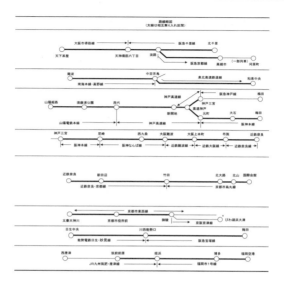

大都市旅客輸送

大手民鉄主要線区における所要時間及び最高速度

(令和 3 年 7 月 1 日現在)

事業者名	線区(区間)	営業キロ (km)	所要時間	表定速度 (km/h)	最高速度 (km/h)	最高列車種別
東 武 鉄 道	伊勢崎・日光線 (浅草－東武日光)	135.5	1:47	76.0	120	特急 スペーシア
	東上本線 (池袋－小川町)	64.1	1:00	64.1	100	ライナー
西 武 鉄 道	池袋・西武秩父線 (池袋－西武秩父)	76.8	1:17	59.8	105	特急 ちちぶ号
	新宿線 (西武新宿－本川越)	47.5	0:44	64.8	105	特急 小江戸号
京 成 電 鉄	本線・成田空港線 (京成上野 －成田空港)	64.1	0:44	87.4	160	特急 スカイライナー
京 王 電 鉄	京王線 (新宿－京王八王子)	37.9	0:34	66.9	110	京王 ライナー
小田急電鉄	小田原線 (新宿－小田原)	82.5	0:59	83.9	110	特急 スーパー はこね号
東 急 電 鉄	東横線 (渋谷－横浜)	24.2	0:26	55.8	110	特急
	田園都市線 (渋谷－中央林間)	31.5	0:35	54.0	110	急行
京浜急行電鉄	本線・久里浜線 (泉岳寺－三崎口)	66.9	1:12	55.8	120	快特
相 模 鉄 道	本線 (横浜－海老名)	24.6	0:26	56.0	100	特急
名古屋鉄道	名古屋本線 (豊橋－名鉄岐阜)	99.8	1:19	75.8	120	快速特急

（令和 3 年 7 月 1 日現在）

事業者名	線区（区間）	営業キロ（km）	所要時間	表定速度（km/h）	最高速度（km/h）	最高列車種別
近畿日本鉄道	大阪線（大阪上本町－伊勢中川）	108.9	1:18	83.8	130	特急
	京都線（京都－大和西大寺）	34.6	0:28	74.1	105	特急
南海電気鉄道	南海本線（難波－和歌山市）	64.2	0:57	67.4	110	特急
京阪電気鉄道	京阪本線・鴨東線（淀屋橋－出町柳）	51.6	0:48	64.5	110	快速特急
阪 急 電 鉄	神戸本線（大阪梅田－神戸三宮）	32.3	0:27	71.3	115	特急
	京都本線（大阪梅田－京都河原町）	47.7	0:42	67.3	115	特急
阪神電気鉄道	本線（元町－大阪梅田）	32.1	0:33	57.9	106	特急
西 日 本 鉄 道	天神大牟田線（福岡（天神）－大牟田）	74.8	1:04	70.1	110	特急

(注)　所要時間及び表定速度は、当該区間を運行する列車のうち備考欄に記載した最も速い列車によるものである。国土交通省鉄道局資料による。

モノレールの現状

区分 / 事業者名 / 線名 項目	営 業 線			
	東京モノレール㈱		多摩都市モノレール㈱	
	東京モノレール羽田空港線		多摩都市モノレール線	
区 間	モノレール浜松町・羽田空港第2ターミナル		多摩センター・上北台	
営業キロ（建設キロ）(km)	17.8		16.0	
駅 数 （ 駅 ）	11		19	
平 均 駅 間 距 離 （ m ）	1,780		889	
免 ・ 特 許 日	羽田・浜松町	整備場・羽田空港第2ターミナル	立川北・上北台	多摩センター・立川北
	S36.12.26	S60. 7.24	S62.12.26	
工 事 施 行 認 可 日	S38. 4.17	S61. 9.19(1次) S63. 3. 8(2次)	H 2. 6.26	H 3. 9. 3
工 事 着 手 日	S38. 5. 1	S61.11.15	H 2.12.21	H 3.11.28
開 業 日	S39. 9.17	H16.12. 1	H10.11.27	H12. 1.10
形 式	跨座型		跨座型	
単 ・ 複 線 の 別	複線		複線	
保 有 車 両 数 （ 両 ）	126		64	
車 両 長 （ m ）	15.2・16.4・16.6		14.6・15.5	
定 員 （ 人 ／ 両 ）	76・84・85・86・88・89・93・102		98・108	
所 要 時 分	普通 24分00秒 区間快速 21分00秒 空港快速 18分55秒		36分00秒	
表 定 速 度 （ k m ／ 時 ）	普通 44.5 区間快速 50.9 空港快速 56.5		27.0	
1 編 成 車 両 数 （ 両 ）	6		4	
ワンマン運転状況	ワンマン運転		ワンマン運転	
1日当たり輸送人員（人）（令和2年度）	66,490		88,900	

（令和 3 年 3 月 31 日現在）

営　業　線

大阪モノレール㈱						北九州高速鉄道㈱	
大阪モノレール線				国際文化公園都市モノレール線（彩都線）		北九州モノレール 小倉線	
大阪空港・門真市				万博記念公園・彩都西		小倉・企救丘	
21.2				6.8		8.8	
14				4		13	
1,631				1,700		733	
大阪空港・柴原	柴原・千里中央	千里中央・南茨木	南茨木・門真市	万博記念公園・阪大病院前	阪大病院前・彩都西	小倉（現平和通）・企救丘	小倉・平和通
S57. 3.31			H 2. 7. 3	H 5. 1.27	H 7. 9.26	S51.12. 6	H 6. 6.27
S62.12.25	S62.12.25	S57.10.19（1次）S58.12.14（2次）	H 3. 3.22	H 6. 3.18	H 9. 1. 6（1次）H 9. 4.30（2次）	S53. 9.14	H7. 8. 7
S63. 1. 6	S57.11.17		H 3. 3.25	H 6. 3.22	H 9. 3.27	S53.10.20	H 7.10.16
H 9. 4. 1	H 6. 9.30	H 2. 6. 1	H 9. 8.22	H10. 1. 1	H19. 3.19	S60. 1. 9	H10. 4. 1

大阪モノレール線	彩都線	北九州モノレール 小倉線
跨座型		跨座型
複線		複線
88		36
14.6・15.5		14.6・15.5
95・96・97・98・99・100・105・107・108・109・110		93・103
上り 37 分 50 秒 下り 37 分 40 秒	上り 12 分 05 秒 下り 11 分 30 秒	19 分 00 秒
上り 33.6 下り 33.8	上り 33.8 下り 35.6	27.4
4		4
ワンマン運転		ワンマン運転
98,261		24,389

事業者名 / 線名 / 項目	営業線 沖縄都市モノレール㈱ 沖縄都市モノレール線	営業線 千葉都市モノレール㈱ 1 号 線	営業線 千葉都市モノレール㈱ 2 号 線	湘南モノレール㈱ 江の島線
区　　間	那覇空港・てだこ浦西	千葉みなと・県庁前	千葉・千城台	大船・湘南江の島
営業キロ(建設キロ)(km)	17.0	3.2	12.0	6.6
駅　数（駅）	19	6（千葉駅含）	13	8
平均駅間距離（m）	940	640	1,000	943
免・特許日	那覇空港・首里 H8.3.22 ／ 首里・てだこ浦西 H24.1.26	千葉みなと・千葉 / 千葉・県庁前　S56.3.5	スポーツセンター・千城台 / 千葉・スポーツセンター　S56.3.5	大船・西鎌倉 / 西鎌倉・湘南江の島　S40.10.29
工事施行認可日	H8.10.28 ／ H25.4.4(1次) H25.6.27(2次)	H1.11.14 ／ H3.11.29	S56.10.14 ／ S61.7.30	S43.5.30
工事着手日	H8.11.26 ／ H25.9.27	H1.11.27 ／ H4.1.13	S57.1.29 ／ S61.8.14	S43.6.5
開業日	H15.8.10 ／ R1.10.1	H7.8.1 ／ H11.3.24	S63.3.28 ／ H3.6.12	S45.3.7 ／ S47.7.2
形　式	跨座型	懸垂型	懸垂型	懸垂型
単・複線の別	複線	複線	複線	単線
保有車両数（両）	42	32	32	21
車両長（m）	14.7	14.8	14.8	13.4
定員（人／両）	82・83	78・82・84	78・82・84	70・82
所要時分	約37分	9分30秒	24分00秒	13分45秒
表定速度（km／時）	約27.4	20.2	30.0	28.8
1編成車両数（両）	2	2	2	3
ワンマン運転状況	ワンマン運転	ワンマン運転	ワンマン運転	2人乗務
1日当たり輸送人員（人）（令和2年度）	30,044	40,820	40,820	25,686

(令和 3 年 3 月 31 日現在)

営　　業　　線		
スカイレール サービス㈱	東　京　都	㈱舞　浜 リゾートライン
広島短距離交通 瀬　野　線	上野懸垂線 <small>※令和3年3月31日現在休止 中</small>	ディズニー リゾートライン
みどり口 ・みどり中央	上野動物園東園 ・上野動物園西園	リゾートゲートウェイ・ステーション ・リゾートゲートウェイ・ステーション
1.3	0.3	5.0
3	2	4
650	300	1,250
—	—	—
H 8. 7.29	S32. 6.22	H 9. 6.27
H 8.12. 6	S32.10.12	H10. 9. 2(1次) H10.11.18(2次)
H 8.12. 9	S32.10.17	H10.10. 6
H10. 8.28	S32.12.17	H13. 7.27
懸垂型	懸垂型	跨座型
複線	単線	単線(環状線)
7	—	30
3.2	—	13.0・14.35
25	—	79・84・88・92・93・97・98
5分50秒	—	12分45秒
約15.0	—	23.5
1	—	6
無人運転	—	自動運転
1,279	—	16,958

新交通システムの現状

項目 ＼ 事業者名・線名	営業線 山万㈱ ユーカリが丘線	営業線 埼玉新都市交通㈱ 伊奈線	営業線 西武鉄道㈱ 山口線
区　　間	ユーカリが丘・公園	大宮・内宿	多摩湖・西武球場前
営業キロ(建設キロ)(km)	4.1	12.7	2.8
駅数(駅)	6	13	3
平均駅間距離(m)	683	1,058	1,400
免・特許日	ユーカリが丘・中学校／中学校・公園　S53.12.28	大宮・羽貫／羽貫・内宿　S56.4.3	― ; S57.9.13
工事施行認可日	S54.12.21	S56.10.12	S59.4.16
工事着手日	S54.12.22	S56.10.13	S59.4.24
開業日	S57.11.2／S58.9.22	S58.12.22／H2.8.2	S60.4.25
形式	中央案内軌条式	側方案内軌条式	側方案内軌条式
単・複線の別	単線	単線・複線	単線
保有車両数(両)	9	84	12
車両長(m)	8.0・9.2	8.0	8.5
定員(人／両)	140/編成	43	71・80
所要時分	14分15秒	25分00秒	上り 6分40秒 下り 7分10秒
表定速度(km／時)	21.5	31.0	上り 25.2 下り 23.4
1編成車両数(両)	3	6	4
ワンマン運転状況	ワンマン運転	ワンマン運転	ワンマン運転
1日当たり輸送人員(人)(令和2年度)	1,517	39,887	1,288

（令和 3 年 3 月 31 日現在）

営　　　業　　　線					
㈱ゆりかもめ			東　京　都	㈱横浜シーサイドライン	
東京臨海新交通臨海線			日暮里・舎人ライナー	金沢シーサイドライン	
新　橋・豊　洲			日暮里・見沼代親水公園	新杉田・金沢八景	
14.7			9.7	10.8	
16			13	14	
986			808	831	
新　橋（仮駅）・有　明	新　橋・有　明	有　明・豊　洲	—	新杉田・金沢八景（暫定駅）	金沢八景（暫定駅）・金沢八景
S63. 11. 28		H10. 7. 10	H 7. 12. 28	S59. 4. 17	
H 1. 3. 10 / H 3. 6. 20		H11. 12. 8	H 9. 10. 30	S59. 10. 25	
H 1. 3. 11 / H 3. 12. 20		H11. 12. 13	H 9. 12. 1	S59. 11. 8	
H 7. 11. 1	H13. 3. 22	H18. 3. 27	H20. 3. 30	H 1. 7. 5	H31. 3. 31
側方案内軌条式			側方案内軌条式	側方案内軌条式	
複線			複線	複線	
156			100	90	
9.0			9.0	8.4	
49・52			47・48・49・50・51・53・54	46・47・48・49	
上り 31 分 15 秒　下り 31 分 00 秒			約 20 分	25 分 10 秒	
上り 28.2　下り 28.5			上り 27.7　下り 27.9	25.3	
6			5	5	
無人運転			無人運転	無人運転	
63,411			72,518	46,828	

項目	事業者名 / 線名 / 区分	営　業　線		
		名 古 屋 ガイドウェイバス㈱	愛知高速交通㈱	大阪市高速電気軌道㈱
		ガイドウェイバス 志段味線	東部丘陵線	南港ポートタウン線
区　　　　　間		大曽根 ・小幡緑地	藤が丘 ・八　草	コスモスクエア ・住之江公園※
営業キロ（建設キロ）(km)		6.5	8.9	7.9
駅　数　（　駅　）		9	9	10
平均駅間距離（ｍ）		813	1,113	878
免　・　特　許　日		－	－	中ふ頭 ・住之江公園　　コスモスクエア 　　　　　　　　・中ふ頭
		H 6.10.25	H13.10. 3	S52.12. 7　　　H17. 6. 7
工　事　施　行　認　可　日		H 8. 1.17	H14. 3.26	S53. 2.28　　　　－
工　事　着　手　日		H 8. 1.31	H14. 3.27	S53. 3. 1
開　　業　　日		H13. 3.23	H17. 3. 6	S56. 3.16　　　H17. 7. 1
形　　　　　式		側方案内軌条式	常電導吸引型磁気浮上・ リニアインダクションモーター推進方式	側方案内軌条式
単　・　複　線　の　別		複線	複線	複線
保　有　車　両　数（　両　）		28	24	80
車　両　長　（　ｍ　）		10.5	13.5・14.0	7.6
定　員　（　人　／　両　）		69	244／編成	40・43
所　　要　　時　　分		13分00秒	17分00秒	18分25秒
表 定 速 度 （ ｋ ｍ ／ 時 ）		30.0	約31.4	25.7
1 編 成 車 両 数（ 両 ）		1	3	4
ワ ン マ ン 運 転 状 況		ワンマン運転	無人運転 (藤が丘～はなみずき通にて1名乗車)	無人運転
1日当たり輸送人員（人） （令和2年度）		9,012	14,748	49,191

※コスモスクエア～中ふ頭についてはH17.6.30まで㈱大阪港トランスポートシステムが営業

(令和3年3月31日現在)

営 業 線				
神戸新交通㈱			広島高速交通㈱	
ポートアイランド線		六 甲 アイランド線	広島新交通1号線	
三 宮 ・神戸空港		住 吉 ・マリンパーク	本 通 ・広域公園前	
10.8		4.5	18.4	
12		6	22	
900		900	876	
三宮 ・中公園(ループ部)	中公園 ・神戸空港	—	本 通 ・長楽寺	長楽寺 ・広域公園前
S52.12.7	H13.9.4 / H14.11.6	S61.4.25	S63.8.22	H3.3.5
S53.3.6	H13.12.7 / H14.12.18	S61.8.25	S63.12.7 / H1.9.14	H3.8.29 / H4.1.31
S53.3.7	H14.3.27 / H14.12.20	S61.9.2	H1.3.1	H3.8.31
S56.2.5	H18.2.2	H2.2.21	H6.8.20	
側方案内軌条式			側方案内軌条式	
単線・複線		複線	複線	
114		48	156	
8.0		8.0	8.4 ～ 8.6	
48・50、49・51		42・46、44・47	43・50、40・46	
約18分	(三宮～神戸空港)約18分	10分00秒	35 ～ 39分	
21.4	28.1	27.0	30.0	
6		4	6	
無人運転			ワンマン運転	
48,069		29,795	50,402	

(注) 1. 平成17年7月、㈱大阪港トランスポートシステム(OTS)から、コスモスクエア～中ふ頭間(1.3km)の営業譲渡
　　　 2. 広島高速交通の営業キロは、地下鉄部分(本通・県庁前間)0.3kmを含む。

モノレールの概況（令和２年度）

項目／事業者名	線　　　名	輸送人員（千人）	輸送密度（人／日）	財／営業収入
東京モノレール	東京モノレール羽田空港線	24,269	35,584	5,422
多摩都市モノレール	多摩都市モノレール線	32,448	27,966	5,820
大阪モノレール	大阪モノレール線・彩都線	35,865	22,113	7,594
北九州高速鉄道	小　　倉　　線	8,902	12,280	1,688
沖縄都市モノレール	沖縄都市モノレール線	10,936	8,574	2,329
千葉都市モノレール	１号線・２号線	14,899	10,419	2,753
湘南モノレール	江　の　島　線	※9,401	12,887	※ 1,472
スカイレールサービス	広島短距離交通瀬野線	467	1,178	52
東　　京　　都	上　野　懸　垂　線	―	―	―
舞浜リゾートライン	ディズニーリゾートライン	6,189	8,647	2,181

※R1.10.1～R2.9.30 で集計

新交通システムの概況（令和２年度）

項目／事業者名	線　　　名	輸送人員（千人）	輸送密度（人／日）	財／営業収入
山　　　　　万	ユーカリが丘線	※555	792	※202
埼玉新都市交通	伊　　奈　　線	14,555	19,056	2,685
西　武　鉄　道	山　　口　　線	470	954	25
ゆりかもめ	東京臨海新交通臨海線	23,145	18,185	4,477
東　　京　　都	日暮里・舎人ライナー	26,469	40,769	4,908
横浜シーサイドライン	金沢シーサイドライン	16,946	18,725	3,391
名古屋ガイドウェイバス	ガイドウェイバス志段味線	3,289	6,891	580
愛知高速交通	東　部　丘　陵　線	5,383	7,967	1,018
大阪市高速電気軌道	南港ポートタウン線	17,954	17,759	2,207
神　戸　新　交　通	ポートアイランド線	17,545	18,235	3,094
	六甲アイランド線	10,875	22,352	1,727
広　島　高　速　交　通	広島新交通１号線	18,397	19,356	3,538

※営業年度は１月～12月

務(百万円)		客車走行キロ（千km）	職員数（人）	都道府県	資本金（百万円）
営業費用	営業損益				
12,874	△7,452	20,030	353	東 京 都	3,000
7,261	△1,441	5,765	235	東 京 都	100
8,084	△490	9,650	250	大 阪 府	14,538
2,087	△399	2,656	118	福 岡 県	100
3,611	△1,282	3,176	230	沖 縄 県	10,720
2,922	△169	2,365	170	千 葉 県	100
※1,920	※ △448	※1,951	96	神奈川県	100
175	△123	88	20	広 島 県	20
—	—	—	—	東 京 都	-
4,056	△1,875	1,907	190	千 葉 県	5,500

務(百万円)		客車走行キロ（千km）	職員数（人）	都道府県	資本金（百万円）
営業費用	営業損益				
351	△149	421	27	千 葉 県	3,000
3,141	△456	6,516	135	埼 玉 県	2,000
213	△188	351	10	埼 玉 県	56,665
7,832	△3,355	15,189	205	東 京 都	13,756
6,111	△1,203	8,109	84	東 京 都	9,544
3,502	△111	6,823	123	神奈川県	10,100
763	△183	671	35	愛 知 県	3,000
1,294	△276	2,535	79	愛 知 県	100
5,609	△3,402	4,918	168	大 阪 府	250,000
6,044	△1,223	8,140 2,631	189	兵 庫 県	100
3,981	△443	9,792	208	広 島 県	10,000

空港アクセス鉄道の整備状況

空　　港	事　業　者　名	開　業　時　期	都　心　駅までの距離
新千歳国際	Ｊ　Ｒ　北　海　道	平成 4 年 7 月	46.6km (札幌駅)
仙　　　　台	仙台空港鉄道	平成 19 年 3 月	17.5km (仙台駅)
成　田　国　際	Ｊ　Ｒ　東　日　本	平成 3 年 3 月	78.2km (東京駅)
	京　成　電　鉄	平成 3 年 3 月	66.2km (日暮里駅)
	京　成　電　鉄	平成 22 年 7 月	62.0km (日暮里駅)
東　京　国　際	東京モノレール	昭和 39 年 9 月 平成 5 年 9 月 (現・羽田空港第 1 ターミナル駅) 平成 16 年 12 月 (現・羽田空港第 2 ターミナル駅)	17.8km (浜松町駅)
	京浜急行電鉄	平成 10 年 11 月	14.5km (品川駅)

空 港	事 業 者 名	開 業 時 期	都 心 駅 までの距離
中 部 国 際	名 古 屋 鉄 道	平成 17 年 1 月	39.3km (名鉄名古屋駅)
大 阪 国 際	大阪モノレール	平成 9 年 4 月	13.3km (梅田駅)
関 西 国 際	Ｊ Ｒ 西 日 本	平成 6 年 6 月	46.0km (天王寺駅)
	南 海 電 気 鉄 道	平成 6 年 6 月	42.8km (難波駅)
神 　 戸	神 戸 新 交 通	平成 18 年 2 月	8.2km (三宮駅)
福 　 岡	福 　 岡 　 市	平成 5 年 3 月	3.3km (博多駅)
宮 　 崎	Ｊ Ｒ 　 九 　 州	平成 8 年 7 月	6.0km (宮崎駅)
那 　 覇	沖 縄 都 市 モ ノ レ ー ル	平成 15 年 8 月	6.0km (県庁前駅)

※事業者名に第3種鉄道事業者は記していない。

地方交通の概況(令和元年度)

項目 事業者名	営業キロ (ｋ m)	輸送人員 (千人)	輸送密度 (人/1日)
道南いさりび鉄道	37.8	633	478
津軽鉄道	20.7	255	380
弘南鉄道	30.7	1,651	1,483
青い森鉄道	121.9	4,403	2,239
青森県	－	－	－
IGRいわて銀河鉄道	82.0	5,106	2,694
三陸鉄道	163.0	909	410
由利高原鉄道	23.0	159	264
秋田内陸縦貫鉄道	94.2	264	260
山形鉄道	30.5	530	403
仙台空港鉄道	7.1	4,459	7,889
阿武隈急行	54.9	2,166	1,456
福島交通	9.2	2,322	3,303
会津鉄道	57.4	489	628
北越急行	59.5	1,171	11,788
えちごトキめき鉄道	97.0	3,877	1,564
長野電鉄	33.2	7,983	6,240
しなの鉄道	102.4	14,047	5,328
上田電鉄	11.6	1,116	1,415
アルピコ交通	14.4	1,750	2,472
富山地方鉄道	※ 108.5	11,530	1,933
あいの風とやま鉄道	100.1	15,129	7,688
黒部峡谷鉄道	20.1	946	3,777
のと鉄道	33.1	617	735
北陸鉄道	20.6	3,013	2,492
ＩＲいしかわ鉄道	17.8	9,207	14,644
関東鉄道	55.6	11,168	3,745
鹿島臨海鉄道	53.0	2,050	1,804
ひたちなか海浜鉄道	14.3	1,060	1,773
真岡鐵道	41.9	934	1,122
野岩鉄道	30.7	325	540

財務			職員数 (人)	都道府県	資本金 (百万円)
営業収益 (千円)	営業費用 (千円)	全事業経常 損益(千円)			
1,765,273	1,939,431	△ 195,590	102	北海道	466
117,455	142,804	△ 25,052	30	青森	73
358,383	420,576	△ 65,867	47	青森	175
2,217,926	2,183,793	29,927	334	青森	2,900
3,659,152	3,771,109	△ 203,443	6	青森	–
4,473,819	4,572,098	△ 92,673	184	岩手	1,850
535,752	1,054,911	△ 403,481	79	岩手	306
54,921	158,242	△ 97,948	32	秋田	100
132,181	443,656	△ 188,224	45	秋田	300
153,520	232,474	△ 66,255	31	山形	478
1,081,542	1,047,452	28,676	54	宮城	7,129
588,971	751,495	△ 149,886	79	福島・宮城	1,500
501,631	488,164	△ 853,453	51	福島	100
390,491	854,885	△ 321,497	73	福島	1,500
527,973	1,276,139	△ 638,868	69	新潟	4,568
3,601,643	4,178,683	△ 516,671	249	新潟	6,677
2,005,341	2,007,023	333,348	124	長野	495
4,300,009	4,209,908	92,073	272	長野	2,392
251,121	365,840	△ 75,469	30	長野	10
396,976	372,346	△ 89,447	29	長野	50
2,454,882	2,519,183	△ 37,119	239	富山	1,558
5,742,397	5,780,303	△ 37,906	409	富山	4,000
1,998,477	2,001,426	△ 2,949	183	富山	250
451,533	481,939	△ 30,406	42	石川	450
556,030	665,264	△ 109,234	39	石川	1,815
2,373,620	2,099,149	274,471	114	石川	2,006
2,458,692	2,480,596	△ 21,904	172	茨城	510
1,009,789	1,079,651	△ 69,661	97	茨城	1,226
272,565	313,451	△ 40,886	28	茨城	178
283,164	494,517	△ 211,353	47	栃木・茨城	250
276,674	484,942	△ 208,268	45	栃木・福島	1,000

項 目 事業者名	営業キロ （ｋｍ）	輸送人員 （千人）	輸送密度 （人／１日）
上毛電気鉄道	25.4	1,514	1,808
上信電鉄	33.7	2,212	2,377
わたらせ渓谷鐵道	44.1	367	375
秩父鉄道	71.7	7,829	4,373
埼玉高速鉄道	14.6	44,589	60,262
銚子電気鉄道	6.4	353	593
小湊鉄道	39.1	1,069	1,073
いすみ鉄道	26.8	288	385
流鉄	5.7	2,873	4,811
北総鉄道	32.3	39,130	42,688
千葉ニュータウン鉄道	-	-	-
東葉高速鉄道	16.2	57,148	88,153
芝山鉄道	2.2	525	1,434
成田空港高速鉄道	-	-	-
首都圏新都市鉄道	58.3	143,106	132,864
東京臨海高速鉄道	12.2	94,965	118,751
江ノ島電鉄	10.0	18,714	20,306
箱根登山鉄道	☆ 16.2	8,026	8,418
伊豆箱根鉄道	☆ 29.7	17,461	12,136
横浜高速鉄道	4.1	80,610	141,484
富士急行	26.6	3,670	4,898
成田高速鉄道アクセス	-	-	-
伊豆急行	45.7	4,609	5,957
岳南電車	9.2	815	1,004
静岡鉄道	11.0	12,297	16,235
大井川鐵道	65.0	656	692
遠州鉄道	17.8	10,294	11,910
天竜浜名湖鉄道	67.7	1,513	756
豊橋鉄道	※ 23.4	10,742	6,556

財務			職員数	都道府県	資本金
営業収益 (千円)	営業費用 (千円)	全事業経常 損益(千円)	(人)		(百万円)
362,931	563,197	△ 184,561	53	群馬	60
648,095	736,798	△ 88,703	100	群馬	280
198,511	378,544	△ 180,033	35	群馬・栃木	325
3,491,346	3,460,806	30,540	269	埼玉	750
10,881,870	6,694,919	4,186,951	191	埼玉	100
100,875	203,936	△ 103,061	27	千葉	69
405,644	464,073	△ 58,429	80	千葉	203
73,917	274,908	△ 200,991	33	千葉	269
329,025	426,236	△ 97,211	49	千葉	38
17,748,889	13,588,193	4,160,696	317	千葉	24,900
3,148,104	2,942,167	205,937	2	千葉	10
16,519,468	10,150,874	6,368,594	304	千葉	62,600
115,424	460,462	△ 345,038	16	千葉	100
2,646,621	2,512,870	133,751	2	千葉	9,100
46,805,397	37,151,760	9,653,637	704	東京	185,016
20,715,139	15,127,436	5,587,703	309	東京	124,279
3,288,969	3,201,902	87,067	166	神奈川	300
2,670,643	3,625,886	△ 955,243	181	神奈川	100
968,560	959,826	8,734	256	神奈川・静岡	640
12,474,553	10,575,152	1,899,401	126	神奈川	50,719
2,024,617	1,801,760	222,857	115	山梨	9,126
1,901,225	1,659,351	241,874	11	千葉	19,008
3,785,363	3,562,064	250,702	266	静岡	90
173,495	243,126	△ 66,525	29	静岡	100
1,616,155	1,805,037	357,754	111	静岡	1,800
954,459	1,056,929	△ 93,209	136	静岡	100
1,740,755	1,541,859	3,061,037	106	静岡	3,800
458,323	714,138	△ 254,229	72	静岡	100
1,673,941	1,726,328	187,856	179	愛知	200

項目 事業者名	営業キロ （km）	輸送人員 （千人）	輸送密度 （人／1日）
名古屋臨海高速鉄道	15.2	16,083	17,498
中部国際空港連絡鉄道	-	-	-
上飯田連絡線	-	-	-
愛知環状鉄道	45.3	18,835	12,046
東海交通事業	11.2	440	540
三岐鉄道	48.0	5,584	2,785
伊勢鉄道	22.3	1,658	3,404
伊賀鉄道	16.6	1,279	2,116
四日市あすなろう鉄道	7.0	2,820	3,635
四日市市	-	-	-
養老鉄道	57.5	6,167	3,048
樽見鉄道	34.5	653	598
明知鉄道	25.1	378	517
長良川鉄道	72.1	782	364
えちぜん鉄道	53.0	3,624	1,816
近江鉄道	59.5	4,747	1,786
信楽高原鐵道	14.7	437	986
北近畿タンゴ鉄道	-	-	-
嵯峨野観光鉄道	7.3	1,271	4,668
叡山電鉄	14.4	7,670	7,193
WILLER TRAINS	114.0	1,579	738
大阪港トランスポートシステム	-	-	-
関西高速鉄道	-	-	-
新関西国際空港	-	-	-
水間鉄道	5.5	1,835	3,478
大阪外環状鉄道	-	-	-
中之島高速鉄道	-	-	-
西大阪高速鉄道	-	-	-
奈良生駒高速鉄道	-	-	-
紀州鉄道	2.7	99	205
和歌山電鐵	14.3	1,988	2,930
和歌山県	-	-	-

財務			職員数 (人)	都道府県	資本金 (百万円)
営業収益 (千円)	営業費用 (千円)	全事業経常 損益(千円)			
3,037,276	2,529,484	519,042	131	愛知	100
1,457,607	1,068,977	299,353	3	愛知	8,800
1,800,000	999,802	667,778	3	愛知	14,028
4,738,605	4,751,368	20,192	237	愛知	9,475
100,601	293,708	104,678	31	愛知	295
1,502,141	1,839,413	△ 234,743	154	三重	400
538,795	615,896	△ 63,494	34	三重	360
300,902	384,457	△ 83,316	46	三重	65
454,897	389,388	65,580	39	三重	50
0	218,072	△ 218,072	5	三重	–
1,511,281	1,473,389	39,596	119	三重・岐阜	100
157,405	250,921	△ 70,545	38	岐阜	100
102,109	216,007	△ 85,676	19	岐阜	200
305,521	611,209	△ 293,968	78	岐阜	400
855,955	1,132,753	△ 13,131	155	福井	497
1,061,611	1,561,622	531,859	104	滋賀	405
166,266	158,503	2,148	21	滋賀	432
147,280	1,209,377	△ 1,062,018	6	京都	1,400
691,026	628,218	67,556	78	京都	200
1,488,955	1,396,503	78,142	104	京都	250
1,099,229	1,278,398	△ 172,684	151	京都	50
81,000	47,850	603,832	4	大阪	5,000
12,916,383	7,129,174	5,048,284	33	大阪	75,759
4,159,969	3,360,203	2,714,813	3	大阪	300,000
308,464	307,383	599	26	大阪	100
2,317,301	2,950,237	△ 868,489	14	大阪	24,637
2,056,220	1,836,443	△ 118,238	5	大阪	26,136
1,503,088	1,252,297	△ 78,416	3	大阪	17,800
1,912,391	1,202,485	443,450	4	奈良	10,255
13,110	80,299	240,341	11	和歌山	95
350,533	460,537	△ 38,089	45	和歌山	30
182	123	59	—	和歌山	

事業者名＼項目	営業キロ（km）	輸送人員（千人）	輸送密度（人／1日）
能勢電鉄	☆　15.4	20,160	23,854
北神急行電鉄	7.5	8,948	24,511
神戸電鉄	69.6	58,028	15,702
北条鉄道	13.6	334	700
水島臨海鉄道	10.4	1,836	3,190
井原鉄道	41.7	1,106	1,023
錦川鉄道	32.7	162	268
智頭急行	56.1	1,123	2,472
若桜鉄道	19.2	354	383
若桜町	－	－	－
八頭町	－	－	－
一畑電車	42.2	1,449	1,602
高松琴平電気鉄道	60.0	14,918	5,516
伊予鉄道	※　43.5	19,113	5,608
土佐くろしお鉄道	109.3	1,767	848
阿佐海岸鉄道	8.5	53	135
筑豊電気鉄道	16.0	4,478	4,603
甘木鉄道	13.7	1,437	2,026
平成筑豊鉄道	51.3	1,625	828
北九州市	－	－	－
松浦鉄道	93.8	2,773	804
島原鉄道	43.2	1,297	1,192
肥薩おれんじ鉄道	116.9	1,076	665
熊本電気鉄道	13.1	1,770	1,946
南阿蘇鉄道	17.7	55	61
くま川鉄道	24.8	710	1,104

(注) 国土交通省鉄道局資料による。

財務			職員数 (人)	都道府県	資本金 (百万円)
営業収益 (千円)	営業費用 (千円)	全事業経常 損益(千円)			
3, 265, 292	3, 132, 045	388, 685	120	兵庫	100
2, 109, 434	1, 614, 205	421, 122	38	兵庫	3, 200
9, 314, 690	8, 589, 012	1, 217, 648	470	兵庫	11, 711
79, 422	132, 175	△ 15, 333	13	兵庫	100
709, 662	735, 277	30, 838	58	岡山	850
328, 655	513, 305	△ 180, 257	52	岡山・広島	700
85, 521	194, 088	△ 89, 560	20	山口	120
2, 763, 021	2, 546, 883	218, 646	76	兵庫・鳥取	450
536, 693	548, 303	304	20	鳥取	-
0	98, 702	△ 116, 706	0	鳥取	-
0	382, 906	△ 394, 558	0	鳥取	-
449, 202	686, 069	△ 259, 705	68	島根	100
2, 912, 885	2, 566, 602	289, 291	254	香川	250
3, 516, 927	3, 157, 660	365, 091	294	愛媛	100
867, 186	1, 378, 969	△ 505, 241	109	高知	499
6, 394	86, 803	△ 80, 409	11	徳島	100
885, 425	937, 985	25, 964	60	福岡	490
230, 501	242, 803	1, 271	30	福岡	156
391, 684	752, 644	△ 27, 384	58	福岡	273
828	17, 367	△ 16, 539	1	福岡	300
758, 618	855, 888	△ 97, 270	99	佐賀・長崎	300
467, 817	667, 959	△ 413, 896	91	長崎	90
1, 613, 709	2, 308, 454	△ 688, 756	126	熊本・鹿児島	1, 560
413, 169	454, 115	△ 20, 255	37	熊本	100
29, 330	77, 878	△ 35, 727	7	熊本	100
116, 222	211, 160	△ 19, 463	42	熊本	100

※は軌道を含む。
☆は鋼索鉄道を含む。
第三種鉄道事業の営業キロは含まず。

路面電車事業の概要（令和元年度）

都道府県	事業者名	営業キロ	車両等	
			編成数	低床式車両の導入状況
北海道	札幌市交通局（一条・山鼻軌道線）	8.9	36	○ 3連接式・単車
北海道	函館市企業局	10.9	32	○ 2連接式
富山県	富山地方鉄道（市内軌道線）	15.2(6.5)	30	○ 3連接式・2連接式
富山県	万葉線	12.8(4.9)	11	○ 2連接式
富山県	富山市	ー	ー	ー ー
東京都	東京急行電鉄（世田谷軌道線）	5.0	10	
東京都	東京都交通局（三の輪早稲田軌道線）	12.2	33	
愛知県	豊橋鉄道（市内軌道線）	5.4	16	○ 3連接式
福井県	福井鉄道	21.5(18.1)	16	○ 3連接式
滋賀県 京都府	京阪電気鉄道（大津線）	21.6	23	
大阪府	阪堺電気軌道	18.3	35	○ 3連接式
京都府	京福電気鉄道（嵐山線）	11.0	27	
岡山県	岡山電気軌道	4.7	22	○ 2連接式
広島県	広島電鉄（市内軌道線）	19.0	138	○ 5連接式・3連接式
高知県	とさでん交通	25.3	63	○ 3連接式
愛媛県	伊予鉄道（市内軌道線）	9.6(2.7)	38	○ 単車
長崎県	長崎電気軌道	11.5	72	○ 3連接式
熊本県	熊本市交通局	12.1	45	○ 2連接式
鹿児島県	鹿児島市交通局	13.1	56	○ 5連接式・3連接式・2連接式

※国土交通省鉄道局資料による。
※営業キロの（ ）内は、表示路線における鉄道区間の延長内数。
※富山地方鉄道（市内軌道線）の車両編成数は、富山市所有（旧富山ライトレール）分を含む。
※路面電車における輸送密度については、均一運賃の場合があり、輸送人キロではなく
　輸送人数を用いて「人／日・キロ」としている。
※福井鉄道、京福電気鉄道（嵐山線）、広島電鉄の財務数値は鉄道事業分を含む。
※軌道整備事業者は、財務のみ記載している。

輸送人員 （千人）	輸送密度 （人/日・キロ）	財務				
		営業収益 （千円）	営業費用 （千円）	営業損益 （千円）	全事業経常損益 （千円）	資本金 （百万円）
8,581	6,723	1,362,023	1,940,648	▲ 578,625	8,626,271	171,195
5,447	4,096	945,687	1,383,256	▲ 437,569	▲ 27,880	383
5,426	2,698	784,374	732,559	53,926	▲ 37,119	1,558
1,136	1,380	209,739	285,905	▲ 76,166	▲ 74,744	100
―	―	17,381	19,506	▲ 2,125	10,558	―
21,229	27,839	2,029,376	2,222,164	▲ 192,788	35,192,062	100
17,086	10,057	2,622,927	3,207,568	▲ 584,641	27,860,352	524,133
3,063	4,222	440,006	496,852	▲ 56,846	187,856	200
1,988	2,333	355,797	614,883	▲ 259,086	▲ 515,254	100
17,033	9,653	2,159,732	3,324,606	▲ 1,164,874	7,875,947	100
8,070	4,839	1,394,235	1,481,116	▲ 86,881	11,171	90
8,366	8,300	1,504,888	1,599,916	▲ 95,028	398,272	1,000
3,706	3,873	427,449	574,223	▲ 146,774	▲ 66,830	200
37,835	14,465	6,855,052	6,883,185	▲ 28,133	266,557	2,336
5,993	3,121	1,041,154	1,102,343	▲ 61,189	▲ 499,309	500
6,938	3,967	984,550	897,738	86,812	365,091	100
16,357	12,335	1,785,363	1,817,907	▲ 32,544	46,675	210
11,008	8,182	1,684,506	1,958,958	▲ 274,452	218,170	2,015
10,925	8,431	1,653,494	1,944,828	▲ 291,334	▲ 584,818	3,002

旧国鉄線から第三セクター等に転換した路線

所在道府県	線　名	区　　間	
北　海　道	池　北　線	池　田　～　北　見	140.0km
青　　　森	黒　石　線	川　部　～　黒　石	6.2km
青　　　森	大　畑　線	下　北　～　大　畑	18.0km
秋　　　田	阿仁合線・鷹角線・角館線	鷹ノ巣　～　角　館	94.2km
秋　　　田	矢　島　線	羽後本荘　～　矢　島	23.0km
岩　　　手	久慈線・盛線・宮古線	久　慈　～　宮　古 釜　石　～　　　盛	71.0km 36.6km
山　　　形	長　井　線	赤　湯　～　荒　砥	30.5km
宮　城・福　島	丸　森　線	福　島　～　槻　木	54.9km
福　　　島	会　津　線	西若松　～　会津高原	57.4km
福　島・栃　木	野　岩　線	会津高原　～　新　藤　原	30.7km
栃　木・茨　城	真　岡　線	下　館　～　茂　木	41.9km
群　馬・栃　木	足　尾　線	桐　生　～　足尾本山	46.0km
茨　　　城	鹿　島　線	水　戸　～　北　鹿　島	53.0km
千　　　葉	木　原　線	大　原　～　上総中野	26.8km
静　　　岡	二　俣　線	掛　川　～　新　所　原	67.7km
愛　　　知	岡多線・瀬戸線	岡　崎　～　高　蔵　寺	45.3km
新　　　潟	北　越　北　線	六　日　町　～　犀　潟	59.5km
石　　　川	能　登　線	穴　水　～　蛸　島	61.0km
岐　阜・富　山	神　岡　線	猪　谷　～　奥飛騨温泉口	19.9km

（平成 29 年 4 月 1 日現在）

経営主体（〔　〕内は出資者）	備　　　　考
北海道ちほく高原鉄道㈱ 〔北海道、北見市、関係6町、金融機関等〕	平成元.6.4開業、平成18.4.21廃止
弘 南 鉄 道 ㈱ 〔地元有力者〕	昭和59.11.1開業、平成10.4.1廃止
下 北 交 通 ㈱ 〔地元有力者〕	昭和60.7.1開業、平成13.4.1廃止
秋田内陸縦貫鉄道㈱ 〔秋田県、関係8町村、金融機関、商工団体等〕	昭和61.11.1鷹ノ巣〜比立内・角館〜松葉開業 平成元.4.1松葉〜比立内開業
由 利 高 原 鉄 道 ㈱ 〔秋田県、本荘市、矢島町、由利町、金融機関等〕	昭和60.10.1開業
三 陸 鉄 道 ㈱ 〔岩手県、関係28市町村、農、漁、林業団体等〕	昭和59.4.1開業
山 形 鉄 道 ㈱ 〔山形県、長井市、南陽市、関係6市町村、金融機関等〕	昭和63.10.25開業
阿 武 隈 急 行 ㈱ 〔福島県、宮城県、両県関係24市町村、福島交通㈱〕	昭和61.7.1槻木〜丸森開業 昭和63.7.1福島〜丸森開業
会 津 鉄 道 ㈱ 〔福島県、関係28市町村、金融機関等〕	昭和62.7.16開業
野 岩 鉄 道 ㈱ 〔福島県、栃木県、両県関係31市町村、東武鉄道等〕	昭和61.10.9開業
真 岡 鐵 道 ㈱ 〔栃木県、真岡市他関係6市町村、金融機関、地元商工会等〕	昭和63.4.11開業
わたらせ渓谷鐵道㈱ 〔群馬県、関係5市町村、金融機関等〕	平成元.3.29桐生〜間藤開業、平成10.6.2 間藤〜足尾本山未開業線の免許の失効
鹿 島 臨 海 鉄 道 ㈱ 〔茨城県、日本貨物鉄道㈱、鹿島海港工業地帯立地企業21社〕	昭和60.3.14開業
い す み 鉄 道 ㈱ 〔千葉県、関係6市町村、金融機関等〕	昭和63.3.24開業
天 竜 浜 名 湖 鉄 道 ㈱ 〔静岡県、関係12市町村、金融機関等〕	昭和62.3.15開業
愛 知 環 状 鉄 道 ㈱ 〔愛知県、豊田市、瀬戸市、岡崎市、春日井市、地元企業等〕	昭和63.1.31開業
北 越 急 行 ㈱ 〔新潟県、上越市、十日町他6市村、金融機関等〕	平成9.3.22開業
の と 鉄 道 ㈱ 〔石川県、関係7市町村、金融機関、商工団体等〕	昭和63.3.25開業、平成13.4.1.一部廃止（穴水〜 輪島）、平成17.4.1一部廃止（穴水〜蛸島）
神 岡 鉄 道 ㈱ 〔岐阜県、富山県、両県関係4市村、三井金属鉱業㈱〕	昭和59.10.1開業、平成18.12.1廃止

地方旅客輸送

所在道府県	線　　名	区　　間	
岐　　　　阜	樽　見　線	大　垣　～　樽　見	34.5km
岐　　　　阜	明　知　線	恵　那　～　明　智	25.1km
岐　　　　阜	越　美　南　線	美濃太田　～　北　濃	72.1km
三　　　　重	伊　勢　線	河　原　田　～　津	22.3km
滋　　　　賀	信　楽　線	貴　生　川　～　信　楽	14.7km
京　都・兵　庫	宮福線・宮津線	宮　津　～　福　知　山 西　舞　鶴　～　豊　岡	30.4km 83.6km
兵　　　　庫	三　木　線	厄　神　～　三　木	6.6km
兵　　　　庫	北　条　線	粟　生　～　北　条　町	13.7km
岡山・兵庫・鳥取	智　頭　線	上　郡　～　智　頭	56.1km
岡　山・広　島	井　原　線	総　社　～　神　辺	41.7km
鳥　　　　取	若　桜　線	郡　家　～　若　桜	19.2km
山　　　　口	岩　日　線	川　西　～　錦　町	32.7km
高　　　　知	中村線・宿毛線・阿佐線	窪　川　～　宿　毛 後　免　～　奈　半　利	66.6km 42.7km
徳　島・高　知	阿　佐　東　線	海　部　～　甲　浦	8.5km
福　岡・佐　賀	甘　木　線	基　山　～　甘　木	13.7km
福　　　　岡	伊田線・糸田線・田川線	直　方　～　行　橋 金　田　～　田川後藤寺	42.4km 6.8km
長　崎・佐　賀	松　浦　線	有　田　～　佐　世　保	93.8km
宮　　　　崎	高　千　穂　線	延　岡　～　高　千　穂	50.0km
熊　　　　本	高　森　線	立　野　～　高　森	17.7km
熊　　　　本	湯　前　線	人　吉　～　湯　前	24.8km

経営主体（〔　〕内は出資者）	備　　　考
樽 見 鉄 道 ㈱ 〔岐阜県、関係8市町村、西濃鉄道㈱、住友セメント㈱等〕	昭和 59.10.6 大垣～神海開業 平成元.3.25 神海～樽見開業
明 知 鉄 道 ㈱ 〔岐阜県、関係13市町村、金融機関等〕	昭和 60.11.16 開業
長 良 川 鉄 道 ㈱ 〔岐阜県、関係13町村、金融機関等〕	昭和 61.12.11 開業
伊 勢 鉄 道 ㈱ 〔三重県、関係22市町村、交通事業者等〕	昭和 62.3.27 開業
信 楽 高 原 鐵 道 ㈱ 〔滋賀県、信楽町他関係6町、近江鉄道㈱、金融機関等〕	昭和 62.7.13 開業 平成 25.4.1 第2種鉄道事業者へ移行
北近畿タンゴ鉄道 ㈱ 〔兵庫県、京都府、関係19市町、金融機関等〕	昭和 63.7.16 宮津～福知山開業 平成 2.4.1 西舞鶴～豊岡開業 平成 27.4.1 第3種鉄道事業者へ移行
三 木 鉄 道 ㈱ 〔兵庫県、三木市、加古川市、金融機関等〕	昭和 60.4.1 開業、平成 20.4.1 廃止
北 条 鉄 道 ㈱ 〔兵庫県、加西市、小野市、金融機関等〕	昭和 60.4.1 開業
智 頭 急 行 ㈱ 〔鳥取県、兵庫県、岡山県、関係31市町村、金融機関等〕	平成 6.12.3 開業
井 原 鉄 道 ㈱ 〔岡山県、広島県、井原市他12市町村、金融機関等〕	平成 11.1.11 開業
若 桜 鉄 道 ㈱ 〔鳥取県、関係5市町、金融機関等〕	昭和 62.10.14 開業 平成 21.4.1 第2種鉄道事業者へ移行
錦 川 鉄 道 ㈱ 〔山口県、岩国市、錦町他3村、金融機関等〕	昭和 62.7.25 開業
土佐くろしお鉄道㈱ 〔高知県、関係23市町村、金融機関等〕	昭和 63.4.1 窪川～中村開業　平成 9.10.1 宿毛 ～中村開業　平成 14.7.1 後免～奈半利開業
阿 佐 海 岸 鉄 道 ㈱ 〔徳島県、高知県、関係21市町村、金融機関等〕	平成 4.3.26 開業
甘 木 鉄 道 ㈱ 〔甘木市他関係9市町村、甘木商工会議所等〕	昭和 61.4.1 開業
平 成 筑 豊 鉄 道 ㈱ 〔福岡県、田川市、関係10市町、金融機関等〕	平成元.10. 1 開業
松 浦 鉄 道 ㈱ 〔長崎県、佐賀県、関係14市町、金融機関、地元企業等〕	昭和 63.4.1 開業
高 千 穂 鉄 道 ㈱ 〔宮崎県、関係4市町村、金融機関等〕	平成元.4.28 開業　平成 19.9.6 一部廃止（延 岡～槇峰）　平成 20.12.28 廃止
南 阿 蘇 鉄 道 ㈱ 〔高森町他関係5町村〕	昭和 61.4.1 開業
く ま 川 鉄 道 ㈱ 〔人吉市、関係13市町村地元企業等〕	平成元.10.1 開業

(注)国土交通省鉄道局資料による。

地方中小鉄道の路線廃止状況

地方中小鉄道は、少子高齢化やモータリゼーションの進展等により、経営環境が厳しい状況にある。

項目　　年度	計 (キロ)	一部廃止		全部廃止	
		事業者数	営業キロ(キロ)	事業者数	営業キロ(キロ)
昭和60	21.4	2	15.7	1	5.7
61	56.4	2	10.2	2	46.2
62	24.4	1	16.8	1	7.6
63	10.5	2	1.4	1	9.1
平成元	5.2	0	0	1	5.2
2	6.3	0	0	1	6.3
3	34.2	1	0.4	1	33.8
4	4.3	1	4.3	0	0
5	23.3	1	11.9	1	11.4
6	0	0	0	0	0
7	7.6	0	0	1	7.6
8	0	0	0	0	0
9	0	0	0	0	0
10	6.2	1	6.2	0	0
11	25.8	0	0	2	25.8
12	0	0	0	0	0
13	38.4	2	20.4	1	18.0
14	39.4	1	12.9	2	26.5
15	0	0	0	0	0
16	0	0	0	0	0
17	79.1	1	61.0	1	18.1
18	159.9	0	0	2	159.9
19	82.0	1	29.1	2	52.9
20	62.8	1	35.3	2	27.5
21	2.1	1	2.1	0	0
22	0	0	0	0	0
23	0	0	0	0	0
24	39.1	1	24.4	1	14.7
25	0	0	0	0	0
26	0	0	0	0	0
27	0.2	1	0.2	0	0
28	0	0	0	0	0
29	0	0	0	0	0
30	0	0	0	0	0
令和元	0	0	0	0	0
2	0	0	0	0	0

(注) 国土交通省鉄道局資料による。

事業者数と営業キロの推移

分類＼年度		昭和40	45	50	55	60
事業者数	ＪＲ（国鉄）	1	1	1	1	1
	大 手 民 鉄	14	14	14	14	14
	準 大 手	4	6	7	7	9
	地 下 鉄	4	4	6	6	7
	地 方 交 通	80	68	58	60	69
旅客営業キロ	ＪＲ（国鉄）	20,376.3	20,520.1	20,963.2	21,038.3	20,478.7
	大 手 民 鉄	2,846.0	2,877.4	2,836.2	2,842.0	2,817.4
	準 大 手	184.9	194.5	205.0	211.9	211.9
	地 下 鉄	117.4	225.6	288.9	365.7	438.5
	地 方 交 通	2,656.7	2,216.2	1,765.7	1,731.5	1,935.5

分類＼年度		平成2	7	12	17	22
事業者数	ＪＲ（国鉄）	6	6	6	6	6
	大 手 民 鉄	15	15	15	16	16
	準 大 手	6	6	6	5	5
	地 下 鉄	10	10	10	10	10
	地 方 交 通	94	101	109	115	116
旅客営業キロ	ＪＲ（国鉄）	20,174.6	20,013.0	20,051.1	19,998.5	20,124.3
	大 手 民 鉄	2,863.3	2,864.2	2,867.2	2,951.2	2,917.1
	準 大 手	179.0	186.7	186.7	117.1	109.9
	地 下 鉄	514.7	564.3	650.1	691.7	735.1
	地 方 交 通	3,285.3	3,287.2	3,321.9	3,443.0	3,646.4

分類＼年度		25	26	27	28	29
事業者数	ＪＲ（国鉄）	6	6	6	6	6
	大 手 民 鉄	16	16	16	16	16
	準 大 手	5	5	5	5	5
	地 下 鉄	10	10	10	10	10
	地 方 交 通	115	118	122	122	122
旅客営業キロ	ＪＲ（国鉄）	20,127.1	20,022.0	20,132.1	20,117.0	20,117.0
	大 手 民 鉄	2,917.1	2,917.1	2,910.1	2,910.1	2,910.1
	準 大 手	109.9	109.9	109.9	109.9	109.9
	地 下 鉄	735.1	735.1	735.1	731.1	731.1
	地 方 交 通	3,607.5	3,710.8	3,612.7	3,711.5	4,222.5

分類＼年度		30	令和元			
事業者数	ＪＲ（国鉄）	6	6			
	大 手 民 鉄	16	16			
	準 大 手	5	5			
	地 下 鉄	10	10			
	地 方 交 通	121	123			
旅客営業キロ	ＪＲ（国鉄）	19,955.8	19,939.7			
	大 手 民 鉄	2,910.1	2,912.1			
	準 大 手	109.9	109.9			
	地 下 鉄	731.1	748.9			
	地 方 交 通	4,271.8	4,093.0			

(注) 1.鉄道要覧・鉄道統計年報による。
2.ＪＲ(国鉄)は旅客線のみである。
3.昭和60年度までのJR(国鉄)の旅客営業キロは新幹線を含まないため、昭和60年度以降の
数値との間に連続性はない。
4.地方交通の事業者数は、P8の区分を参考に中小民鉄から地方公共団体を除いたもの、
営業キロは、鋼索鉄道を除いたものである。
5.地方交通は、平成22年度より統計手法が異なっているため、数値に連続性はない。

経営の概況

年度 \ 項目	営業キロ (km)	輸送人員(百万人)		
		定 期	定期外	合 計
昭 和 50	26,557	11,181	6,406	17,588
60	26,310	12,000	6,989	18,989
平 成 7	27,136	14,031	8,688	22,719
12	27,438	12,966	8,739	21,705
17	27,636	12,775	9,267	22,042
22	27,643	13,176	9,557	22,733
25	27,607	13,687	9,999	23,685
26	27,849	13,622	9,992	23,614
27	27,913	14,029	10,339	24,368
28	27,909	14,351	10,516	24,867
29	27,901	14,467	10,594	25,061
30	27,789	14,669	10,676	25,345
令和元	27,787	14,801	10,400	25,201

〔令和元年度の細目〕

区分 \ 項目	営業キロ (km)	輸送人員(百万人)		
		定 期	定期外	合 計
Ｊ Ｒ	19,939.7	5,875	3,627	9,503
大 手 民 鉄	2,912.1	6,253	4,213	10,466
(うち，東京地下鉄(旧：交通営団))	195.0	1,608	1,157	2,765
準 大 手	109.9	168	103	271
公 営	491.2	1,438	1,181	2,619
地 方 交 通	4,097.3	949	1,179	2,128
そ の 他	236.7	192	248	440

(注) 1. 鉄道統計年報による。
　　　2. その他は、モノレール、新交通システム、鋼索鉄道及び無軌条電車の合計である(大手・公営を除く)。
　　　3. 端数処理のため合計があわないことがある。
　　　4. 交通営団はH16. 4. 1より東京地下鉄となり、大手民鉄に計上。

輸送人キロ(百万人キロ)			収入(百万円)		
定　期	定期外	合　計	定　期	定期外	合　計
147,844	175,956	323,800	383,734	1,428,594	1,812,327
167,997	162,104	330,101	1,085,525	3,162,834	4,248,359
208,978	191,107	400,084	1,579,365	4,270,898	5,850,263
198,593	185,694	384,287	1,591,126	4,249,867	5,840,993
196,797	194,418	391,215	1,579,954	4,401,306	5,891,260
199,886	193,448	393,431	1,621,762	4,267,782	5,889,544
204,957	209,463	414,421	1,650,887	4,614,505	6,265,392
201,587	211,184	412,771	1,659,989	4,672,666	6,332,656
206,583	220,884	427,467	1,692,190	4,903,865	6,596,055
207,493	221,545	429,038	1,714,666	4,952,228	6,666,894
210,390	227,112	437,502	1,714,306	5,111,530	6,825,837
212,049	229,726	441,774	1,763,107	5,128,152	6,891,259
213,505	221,543	435,049	1,779,238	4,970,152	6,749,391

輸送人キロ(百万人キロ)			収入(百万円)		
定　期	定期外	合　計	定　期	定期外	合　計
113,889	158,038	271,927	765,567	3,490,188	4,255,755
79,139	47,717	126,857	668,247	935,493	1,603,741
14,252	8,033	22,285	155,188	191,354	346,542
1,545	800	2,345	17,159	18,811	35,971
10,214	6,717	16,931	172,522	229,864	402,386
7,654	6,999	14,653	131,295	233,312	364,607
1,072	1,316	2,388	24,427	56,510	80,937

ＪＲ及び大手民鉄の概要（令和元年度）

事業者名	資本金 （百万円）	旅客営業キロ （km）	車両走行キロ （千km）	輸送人員	
				1日平均 （千人）	定期占有率 （％）
Ｊ Ｒ 北 海 道	9,000	2,535.9	137,248	367	58
Ｊ Ｒ 東 日 本	200,000	7,401.7	2,333,890	17,828	63
Ｊ Ｒ 東 海	112,000	1,970.8	1,268,247	1,556	51
Ｊ Ｒ 西 日 本	100,000	4,903.1	1,364,737	5,237	62
Ｊ Ｒ 四 国	3,500	855.2	56,666	123	63
Ｊ Ｒ 九 州	16,000	2,273.0	287,524	925	65
東 武 鉄 道	102,136	463.3	267,105	2,523	66
西 武 鉄 道	21,665	176.6	168,859	1,813	63
京 成 電 鉄	36,804	152.3	100,430	802	59
京 王 電 鉄	59,024	84.7	126,353	1,842	60
小 田 急 電 鉄	60,360	120.5	182,010	2,096	62
東 京 急 行 電 鉄	121,725	104.9	148,794	3,194	61
京 浜 急 行 電 鉄	43,739	87.0	114,848	1,321	56
相 鉄 鉄 道	100	38.0	49,490	640	66
東 京 地 下 鉄	58,100	195.0	292,573	7,575	58
名 古 屋 鉄 道	100,779	444.2	190,988	1,079	68
近 畿 日 本 鉄 道	100	501.1	288,975	1,567	60
南 海 電 気 鉄 道	72,984	154.8	100,213	656	59
京 阪 電 気 鉄 道	100	91.1	87,014	803	50
阪 急 電 鉄	100	143.6	166,945	1,794	53
阪 神 電 気 鉄 道	29,384	48.9	45,098	674	52
西 日 本 鉄 道	26,157	106.1	39,933	291	55

(注) 鉄道統計年報による。

準大手の概況（令和元年度）

事業者名	営業キロ （km）	輸送人員 （千人）	輸送密度 （人／1日）	財　　務	
				営業収益 （千円）	営業費用 （千円）
新 京 成 電 鉄	26.5	104,107	76,796	11,452,602	10,174,162
泉 北 高 速 鉄 道	14.3	48,354	84,423	7,550,677	6,418,580
北 大 阪 急 行 電 鉄	5.9	59,312	123,877	5,379,831	5,117,968
神 戸 高 速 鉄 道	－	－	－	2,496,036	2,042,349
山 陽 電 気 鉄 道	63.2	59,950	38,535	14,099,623	12,707,540

(注) 1. 鉄道統計年報による。
　　 2. 神戸高速鉄道は、第三種事業者のため、輸送人員等のデータがない。

運 賃 収 入		輸送人キロ (百万人キロ)	輸送密度 (千人／日)	職員数 (人)
1日平均 (千円)	定期占有率 (%)			
193,445	17	4,085	4	6,653
4,911,785	28	135,385	49	43,758
3,741,482	4	63,427	87	19,838
2,347,567	18	58,588	32	26,391
61,542	20	1,382	4	1,873
403,784	22	9,059	10	5,962
400,654	46	12,423	73	3,364
272,824	46	8,860	137	3,463
178,666	33	4,175	74	1,905
221,009	44	7,890	254	2,280
321,387	41	11,793	267	3,662
385,694	46	11,281	293	3,787
219,377	40	6,525	204	2,652
86,324	50	2,583	192	1,062
949,432	45	22,285	312	9,785
246,691	45	7,260	44	4,353
400,081	32	10,590	57	7,225
157,908	39	3,976	70	2,372
141,046	33	4,145	124	1,355
263,032	36	9,168	174	2,838
93,133	36	2,323	129	1,186
56,553	38	1,574	40	597

全事業経常損益	職員数 (人)	都道府県	資本金 (百万円)
3,255,587	507	千　葉	5,936
4,894,629	258	大　阪	4,000
461,412	141	大　阪	1,500
163,190	4	兵　庫	100
3,359,672	693	兵　庫	10,090

経営の状況

ＪＲ及び民鉄の営業成績（鉄軌道業）

(単位：億円)

科目 ＼ 年度	平成 30(A)	令和元(B)	B／A(%)
ＪＲ６社			
営 業 収 益	46,923	47,187	101
営 業 費	35,838	37,946	106
営 業 損 益	11,084	9,241	83
大手民鉄(16 社)			
営 業 収 益	17,365	17,178	99
営 業 費	13,828	14,141	102
営 業 損 益	3,537	3,037	86
公営(12 事業者) ※平成３０年度は大阪市交通局の民営化により１１事業者			
営 業 収 益	4,319	4,303	100
営 業 費	3,762	3,857	103
営 業 損 益	558	445	80
準大手民鉄(５社)			
営 業 収 益	410	407	99
営 業 費	365	362	99
営 業 損 益	45	44	98
地方交通 (108 社)			
営 業 収 益	2,586	2,575	100
営 業 費	2,327	2,348	101
営 業 損 益	256	227	89

(注) 国土交通省鉄道局資料による。

JR各社の収支実績の推移 （単体）

(単位：億円)

会社名・年度 科目	北　　海　　道											
	21年度	22年度	23年度	24年度	25年度	26年度	27年度	28年度	29年度	30年度	R1年度	R2年度
（営業損益の部）												
鉄道事業												
営　業　収　益	788	765	757	776	759	756	768	832	836	818	809	444
営　業　費	1,064	1,050	1,092	1,112	1,159	1,171	1,251	1,366	1.396	1.378	1.369	1.291
営　業　利　益	▲275	▲284	▲334	▲335	▲400	▲414	▲482	▲534	▲559	▲559	▲560	▲846
その他事業												
営　業　収　益	59	60	64	67	68	68	69	62	60	66	66	65
営　業　費	33	35	37	40	40	44	34	25	26	27	28	33
営　業　利　益	25	25	27	26	27	24	35	36	34	38	38	32
全事業営業損益	▲249	▲259	▲307	▲309	▲372	▲389	▲447	▲498	▲525	▲520	▲521	▲814
（営業外損益の部）												
営　業　外　収　益	10	15	12	11	14	18	25	21	18	22	31	42
営　業　外　費　用	0	1	1	1	1	2	5	3	2	3	4	3
経営安定基金運用収益	242	240	235	254	341	363	349	236	255	247	237	281
鉄道・運輸機構特別債券利息	–	–	15	55	55	55	55	55	55	55	55	55
経　常　利　益	2	▲4	▲44	9	37	43	▲22	▲188	▲199	▲198	▲204	▲438
税引前当期純利益	1	▲22	▲54	9	56	76	48	▲136	▲120	▲223	▲18	▲377
法　人　税　等	▲7	▲4	▲6	▲3	▲4	▲5	▲7	▲10	▲10	▲4	▲10	▲5
法人税等調整額	–	–	–	–	–	–	–	–	–	–	–	–
当　期　純　利　益	9	▲18	▲47	13	60	81	55	▲126	▲109	▲213	▲7	▲372

（注）1．国土交通省鉄道局資料による。億円未満切り捨てにより端数整理してあるため、差引があ
　　　　わない場合がある。
　　　2．法人税等調整額は、平成11年度決算から適用となった税効果会計によるものである。

経営の状況

(単位:億円)

会社名・年度 / 科目	東 日 本											
	21年度	22年度	23年度	24年度	25年度	26年度	27年度	28年度	29年度	30年度	R1年度	R2年度
（営業損益の部）												
鉄道事業												
営　業　収　益	18,026	17,665	17,522	18,442	18,631	18,953	19,834	19,699	20,106	20,284	19,692	10,905
営　業　費	15,525	15,214	14,971	15,585	15,724	15,770	16,112	16,220	16,560	16,760	17,151	16,051
営　業　利　益	2,501	2,451	2,550	2,857	2,906	3,182	3,722	3,479	3,546	3,524	2,540	▲5,146
その他事業												
営　業　収　益	798	636	652	665	694	707	739	792	825	848	918	936
営　業　費	474	277	273	293	322	362	361	385	421	454	518	575
営　業　利　益	324	359	379	371	371	344	377	406	404	394	399	361
全事業営業損益	2,826	2,810	2,929	3,228	3,278	3,526	4,099	3,886	3,951	3,918	2,940	▲4,785
（営業外損益の部）												
営　業　外　収　益	158	238	219	195	310	355	305	275	326	304	316	284
営　業　外　費　用	1,201	1,098	1,072	993	949	866	811	745	688	675	655	676
経　常　利　益	1,783	1,950	2,077	2,430	2,639	3,015	3,594	3,416	3,589	3,548	2,601	▲5,177
税引前当期純利益	1,689	1,054	1,756	2,396	2,642	2,651	3,237	3,446	3,530	3,534	2,174	▲6,341
法　人　税　等	778	431	732	1,033	891	802	1,037	862	861	797	536	▲12
法人税等調整額	▲89	28	252	▲25	52	278	110	150	198	225	47	▲1,274
当　期　純　利　益	1,000	594	771	1,388	1,698	1,571	2,090	2,433	2,470	2,511	1,590	▲5,066

(注) 1. 国土交通省鉄道局資料による。億円未満切り捨てにより端数整理してあるため、差引があ
　　　　わない場合がある。
　　　2. 法人税等調整額は、平成11年度決算から適用となった税効果会計によるものである。

（単位：億円）

会社名・年度 / 科目	東　　　　　　　海											
	21年度	22年度	23年度	24年度	25年度	26年度	27年度	28年度	29年度	30年度	R1年度	R2年度
（営業損益の部）												
鉄道事業												
営　業　収　益	11,349	11,626	11,756	12,359	12,685	12,978	13,497	13,719	14,148	14,520	14,222	5,274
営　業　費	8,632	8,396	8,332	8,401	8,089	8,265	7,941	7,799	7,935	7,887	8,054	7,094
営　業　利　益	2,717	3,229	3,424	3,958	4,596	4,712	5,555	5,919	6,213	6,632	6,167	▲1,819
その他事業												
営　業　収　益	90	92	89	90	86	87	82	88	125	128	147	143
営　業　費	66	67	57	57	74	46	61	49	86	83	84	82
営　業　利　益	24	25	31	33	12	41	21	38	39	44	63	60
全事業営業損益	2,741	3,254	3,455	3,991	4,608	4,754	5,576	5,958	6,252	6,677	6,230	▲1,759
（営業外損益の部）												
営　業　外　収　益	67	81	80	76	84	103	76	75	83	104	105	115
営　業　外　費　用	1,324	1,260	1,137	1,043	975	880	747	620	859	880	936	923
経　常　利　益	1,483	2,075	2,398	3,024	3,718	3,977	4,905	5,412	5,476	5,901	5,400	▲2,566
税引前当期純利益	1,454	2,067	2,397	3,018	3,707	3,978	4,917	5,411	5,495	5,901	5,399	▲2,778
法　人　税　等	664	871	983	1,234	1,302	1,256	1,557	1,517	1,729	1,797	1,641	1
法人税等調整額	▲93	▲33	205	▲94	1	1,19	73	75	▲77	▲35	▲30	▲757
当　期　純　利　益	884	1,230	1,208	1,878	2,403	2,602	3,286	3,818	3,844	4,140	3,788	▲2,023

（注）1．国土交通省鉄道局資料による。億円未満切り捨てにより端数整理してあるため、差引があ
　　　　わない場合がある。
　　　2．法人税等調整額は、平成11年度決算から適用となった税効果会計によるものである。

（単位：億円）

会社名・年度 科目	西　日　本											
	21年度	22年度	23年度	24年度	25年度	26年度	27年度	28年度	29年度	30年度	R1年度	R2年度
（営業損益の部）												
鉄道事業												
営　業　収　益	7,956	8,068	8,388	8,448	8,505	8,672	9,281	9,288	9,478	9,515	9,318	4,807
営　業　費	7,509	7,457	7,626	7,556	7,603	7,670	8,039	8,080	8,186	8,161	8,264	7,283
営　業　利　益	447	610	762	892	902	1,001	1,242	1,208	1,292	1,353	1,054	▲2,476
その他事業												
営　業　収　益	211	218	232	236	231	236	260	272	284	293	300	271
営　業　費	73	70	102	105	115	118	130	125	132	140	157	133
営　業　利　益	137	147	130	131	115	118	129	146	151	153	143	138
全事業営業損益	585	758	892	1,023	1,017	1,120	1,372	1,354	1,443	1,507	1,197	▲2,338
（営業外損益の部）												
営　業　外　収　益	60	70	71	64	65	65	63	61	62	75	75	84
営　業　外　費　用	347	343	335	311	283	264	268	231	219	217	203	253
経　常　利　益	298	485	628	775	799	921	1,167	1,184	1,286	1,364	1,069	▲2,507
税引前当期純利益	342	480	611	777	811	875	1,011	1,018	1,194	1,158	1,058	▲2,747
法　人　税　等	222	204	235	341	357	289	359	293	322	328	251	▲3
法人税等調整額	▲85	▲9	154	16	▲32	112	409	17	64	23	70	▲571
当　期　純　利　益	205	285	221	419	486	473	611	708	807	806	735	▲2,173

（注）1. 国土交通省鉄道局資料による。億円未満切り捨てにより端数整理してあるため、差引があ
　　　 わない場合がある。
　　 2. 法人税等調整額は、平成11年度決算から適用となった税効果会計によるものである。

（単位：億円）

会社名・年度 / 科目	四　　　　国						国					
	21年度	22年度	23年度	24年度	25年度	26年度	27年度	28年度	29年度	30年度	R1年度	R2年度
（営業損益の部）												
鉄道事業												
営　業　収　益	264	266	265	265	264	259	269	272	278	261	260	146
営　業　費	345	359	363	364	371	375 ．	378	391	401	396	396	376
営　業　利　益	▲81	▲93	▲97	▲98	▲106	▲115	▲109	▲119	▲123	▲134	▲136	▲230
その他事業												
営　業　収　益	14	14	14	13	14	15	16	16	31	29	19	19
営　業　費	12	12	11	11	9	12	12	17	25	22	14	15
営　業　利　益	2	2	3	2	4	3	4	▲0	6	6	4	4
全事業営業損益	▲78	▲90	▲94	▲96	▲101	▲112	▲105	▲120	▲117	▲128	▲131	▲226
（営業外損益の部）												
営　業　外　収　益	15	13	18	15	11	16	9	10	9	8	10	11
営　業　外　費　用	15	13	15	10	2	2	5	1	1	2	2	4
経営安定基金運用収益	79	74	73	79	109	146	72	55	68	70	68	101
鉄道・運輸機構特別債券利息	–	–	11	35	35	35	35	35	35	35	35	35
経　常　利　益	0	▲15	▲6	22	52	84	6	▲20	▲5	▲16	▲20	▲83
税引前当期純利益	2	▲14	0	▲13	51	98	37	9	▲10	▲6	20	▲72
法　人　税　等	▲0	▲0	▲1	1	4	7	1	▲2	▲1	▲3	▲3	1
法人税等調整額	0	0	0	0	▲15	▲1	11	▲1	▲2	▲1	18	▲6
当　期　純　利　益	2	▲14	1	▲15	62	93	25	12	▲6	▲2	5	▲65

（注）1．国土交通省鉄道局資料による。億円未満切り捨てにより端数整理してあるため、差引があ
　　　　わない場合がある。
　　　2．法人税等調整額は、平成11年度決算から適用となった税効果会計によるものである。

経営の状況

(単位:億円)

会社名・年度 科目	九　　州											
	21年度	22年度	23年度	24年度	25年度	26年度	27年度	28年度	29年度	30年度	R1年度	R2年度
(営業損益の部)												
鉄道事業												
営　業　収　益	1,298	1,329	1,599	1,610	1,625	1,632	1,691	1,649	1,713	1,722	1,652	893
営　業　費	1,408	1,451	1,704	1,727	1,782	1,773	1,807	1,398	1,430	1,454	1,451	1,263
営　業　利　益	▲109	▲122	▲104	▲117	▲156	▲140	▲115	250	282	267	200	▲366
その他事業												
営　業　収　益	245	255	307	319	335	368	419	472	484	497	496	549
営　業　費	160	164	159	186	197	209	249	288	299	307	353	389
営　業　利　益	84	91	147	132	137	159	169	184	185	189	143	160
全事業営業損益	▲24	▲31	42	15	▲19	18	54	434	467	457	343	▲205
(営業外損益の部)												
営　業　外　収　益	12	19	11	15	22	25	24	51	62	96	73	121
営　業　外　費　用	53	51	52	53	7	5	6	10	6	15	11	23
経営安定基金運用収益	113	111	101	97	120	125	111	–	–	–	–	–
経　常　利　益	48	46	102	75	116	163	182	475	522	537	405	▲108
税引前当期純利益	38	42	111	34	123	173	▲4,636	432	498	527	342	▲165
法　人　税　等	7	2	0	2	19	48	196	1	37	30	9	1
法人税等調整額	12	11	76	11	31	30	▲389	54	45	54	46	▲46
当　期　純　利　益	18	28	33	20	72	95	▲4,444	376	416	442	286	▲111

(注) 1. 国土交通省鉄道局資料による。億円未満切り捨てにより端数整理してあるため、差引があ
わない場合がある。
2. 法人税等調整額は、平成11年度決算から適用となった税効果会計によるものである。

(単位：億円)

会社名・年度 / 科目	貨物											
	21年度	22年度	23年度	24年度	25年度	26年度	27年度	28年度	29年度	30年度	R1年度	R2年度
（営業損益の部）												
鉄道事業												
営 業 収 益	1,370	1,353	1,330	1,312	1,331	1,338	1,363	1,369	1,411	1,355	1,429	1,336
営 業 費	1,471	1,425	1,403	1,391	1,375	1,390	1,397	1,364	1,405	1,417	1,454	1,426
営 業 利 益	▲101	▲72	▲72	▲78	▲43	▲51	▲33	5	6	▲62	▲25	▲90
その他事業												
営 業 収 益	152	183	199	186	192	179	192	177	171	203	180	165
営 業 費	66	73	90	70	84	76	73	73	68	96	70	64
営 業 利 益	86	109	109	116	108	103	118	103	103	106	110	101
全事業営業損益	▲15	37	36	37	64	52	85	109	108	44	85	10
（営業外損益の部）												
営 業 外 収 益	5	8	6	5	6	13	4	6	5	5	3	4
営 業 外 費 用	37	41	41	38	36	33	30	26	23	19	16	14
経 常 利 益	▲46	3	1	4	34	32	59	88	91	30	71	0
税引前当期純利益	▲40	23	12	11	37	144	85	175	107	▲11	53	1
法 人 税 等	1	1	1	8	12	16	32	25	26	1	16	1
法人税等調整額	▲14	11	16	▲1	5	46	1	28	8	▲3	▲2	▲0
当 期 純 利 益	▲27	10	▲5	4	19	80	50	120	72	▲9	39	0

（注） 1. 国土交通省鉄道局資料による。億円未満切り捨てにより端数整理してあるため、差引があ
　　　　 わない場合がある。
　　　 2. 法人税等調整額は、平成11年度決算から適用となった税効果会計によるものである。

JR各社の収支実績の推移(単体及び連結)

(単位:億円)

東日本

科目	28年度 単体	28年度 連結	28年度 連単倍率	29年度 単体	29年度 連結	29年度 連単倍率	30年度 単体	30年度 連結	30年度 連単倍率	R1年度 単体	R1年度 連結	R1年度 連単倍率	R2年度 単体	R2年度 連結	R2年度 連単倍率
営業収益	20,688	28,808	1.39	20,932	29,501	1.41	21,133	30,020	1.42	20,610	29,466	1.43	11,841	17,645	1.49
営業費	16,801	24,144		16,981	24,688		17,214	25,171		17,610	25,657		16,626	22,848	
営業利益	3,886	4,663	1.20	3,951	4,812	1.22	3,918	4,848	1.24	2,940	3,808	1.30	▲4,785	▲5,203	-
営業外損益	▲469	▲539		▲361	▲413		▲370	▲415		▲339	▲413		391	594	
経常利益	3,416	4,123	1.21	3,589	4,399	1.23	3,548	4,432	1.25	2,601	3,395	1.31	▲5,177	▲5,797	-
特別損益	30	▲80		59	▲183		13	146		427	553		▲1,164	▲1,237	
当期純利益	2,433	2,779	1.14	2,470	2,889	1.17	2,511	2,952	1.18	1,540	1,984	1.29	▲5,066	▲5,779	-

東海

科目	28年度 単体	28年度 連結	28年度 連単倍率	29年度 単体	29年度 連結	29年度 連単倍率	30年度 単体	30年度 連結	30年度 連単倍率	R1年度 単体	R1年度 連結	R1年度 連単倍率	R2年度 単体	R2年度 連結	R2年度 連単倍率
営業収益	13,807	17,569	1.27	14,274	18,220	1.27	14,648	18,781	1.28	14,369	18,446	1.28	5,417	8,235	1.52
営業費	7,849	11,374		8,021	11,600		7,971	11,683		8,139	11,884		7,177	10,082	
営業利益	5,958	6,195	1.04	6,252	6,620	1.06	6,677	7,097	1.06	6,230	6,561	1.05	▲1,759	▲1,847	-
営業外損益	545	555		▲776	▲784		▲776	▲771		▲830	▲818		807	773	
経常利益	5,412	5,639	1.04	5,476	5,835	1.07	5,901	6,326	1.07	5,400	5,742	1.06	▲2,566	▲2,620	-
特別損益	▲11	39		19	217		0	▲23		0	▲8		▲211	▲65	
当期純利益	3,818	3,929	1.03	3,844	3,955	1.03	4,140	4,387	1.06	3,788	3,978	1.05	▲2,023	▲2,015	-

西日本

科目	28年度 単体	28年度 連結	28年度 連単倍率	29年度 単体	29年度 連結	29年度 連単倍率	30年度 単体	30年度 連結	30年度 連単倍率	R1年度 単体	R1年度 連結	R1年度 連単倍率	R2年度 単体	R2年度 連結	R2年度 連単倍率
営業収益	9,561	14,414	1.51	9,762	15,004	1.54	9,809	15,293	1.56	9,619	15,082	1.57	5,079	8,982	1.77
営業費	8,206	12,650		8,319	13,090		8,301	13,323		8,421	13,475		7,417	11,437	
営業利益	1,354	1,763	1.30	1,443	1,913	1.33	1,507	1,969	1.31	1,197	1,606	1.34	▲2,338	▲2,455	-
営業外損益	▲170	▲156		▲157	▲135		▲142	▲136		▲127	122		▲169	▲118	
経常利益	1,184	1,607	1.36	1,286	1,777	1.38	1,364	1,833	1.34	1,069	1,483	1.39	▲2,507	▲2,573	-
特別損益	▲165	▲230		▲92	▲71		▲206	▲261		11	76		▲239	▲173	
当期純利益	708	912	1.29	807	1,104	1.37	806	1,027	1.27	735	893	1.21	▲2,173	▲2,332	-

北海道

科目	28年度 単体	28年度 連結	連単倍率	29年度 単体	29年度 連結	連単倍率	30年度 単体	30年度 連結	連単倍率	R1年度 単体	R1年度 連結	連単倍率	R2年度 単体	R2年度 連結	連単倍率
営業収益	894	1,725	1.93	897	1,737	1.94	885	1,710	1.93	875	1,672	1.91	510	1,119	2.19
営業費	1,392	2,123	-	1,422	2,154	-	1,405	2,129	-	1,397	2,099	-	1,324	1,925	-
営業利益	▲498	▲398	-	▲525	▲416	-	▲520	▲418	-	▲521	▲426	-	▲814	▲805	-
営業外損益	309	294	-	325	310	-	321	307	-	317	290	-	375	359	-
経常利益	▲188	▲103	-	▲199	▲106	-	▲198	▲111	-	▲204	▲135	-	▲438	▲446	-
特別損益	52	11	-	79	55	-	▲24	▲26	-	186	187	-	60	43	-
当期純利益	▲126	▲148	-	▲109	▲87	-	▲213	▲179	-	▲7	19	-	▲372	▲410	-

四国

科目	28年度 単体	28年度 連結	連単倍率	29年度 単体	29年度 連結	連単倍率	30年度 単体	30年度 連結	連単倍率	R1年度 単体	R1年度 連結	連単倍率	R2年度 単体	R2年度 連結	連単倍率
営業収益	289	490	1.70	309	513	1.66	291	498	1.71	280	489	1.75	165	277	1.68
営業費	409	591	-	426	613	-	419	613	-	411	609	-	392	537	-
営業利益	▲119	▲101	-	▲117	▲99	-	▲128	▲114	-	▲131	▲120	-	▲226	▲259	-
営業外損益	99	99	-	112	110	-	112	111	-	110	112	-	143	151	-
経常利益	▲20	▲2	-	▲5	11	-	▲16	▲3	-	▲20	▲7	-	▲83	▲108	-
特別損益	29	31	-	▲5	▲3	-	9	13	-	40	41	-	10	27	-
当期純利益	12	26	2.17	16	3	-	▲8	8	-	5	12	-	▲65	▲80	-

九州

科目	28年度 単体	28年度 連結	連単倍率	29年度 単体	29年度 連結	連単倍率	30年度 単体	30年度 連結	連単倍率	R1年度 単体	R1年度 連結	連単倍率	R2年度 単体	R2年度 連結	連単倍率
営業収益	2,122	3,829	1.80	2,197	4,133	1.88	2,219	4,403	1.98	2,148	4,326	2.01	1,447	2,939	2.03
営業費	1,687	3,241	-	1,729	3,494	-	1,761	3,764	-	1,804	3,832	-	1,653	3,167	-
営業利益	434	587	1.35	467	639	1.37	457	638	1.40	343	494	1.44	▲205	▲228	-
営業外損益	40	18	-	55	30	-	80	26	-	61	12	-	297	35	-
経常利益	475	605	1.27	522	670	1.28	537	665	1.24	405	506	1.25	▲108	▲193	-
特別損益	▲42	▲49	-	▲23	▲22	-	▲9	▲21	-	▲63	▲75	-	▲57	▲29	-
当期純利益	376	447	1.19	416	504	1.21	442	492	1.11	286	314	1.10	▲111	▲189	-

貨物

科目	28年度 単体	28年度 連結	連単倍率	29年度 単体	29年度 連結	連単倍率	30年度 単体	30年度 連結	連単倍率	R1年度 単体	R1年度 連結	連単倍率	R2年度 単体	R2年度 連結	連単倍率
営業収益	1,546	1,902	1.23	1,582	1,945	1.23	1,558	1,916	1.23	1,610	1,989	1.24	1,502	1,873	1.25
営業費	1,437	1,777	-	1,474	1,822	-	1,513	1,858	-	1,524	1,888	-	1,491	1,848	-
営業利益	109	124	1.14	108	122	1.13	44	58	1.32	85	100	1.18	10	25	2.50
営業外損益	▲20	▲20	-	▲17	▲18	-	▲14	▲13	-	▲13	▲10	-	▲10	▲10	-
経常利益	88	103	1.17	91	104	1.14	30	45	1.50	71	89	1.25	▲0	14	-
特別損益	▲2	▲18	-	▲16	▲12	-	▲4	▲4	-	▲18	▲19	-	▲1	▲7	-
当期純利益	120	129	1.08	72	76	1.06	▲9	▲2	-	39	50	-	▲0	0	-

大手民鉄１６社 各社別鉄道部門営業収支実績（令和２年度）

会社名		東武	西武	京成	京王	小田急	東急	京急	東京メトロ
営業収入	旅客運賃	98,815	68,545	35,093	54,771	74,767	97,278	51,951	223,929
	定期外	46,922	33,789	18,491	29,615	40,476	52,781	23,793	116,342
	定期	51,893	34,756	16,602	25,156	34,291	44,497	28,158	107,587
	その他運賃	0	–	0	–	–	–	–	–
	運輸雑収	17,231	6,195	2,977	3,629	6,404	15,141	2,878	29,113
	計	116,046	74,740	38,070	58,400	81,171	112,419	54,829	253,042
営業費用	人件費	26,816	28,304	16,270	20,916	33,437	38,338	22,716	90,149
	修繕費	13,344	7,528	3,395	7,883	7,565	9,297	5,218	34,809
	その他経費	37,356	19,670	14,322	15,881	19,300	40,634	14,770	88,161
	諸税	7,913	5,100	2,873	5,360	7,729	6,397	4,357	10,889
	減価償却費	31,578	17,705	14,735	18,035	26,738	34,314	19,997	82,483
	計	117,007	78,306	51,595	68,075	94,769	128,980	67,058	306,491
営業損益		△ 961	△ 3,566	△ 13,525	△ 9,675	△ 13,598	△ 16,561	△ 12,229	△ 53,449
営業外収益		43	153	108	39	265	17	253	2,991
営業外費用		4,590	2,537	965	1,786	3,476	5,989	2,305	10,441
（うち支払利息）		(4,023)	(2,404)	(743)	(1,606)	(2,776)	(5,969)	(2,137)	(9,594)
経常損益		△ 5,507	△ 5,950	△ 14,382	△ 11,422	△ 16,809	△ 22,533	△ 14,281	△ 60,899
特定都市鉄道整備準備金取崩額 ※1		0	–	–	–	–	2,510	–	–
特定都市鉄道整備準備金繰入額 ※1		0	–	0	–	–	–	–	–
法人税等 ※2		67	36	△ 0	636	25	△ 6	△ 23	172
法人税等調整額 ※2		△ 281	466	△ 1,019	△ 299	△ 2,143	△ 4,359	△ 4,368	2,360
税引後損益		△ 5,293	△ 6,452	△ 13,363	△ 11,759	△ 14,691	△ 15,658	△ 9,890	△ 63,431
配当所要額 ※2		3,494	838	1,504	2,413	2,050	3,433	717	8,901
差引収入過不足		△ 8,788	△ 7,290	△ 14,867	△ 14,172	△ 16,741	△ 19,091	△ 10,607	△ 72,332

※ 第２種・第３種鉄道事業分、軌道・鋼索鉄道を含む。
※1 特別利益、特別損失のうち、特定都市鉄道整備準備金取崩額・特定都市鉄道整備準備金繰入額のみを記載。
※2 法人税等・法人税等調整額・配当所要額は、鉄軌道部門以外を含んだ全社数値に、一定割合を乗じて算出。
※3 該当する実績がない場合「－（ハイフン）」、該当する実績はあるが、単位未満の場合「０（ゼロ）」で記載。

（単位：百万円）

相　鉄	名　鉄	近　鉄	南　海	京　阪	阪　急	阪　神	西　鉄	１６社計
23,196	58,242	84,394	36,148	35,143	69,076	24,203	14,358	1,049,909
11,021	25,619	44,896	17,614	21,169	40,982	13,726	7,931	545,167
12,175	32,623	39,498	18,534	13,974	28,094	10,477	6,427	504,742
–	19	22	–	–	0	–	0	41
2,410	5,455	14,843	3,353	3,607	5,244	2,436	2,332	123,248
25,606	63,716	99,259	39,501	38,750	74,320	26,639	16,689	1,173,197
9,570	31,797	50,830	18,280	10,991	28,745	9,365	4,123	440,647
1,675	6,694	8,564	3,954	3,072	7,386	3,237	2,375	125,996
7,917	15,631	27,640	11,469	18,609	18,248	8,590	4,681	362,879
1,509	3,545	5,360	2,468	1,769	3,801	1,414	1,879	72,363
8,102	13,409	24,793	12,543	8,529	16,414	4,582	4,527	338,484
28,773	71,076	117,187	48,714	42,970	74,594	27,189	17,588	1,340,372
△ 3,167	△ 7,360	△ 17,928	△ 9,213	△ 4,220	△ 274	△ 549	△ 899	△ 167,174
136	231	864	28	297	465	99	59	6,048
569	1,901	5,249	2,134	1,156	3,201	525	363	47,187
(569)	(1,481)	(5,236)	(1,561)	(891)	(2,969)	(458)	(319)	(42,736)
△ 3,600	△ 9,030	△ 22,313	△ 11,319	△ 5,079	△ 3,010	975	△ 1,203	△ 208,312
–	–	–	–	–	–	–	0	2,510
–	–	–	–	–	–	–	0	0
△ 708	18	△ 1,150	△ 204	△ 29	△ 1,042	△ 22	△ 134	△ 2,364
△ 351	△ 942	△ 6,920	△ 489	△ 1,940	1,586	1	△ 438	△ 19,136
△ 2,541	△ 8,106	△ 14,243	△ 10,626	△ 3,110	△ 3,554	△ 953	△ 631	△ 184,301
0	–	–	1,082	–	1,092	322	347	26,193
△ 2,541	△ 8,106	△ 14,243	△ 11,708	△ 3,110	△ 4,646	△ 1,276	978	△ 210,496

地下鉄の営業実績（令和元年度）

事業者名	旅客収入（百万円）	営業損益 収益（百万円）	営業損益 費用（百万円）	営業損益 損益（百万円）	車両走行キロ（千km）	職員数（人）
札 幌 市	38, 245 (38, 899)	41, 068 (41, 740)	34, 171 (33, 797)	6, 897 (7, 943)	33, 707 (33, 457)	540 (556)
仙 台 市	15, 776 (15, 762)	17, 236 (17, 257)	23, 460 (23, 611)	▲6, 224 (▲6, 354)	12, 623 (12, 609)	431 (433)
東 京 都	143, 425 (143, 694)	153, 006 (152, 996)	131, 854 (125, 980)	21, 152 (27, 016)	89, 849 (87, 774)	3, 460 (3, 486)
横 浜 市	43, 114 (43, 358)	40, 999 (41, 519)	34, 893 (34, 778)	6, 106 (6, 742)	37, 357 (36, 791)	965 (972)
名古屋市	76, 815 (77, 015)	83, 457 (83, 725)	71, 269 (70, 237)	12, 188 (13, 487)	64, 176 (64, 157)	2, 718 (2, 745)
京 都 市	25, 778 (25, 773)	28, 256 (28, 256)	26, 157 (25, 446)	2, 099 (2, 810)	17, 463 (17, 453)	657 (638)
大 阪 市	148, 663 (150, 415)	158, 353 (161, 289)	123, 878 (116, 147)	34, 475 (45, 142)	97, 160 (96, 496)	4, 941 (4, 941)
神 戸 市	17, 153 (17, 377)	20, 827 (21, 010)	20, 183 (19, 522)	644 (1, 488)	16, 983 (16, 893)	574 (615)
福 岡 市	28, 994 (28, 845)	31, 103 (30, 945)	27, 014 (26, 269)	4, 088 (4, 677)	16, 631 (16, 619)	574 (576)
東京地下鉄	346, 543 (348, 510)	380, 480 (383, 372)	313, 845 (301, 314)	66, 635 (82, 058)	187, 153 (184, 476)	9, 785 (9, 666)
合 計	884, 507 (888, 098)	954, 784 (962, 109)	806, 726 (777, 101)	148, 058 (185, 009)	573, 102 (566, 725)	24, 645 (24, 628)

(注) 1. 各事業者資料・鉄道統計年報による。
  2. （ ）内は平成30年度実績

1人平均乗車キロの推移

単位:km

区分 年度	JR(国鉄)	大手民鉄	東京地下鉄 (交通営団)	地方交通	公 営
昭和30	23.7	9.5	6.3	7.9	4.9
40	25.9	11.6	6.5	6.4	4.0
45	29.0	12.7	7.4	7.7	3.8
50	30.5	13.0	7.2	7.3	4.5
55	28.3	13.8	7.3	7.7	5.2
60	28.4	14.2	7.5	7.9	5.6
平成2	28.2	14.1	7.5	7.7	5.8
7	27.7	14.2	7.6	7.8	6.0
12	27.8	14.2	7.7	7.9	6.3
17	28.3	12.0	6.2	8.0	6.3
22	27.7	12.1	8.1	8.3	6.3
24	28.3	12.1	8.0	8.6	6.3
25	28.4	12.4	8.1	8.4	6.3
26	28.6	11.9	8.0	8.3	5.9
27	30.1	12.7	8.0	9.1	6.7
28	28.9	12.0	8.0	8.3	5.8
29	30.7	13.0	8.0	9.4	7.0
30	31.0	13.1	8.0	9.5	7.2
令和元	28.6	12.1	8.1	9.3	6.3

(注)1.鉄道統計年報による。
　　　2.H16.4.1より交通営団は東京地下鉄に移行。(大手民鉄にも計上。)
　　　3.平成30年度以降の公営には大阪市電気軌道を含む。

営業収入階層別事業者数（令和元年度）

営 業 収 入	事 業 者 数	構 成 比（%）
A 1億円未満	8	6
B 1億円以上5億円未満	37	29
C 5 〃 10 〃	12	9
D 10 〃 50 〃	42	33
E 50 〃 100 〃	5	4
F 100億円以上	24	19
計	128	100

(注) 1. 対象事業者数は、大手民鉄(16 社)、準大手(5 社)及び地方交通(第3種鉄道事業者を除く107 社)である。
2. 鉄道統計年報による。

運賃収入に対する人件費の割合の推移   (単位：%)

年度 ＼ 区分	Ｊ Ｒ	大手民鉄	地方交通	公 営
7	34.1	40.0	53.0	43.2
12	36.5	39.9	49.3	43.4
17	30.6	31.4	39.8	33.9
22	28.0	31.2	33.8	29.4
23	27.0	31.5	34.5	34.2
24	28.0	30.9	33.9	28.9
25	27.0	29.8	32.3	27.8
26	25.1	29.9	32.9	28.7
27	25.0	28.4	33.6	27.4
28	23.2	29.3	34.0	28.0
29	22.5	29.1	33.9	27.1
30	21.8	28.8	34.0	24.7
1	22.1	29.3	34.6	25.3

運賃収入に対する資本費の割合の推移

(単位:%)

年度＼区分	JR	大手民鉄
7	32.8	28.8
12	30.2	25.9
17	24.5	30.3
22	26.8	29.1
23	24.0	29.6
24	22.4	30.2
25	22.4	26.3
26	19.9	25.6
27	19.4	25.1
28	18.3	24.9
29	18.0	24.4
30	17.7	24.9
1	18.4	25.0

(注) 1. 国土交通省鉄道局及び日本民営鉄道協会資料による。
　　 2. 資本費は、減価償却費、支払利子の合計額である。

利益配当状況（令和元年度）

配 当 率	事 業 者 数	配 当 率	事 業 者 数
無配	105 (82.0)	8 分	0 (0)
5 分以下	8 (6.3)	9 分	3 (2.3)
6 分	0 (0)	1 割	5 (3.9)
7 分	3 (2.3)	1 割 1 分以上	4 (3.2)
		計	128 (100)

(注) 1. ( )内は、構成比(%)を表す。
　　 2. 対象事業者は、大手民鉄(16 社)、準大手(5 社)及び地方交通(第3種鉄道事業
　　　　者を除く107社)である。
　　 3. 鉄道統計年報による。

基準賃金の推移

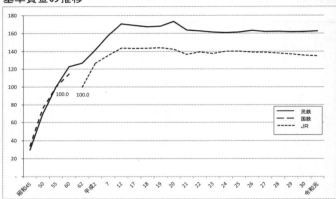

	年度	昭和45	50	55	60	62	平成2	7	12
JR（国鉄）	基準賃金（円）	70,506	156,848	205,365	235,093	235,496	298,092	319,622	338,343
	指数(%)	34.3	76.4	100.0	114.5	100.0	126.6	135.7	143.7
	対前年比(%)	115.2	113.6	104.5	102.0	–	103.9	101.6	101.1
民鉄	基準賃金（円）	59,499	140,173	199,266	244,291	252,397	282,371	314,293	339,935
	指数(%)	29.9	70.3	100.0	122.6	126.7	141.7	157.7	170.6
	対前年比(%)	116.6	113.4	106.8	103.7	100.4	104.3	100.0	100.3

	年度	17	22	23	24	25	26	27	28
JR（国鉄）	基準賃金（円）	337,645	328,421	324,344	330,232	330,334	327,995	327,691	325,103
	指数(%)	143.4	139.5	137.7	140.2	140.3	139.2	139.1	138.1
	対前年比(%)	99.8	102.0	98.8	101.8	100.0	99.2	99.9	99.2
民鉄	基準賃金（円）	336,655	324,370	321,633	320,459	321,576	325,200	322,727	323,174
	指数(%)	168.9	162.8	161.4	160.8	161.4	163.2	162.0	162.2
	対前年比(%)	99.7	99.4	99.2	99.6	100.3	101.1	99.2	100.1

	年度	29	30	令和元
JR（国鉄）	基準賃金（円）	322,693	319,402	317,947
	指数(%)	137.0	135.6	135.0
	対前年比(%)	99.3	98.9	99.5
民鉄	基準賃金（円）	322,234	322,528	323,909
	指数(%)	161.7	161.9	162.6
	対前年比(%)	99.7	100.1	100.4

(注) 1. 民鉄の基準賃金は、本俸、都市手当、扶養手当、家族手当等の合計である。JR(国鉄)は昭和40年度から昭和61年度までは基準内賃金、昭和62、63年度及び元年度については基準賃金を記載している。
　　　　基準内賃金とは、基本給、扶養手当及び都市手当の合計である。なお、資料は、規準内賃金については日本国有鉄道監査報告書、基準賃金については鉄道事業実績報告書による。
　　　2. 事業者総合計の基準賃金(1人1ヶ月平均給与)である。
　　　3. 指数は、昭和55年度を100とした指数である。なお、JRについては昭和62年度を100とした指数である。

職員数の推移

単位:千人(%)、( )内は前年度比

区分 年度	JR(国鉄)	大手民鉄	東京地下鉄 (交通営団)	地方交通	公　営	合　計
昭和40	462	69	6	32	28	598
45	460(100)	64.4(96)	8.3(104)	23.7(92)	18.3(89)	574.7(96)
50	430(100)	60.0(98)	9.6(103)	19.2(97)	17.1(106)	535.9(101)
55	414(98)	55.2(98)	9.9(101)	18.5(102)	17.2(101)	514.8(100)
60	277(85)	54.7(100)	10.3(99)	17.2(98)	18.6(101)	377.8(88)
平成2	169(97)	55.6(102)	10.5(97)	16.7(96)	20.4(101)	272.2(98)
7	166(99)	56.9(99)	10.3(98)	17.0(101)	20.2(100)	270.4(99)
12	147(97)	50.6(95)	9.4(97)	17.3(101)	18.9(101)	243.2(97)
17	126(98)	49.7(105)	8.6(99)	16.0(96)	17.1(98)	208.6(99)
18	123(98)	49.1(99)	8.6(100)	16.1(101)	17.1(100)	205.4(98)
19	122(99)	48.7(99)	8.5(99)	16.2(101)	16.8(98)	203.3(99)
20	121(99)	48.9(100)	8.4(99)	16.6(102)	16.4(98)	202.9(100)
21	121(100)	49.8(102)	8.4(100)	16.4(99)	16.0(98)	203.3(100)
22	121(100)	50.9(102)	8.5(100)	16.8(103)	16.1(101)	205.0(101)
23	121(100)	50.7(100)	8.5(100)	16.8(100)	15.8(99)	204.0(100)
24	120(99)	50.5(100)	8.7(102)	16.8(100)	15.9(100)	203.0(99)
25	120(100)	51.0(101)	9.1(105)	16.6(99)	16.0(101)	202.8(100)
26	118(98)	50.4(99)	9.1(100)	16.8(101)	15.9(99)	201.4(99)
27	117(99)	49.9(99)	9.2(101)	17.7(105)	15.9(100)	209.7(104)
28	115(98)	50.2(101)	9.4(102)	18.0(102)	15.8(99)	208.4(99)
29	113(98)	51.4(102)	9.5(101)	18.0(100)	15.8(99)	198.6(95)
30	111(98)	51.7(100)	9.6(101)	18.1(100)	15.5(98)	196.7(99)
令和元	109(98)	51.8(100)	9.7(101)	18.1(101)	15.4(99)	194.8(99)

(注) 1. 鉄道統計年報による。（鉄・軌道事業部門の数値である。）
2. 「数字でみる鉄道'99」版より、JRは昭和62年度分以降鉄道統計年報の数値に訂正しているため、数値に連続性はない。
3. 平成16年度以降の大手民鉄には、東京地下鉄（交通営団）を含む。
4. 平成30年度以降の公営には、大阪市電気軌道を含む。

生産性の推移

年度 ＼ 項目	車両走行キロ (百万キロ)	輸送人員 (百万人)	運輸収入 (百万円)
昭45	5,378(90.6)〔3,713(90.0)〕	16,384(93.2)〔6,534(92.7)〕	1,165,458(60.9)〔 824,458(64.4)〕
50	5,937(100.0)〔4,124(100.0)〕	17,588(100.0)〔7,048(100.0)〕	1,912,689(100.0)〔1,280,880(100.0)〕
55	6,264(105.5)〔4,256(103.2)〕	18,004(102.4)〔6,824(96.8)〕	3,238,316(169.3)〔2,197,585(171.6)〕
60	6,113(103.0)〔3,949(95.8)〕	18,989(108.0)〔6,941(98.5)〕	4,376,031(228.8)〔2,892,676(225.8)〕
62	6,275(105.7)〔4,025(100.0)〕	20,091(114.2)〔7,356(100.0)〕	4,971,782(259.9)〔3,368,797(100.0)〕
平2	7,255(122.2)〔4,730(117.5)〕	22,028(125.2)〔8,356(113.6)〕	5,825,507(304.6)〔3,963,095(117.6)〕
7	7,727(130.1)〔4,873(121.1)〕	22,708(129.1)〔8,982(122.1)〕	5,951,478(311.2)〔3,813,165(113.2)〕
12	7,797(131.3)〔4,844(120.3)〕	21,704(123.4)〔8,654(117.6)〕	5,841,457(305.4)〔3,716,100(110.3)〕
17	8,164(137.5)〔5,039(125.2)〕	22,614(128.6)〔8,684(118.1)〕	5,981,260(312.7)〔3,789,199(112.5)〕
19	8,308(139.0)〔5,136(127.6)〕	22,922(130.3)〔8,988(122.2)〕	6,203,586(324.3)〔3,926,875(116.6)〕
20	8,392(141.4)〔5,188(125.8)〕	22,776(129.5)〔8,688(123.3)〕	6,044,270(316.0)〔3,749,413(111.3)〕
21	8,428(142.0)〔5,196(126.0)〕	22,643(128.7)〔8,558(121.4)〕	6,123,234(320.0)〔3,694,539(109.1)〕
22	8,332(140.3)〔5,122(127.3)〕	22,733(129.3)〔8,828(120.0)〕	5,889.865(307.9)〔3,642.959(108.1)〕
23	8,288(139.6)〔5,092(126.5)〕	22,706(129.1)〔8,837(120.1)〕	5,922,868(309.7)〔3,693,691(109.6)〕
24	8,419(141.8)〔5,200(129.2)〕	23,329(132.6)〔8,963(121.8)〕	6,133,496(320.7)〔3,852,701(114.4)〕
25	8,469(142.6)〔5,229(130.0)〕	23,685(134.7)〔9,147(124.3)〕	6,265,635(327.6)〔3,926,088(116.5)〕
26	8,481(142.6)〔5,246(130.0)〕	23,662(134.5)〔9,088(128.9)〕	6,332,883(331.1)〔4,000,682(118.8)〕
27	8,611(145.0)〔5,365(133.3)〕	24,367(138.5)〔9,308(126.5)〕	6,596,279(344.7)〔4,191,788(124.4)〕
28	8,645(145.6)〔5,380(133.7)〕	24,837(141.2)〔9,372(127.4)〕	6,667,108(348.8)〔4,224,725(125.4)〕
29	8,678(146.2)〔5,411(131.2)〕	25,061(142.5)〔9,488(129.0)〕	6,826,046(356.9)〔4,310,939(128.0)〕
30	8,683(146.3)〔5,404(134.3)〕	25,295(143.8)〔9,556(129.9)〕	6,891,259(360.3)〔4,372,087(129.8)〕
令和元	8,770(147.7)〔5,448(135.3)〕	25,202(143.2)〔9503(129.1)〕	6,749,552(352.8)〔4,255,816(126.3)〕

(注)1. 〔 〕は、JR6社(国鉄)の数値である(職員数についてはJR7社)。
2. ( )は、昭和50年度(JRについては50年度及び62年度)を100とした数値である。
3. JRの職員数は、昭和62年度以降鉄道統計年報の数値に訂正してある。
4. 鉄道統計年報による。(職員数は鉄・軌道事業部門の数値である。)

〔令和元年度の細目〕

区分 ＼ 項目	車両走行キロ (百万キロ)	輸送人員 (百万人)	運輸収入 (百万円)
J R 6 社	5,448	9,503	4,255,816
大 手 民 鉄	2,370	10,467	1,603,802
地 方 交 通	602	2,612	487,547
公 営	350	2,619	402,386

(注)職員数についてはJR7社。

職員数 （千人）	職員一人当たり車両 走行キロ（千キロ）	職員一人当たり輸送人員 （千人）	職員一人当たり運輸収入 （千円）
575(107.3)[460(107.0)]	9.4(84.7)[8.1(84.4)]	28.5(86.9)[14.2(86.6)]	2,026.9(56.8)[1,792.3(60.2)]
536(100.0)[430(100.0)]	11.1(100.0)[9.0(100.0)]	32.8(100.0)[16.4(100.0)]	3,568.4(100.0)[2,978.8(100.0)]
515(96.1)[414(96.3)]	12.2(109.8)[10.3(107.2)]	35.0(106.5)[16.5(100.6)]	6,288.0(176.2)[5,308.2(178.2)]
377(70.3)[277(64.4)]	16.2(146.4)[14.3(148.6)]	50.4(153.5)[25.1(153.0)]	11,607.5(325.3)[10,442.9(350.6)]
283(52.8)[180(100.0)]	22.2(200.2)[22.4(100.0)]	71.0(216.4)[40.9(100.0)]	17,568.1(492.3)[18,715.5(100.0)]
262(48.9)[159(88.3)]	27.7(250.0)[29.7(133.0)]	84.1(256.2)[52.6(128.6)]	22,234.8(623.1)[24,925.1(133.2)]
261(48.7)[157(87.2)]	29.6(267.3)[31.0(138.8)]	87.0(265.1)[57.2(140.0)]	22,802.6(639.0)[24,287.7(129.8)]
236(44.0)[141(78.3)]	32.9(296.4)[34.5(154.0)]	91.8(262.3)[61.6(150.6)]	24,710.0(692.5)[26,449.1(141.3)]
209(39.0)[120(66.7)]	40.3(363.1)[42.1(187.9)]	111.6(340.2)[72.5(177.3)]	29,521.9(827.3)[31,651.4(169.1)]
203(37.9)[122(67.8)]	40.9(368.5)[44.3(197.8)]	115.8(353.0)[77.5(189.5)]	30,510.5(855.0)[33,880.1(181.0)]
204(38.1)[122(67.8)]	41.2(371.2)[42.6(190.2)]	111.8(340.9)[71.3(174.3)]	30,269.1(848.3)[31,798.7(169.9)]
204(38.1)[122(67.8)]	40.9(370.3)[44.3(197.8)]	110.5(338.9)[69.3(172.1)]	30,213.2(844.2)[31,658.5(164.3)]
205(38.2)[121(67.2)]	40.7(366.7)[42.3(188.8)]	110.9(338.1)[72.9(178.2)]	28,738.1(805.3)[30,072.1(160.7)]
204(38.1)[121(67.2)]	40.6(365.8)[42.4(189.1)]	111.3(339.3)[73.2(179.0)]	29,028.4(813.5)[30,595.1(163.5)]
203(37.9)[120(66.7)]	41.5(373.9)[43.4(193.8)]	114.9(350.3)[74.8(182.9)]	30,214.3(846.7)[32,105.8(171.5)]
203(37.9)[120(66.7)]	41.7(375.7)[43.6(194.6)]	116.7(355.8)[76.2(186.3)]	30,865.2(865.0)[32,742.4(174.9)]
201(37.5)[118(65.7)]	42.1(379.3)[44.5(198.7)]	117.5(358.2)[77.0(188.3)]	31,506.9(865.0)[33,904.1(181.1)]
201(37.5)[117(65.0)]	42.8(385.6)[45.8(204.5)]	121.2(369.5)[79.6(194.6)]	32,918.3(922.5)[35,827.2(191.4)]
199(37.1)[115(63.1)]	43.4(391.0)[46.8(208.9)]	124.8(380.5)[81.5(199.3)]	33,503.1(938.9)[36,736.7(196.3)]
199(37.1)[113(62.8)]	43.6(392.8)[47.9(213.8)]	125.9(383.8)[84.0(205.4)]	34,301.7(961.3)[38,150.0(203.8)]
197(36.7)[111(61.7)]	44.1(397.3)[49.1(219.2)]	128.4(391.5)[86.1(210.5)]	34,981.0(980.3)[39,388.2(210.5)]
195(36.3)[109(60.5)]	45.0(405.4)[52.1(232.5)]	129.4(394.5)[87.0(212.7)]	34,649.3(971.0)[38,941.3(208.0)]

職員数 （千人）	職員一人当たり車両 走行キロ（千キロ）	職員一人当たり輸送人員 （千人）	職員一人当たり運輸収入 （千円）
109	49.9	87.0	38,941.3
52	45.7	201.7	30,910.1
23	20.9	72.7	14,514.4
11	44.7	337.7	52,706.5

財団抵当借入金と社債発行の推移

民鉄事業者は、設備資金を調達するため、鉄軌道財団を担保として融資を受けまたは社債を発行しており、その状況は、次のとおりである。

項目 年度	年度末組成状況		各年度別の設定及び借入状況				
	財団組成会社数	財団数	抵当権設定数	借入金(百万円)	社債(百万円)	総額(百万円)	指数
平成19	88	111	28	124,513	0	124,513	749
20	87	109	9	37,651	0	37,651	226
21	85	107	25	174,882	0	174,882	1,052
22	84	105	10	10,333	0	10,333	62
23	84	105	14	16,554	0	16,554	100
24	84	105	8	8,942	0	8,942	54
25	83	104	16	49,153	0	49,153	296
26	83	104	12	5,230	0	5,230	31
27	83	102	31	23,879	0	23,879	143
28	81	99	11	3,300	0	3,300	20
29	80	98	8	1,490	0	1,490	9
30	80	98	3	16,447	0	16,447	99
令和1	78	96	5	9,479	0	9,479	57
2	77	95	19	1,007	0	1,007	6

(注) 国土交通省鉄道局資料による。

資本金階層別事業者数　　　　　　　　　(令和2年3月31日現在)

資本金額	事業者数	構成比（%）
1億円未満	15	11.7
1億円以上5億円未満	64	50.0
5 〃 10 〃	6	4.7
10 〃 50 〃	20	15.6
50 〃 100 〃	5	3.9
100億円以上	18	14.1
計	128	100.0

(注)1. 対象事業者数は、大手民鉄(16社)、準大手(5社)、地方交通(第3種鉄道事業者を除く107社)である。
　　2. 鉄道統計年報による。

運賃の概要

（ＪＲ）（令和３年６月１日現在）

〇10キロまでの運賃以外の運賃

　発着区間の営業キロを次の営業キロに従って区分し、これに、各その営業キロに対する賃率を乗じた額を合計した額を一定の方法により、端数整理し、さらにその額に100分の110を乗じ、端数整理した額。

〔JR東日本、JR東海、JR西日本の場合及び他社にまたがる場合の基準額〕

			第1地帯	第2地帯	第3地帯
東京・大阪電車特定区間	山手線内・大阪環状線内のみ	営業キロ	～300キロ	―	―
		賃　率	13円25銭	―	―
	その他	営業キロ	～300キロ	301キロ～	―
		賃　率	15円30銭	12円15銭	―
幹　　線		営　業　キ　ロ	～300キロ	301～600キロ	601キロ～
		賃　　　　率	16円20銭	12円85銭	7円05銭
地方交通線		営　業　キ　ロ	～273キロ	274～546キロ	547キロ～
		賃　　　　率	17円80銭	14円10銭	7円70銭

(注) 幹線と地交線を連続して乗車する場合は、「地交線の営業キロ×1.1＋幹線の営業キロ」に幹線の賃率を乗じた額とする。

〔JR北海道〕

幹　　線	営業キロ	～100キロ	100～200キロ	201～300キロ	301～600キロ	601キロ～
	賃　率	対キロ区間制	19円70銭	16円20銭	12円85銭	7円05銭
地方交通線	営業キロ	～100キロ	100～182キロ	183～273キロ	274～546キロ	547キロ～
	賃　率	対キロ区間制	21円60銭	17円80銭	14円10銭	7円70銭

〔JR四国〕

幹　　線	営業キロ	～100キロ	101～300キロ	301～600キロ	601キロ～
	賃　率	18円21銭	16円20銭	12円85銭	7円05銭

(注) 地方交通線は擬制キロ(地交線の営業キロ×1.1)を適用する。

〔JR九州〕

幹　　線	営業キロ	～100キロ	101～300キロ	301～600キロ	601キロ～
	賃　率	対キロ区間制	17円75銭	12円85銭	7円05銭

(注) 地方交通線は擬制キロ(地交線の営業キロ×1.1)を適用する。

※　本州3社とJR北海道、JR四国及びJR九州にまたがる場合は、通算加算方式により運賃を計算する。

運　賃

（大手民鉄）

項目 事業者名	運賃制度	実施 年月日	初乗運賃	定期運賃(1か月) 平均割引率 通勤	定期運賃(1か月) 平均割引率 通学
		令和		%	%
東　武　鉄　道	対キロ区間制	元. 10. 1	4 kmまで 150(147)円	39.7	79.6
西　武　鉄　道	〃	元. 10. 1	4 kmまで 150(147)円	38.3	80.8
京　成　電　鉄	〃	元. 10. 1	3 kmまで 140(136)円	36.0	80.0
京　王　電　鉄	〃	元. 10. 1	4 kmまで 130(126)円	37.6	77.4
小　田　急　電　鉄	〃	元. 10. 1	3 kmまで 130(126)円	43.4	77.3
東　急　電　鉄	〃	元. 10. 1	3 kmまで 130(126)円	37.8	73.9
京浜急行電鉄	〃	元. 10. 1	3 kmまで 140(136)円	42.2	80.9
相　模　鉄　道	〃	元. 10. 1	3 kmまで 150(147)円	36.7	75.7
名　古　屋　鉄　道	〃	元. 10. 1	3 kmまで 170 円	45.1	82.2
近　畿　日　本　鉄　道	〃	元. 10. 1	3 kmまで 160 円	42.2	80.9
南　海　電　気　鉄　道	〃	元. 10. 1	3 kmまで 160 円	38.8	79.1
京　阪　電　気　鉄　道	〃	元. 10. 1	3 kmまで 160 円	39.3	80.3
阪　急　電　鉄	〃	元. 10. 1	4 kmまで 160 円	38.2	78.5
阪　神　電　気　鉄　道	〃	元. 10. 1	3 kmまで 150 円	36.1	75.0
西　日　本　鉄　道	〃	元. 10. 1	3 kmまで 160 円	39.3	81.6

(注) 1. 上記は認可上の運賃等を記載。
　　 2. 初乗運賃の(　)内はIC カード1 円単位運賃を記載。

（東京地下鉄、大阪市高速電気軌道及び公営地下鉄）

項目 事業者名	運賃制度	実施 年月日	初乗運賃	定期運賃(1か月) 平均割引率 通勤	定期運賃(1か月) 平均割引率 通学
		令和		%	%
東　京　地　下　鉄	対キロ区間制	元. 10. 1	6 kmまで 170(168)円	38.4	66.9
大 阪 市 高 速 電 気 軌 道	〃	元. 10. 1	3 kmまで 210 円	36.9	64.7
札　　幌　　市	〃	元. 10. 1	3 kmまで 210 円	30.0	60.0
仙　　台　　市	〃	元. 10. 1	3 kmまで 210 円	32.7	37.5
東　　京　　都	〃	元. 10. 1	4 kmまで 180(178)円	36.9	65.6

事業者名 \ 項目	運賃制度	実施年月日	初乗運賃	定期運賃(1か月)平均割引率	
		令和		通勤 %	通学 %
横　浜　市	対キロ区間制	元. 10. 1	3 kmまで 210(210)円	36.8	61.1
名　古　屋　市	〃	元. 10. 1	3 kmまで 210 円	35.8	65.7
京　都　市	〃	元. 10. 1	3 kmまで 220 円	31.9	51.3
神　戸　市	〃	元. 10. 1	3 kmまで 210 円	34.9	60.0
福　岡　市	〃	元. 10. 1	3 kmまで 210 円	34.5	59.7

(注) 1. 上記は認可上の運賃等を記載。
　　 2. 初乗運賃の(　)内はICカード1円単位運賃を記載。

（地方交通）　　　　　　　　　　　　　　（令和3年6月1日現在）

事業者名 \ 項目	運賃制度	実施年月日	初乗運賃	定期運賃(1か月)平均割引率	
		令和		通勤 %	通学 %
札幌市交通事業振興公社	均　一　性	2. 4. 1	均　　一 200 円	31.8	51.1
道南いさりび鉄道	対キロ区間制	元. 10. 1	2 kmまで 190 円	43.6	62.6
弘　南　鉄　道	〃	元. 10. 1	2 kmまで 210 円	32.4	60.1
津　軽　鉄　道	〃	元. 10. 1	2 kmまで 180 円	35.0	56.1
青　い　森　鉄　道	〃	元. 10. 1	3 kmまで 200 円	41.2	81.8
ＩＧＲいわて銀河鉄道	〃	元. 10. 1	2 kmまで 160 円	48.6	71.4
三　陸　鉄　道	〃	元. 10. 1	3 kmまで 200 円	32.0	59.9
福　島　交　通	〃	元. 10. 1	2 kmまで 150 円	40.1	60.2
阿　武　隈　急　行	〃	元. 10. 1	3 kmまで 180 円	32.4	66.8
会　津　鉄　道	〃	元. 10. 1	3 kmまで 200 円	42.1	66.6
山　形　鉄　道	〃	26. 4. 1	3 kmまで 190 円	41.1	55.0
仙　台　空　港　鉄　道	〃	元. 10. 1	3 kmまで 180(178)円	41.3	65.7
北　越　急　行	〃	元. 10. 1	3 kmまで 170 円	40.1	68.4
えちごトキめき鉄道	表　定　制(15kmまで)対キロ区間制(16kmから)	2. 4. 1	3 kmまで 190 円	51.0	73.8
し　な　の　鉄　道	表　定　制(11km以下)対　キ　ロ(12km以上)	元. 10. 1	3 kmまで 190 円	40.0	65.5
由　利　高　原　鉄　道	対キロ区間制	元. 10. 1	3 kmまで 180 円	45.0	50.2
秋田内陸縦貫鉄道	〃	元. 10. 1	3 kmまで 170 円	29.2	55.0
長　野　電　鉄	〃	元. 10. 1	2 kmまで 170 円	38.4	64.3

項目／事業者名	運賃制度	実施年月日	初乗運賃	定期運賃(1か月) 平均割引率	
				通勤 %	通学 %
ア ル ピ コ 交 通	対キロ区間制	元.10.1	3 km まで 180 円	29.9	58.0
上 田 電 鉄	〃	元.10.1	3 km まで 200 円	34.4	50.2
富山地方鉄道（鉄道）	対キロ区間制	元.10.1	3 km まで 210 円	44.9	53.6
〃 （軌道）	均 一 制	2.3.21	均 一 210 円	48.2	50.0
あいの風とやま鉄道	対キロ区間制	元.10.1	3 km まで 190 円	53.6	75.9
IR いしかわ鉄道	〃	元.10.1	3 km まで 170 円	50.3	68.2
の と 鉄 道	〃	元.10.1	4 km まで 210 円	48.0	57.8
黒 部 峡 谷 鉄 道	表 定 制	30.4.1	2 km まで 180 円	59.7	–
立 山 黒 部 貫 光	均 一 制	3.4.15	最低運賃 1,090 円	–	–
万 葉 線	表 定 制	元.10.1	2 km まで 230 円	37.5	56.1
北 陸 鉄 道	対キロ区間制	元.10.1	2 km まで 160 円	30.0	43.0
野 岩 鉄 道	〃	元.10.1	3 km まで 200 円	34.7	52.5
関 東 鉄 道	〃	元.10.1	2 km まで 150(143) 円	35.3	49.7
ひたちなか海浜鉄道	対 キ ロ 制	20.4.1	最低運賃 150 円	35.3	47.3
鹿 島 臨 海 鉄 道	〃	元.10.1	3 km まで 180 円	36.2	50.1
上 信 電 鉄	対キロ区間制	元.10.1	3 km まで 180 円	45.5	66.0
わたらせ渓谷鐵道	〃	元.10.1	3 km まで 190 円	39.1	67.1
上 毛 電 気 鉄 道	〃	元.10.1	2 km まで 180 円	43.6	70.6
秩 父 鉄 道	〃	元.10.1	4 km まで 170 円	47.3	74.4
埼 玉 高 速 鉄 道	〃	元.10.1	3 km まで 220 円	34.4	49.7
流 鉄	〃	元.10.1	2 km まで 130 円	35.6	54.3
新 京 成 電 鉄	〃	元.10.1	5 km まで 150(147) 円	40.0	67.8
銚 子 電 気 鉄 道	〃	元.10.1	1 km まで 180 円	40.0	60.0
小 湊 鉄 道	〃	元.10.1	3 km まで 140 円	32.9	55.0
北 総 鉄 道	〃	元.10.1	3 km まで 210(210) 円	30.7	56.4
東 葉 高 速 鉄 道	〃	元.10.1	3 km まで 210(210) 円		
芝 山 鉄 道	均 一 制	元.10.1	均 一 220 円	29.5	59.5
首都圏新都市鉄道	対キロ区間制	元.10.1	3 km まで 170(168) 円	40.6	60.4
東京臨海高速鉄道	〃	元.10.1	3 km まで 210(210) 円	36.2	50.9
横 浜 高 速 鉄 道	〃	元.10.1	3 km まで 190(183) 円	37.8	62.2
箱 根 登 山 鉄 道	〃	元.10.1	3 km まで 140 円	40.4	69.0
江 ノ 島 電 鉄	〃	元.10.1	2 km まで 200 円	35.6	56.8

事業者名	運賃制度	実施年月日	初乗運賃	定期運賃(1か月)平均割引率	
				通勤	通学
				%	%
富 士 急 行	対キロ区間制	元. 10. 1	2 km まで 180(173)円	3 6 . 0	5 8 . 8
い す み 鉄 道	〃	元. 10. 1	3 km まで 190 円	3 1 . 9	6 3 . 6
真 岡 鐵 道	〃	元. 10. 1	4 km まで 190 円	3 3 . 2	6 0 . 4
伊 豆 箱 根 鉄 道	〃	元. 10. 1	3 km まで 140 円	4 2 . 2	6 1 . 5
岳 南 電 車	〃	元. 10. 1	2 km まで 170 円	3 2 . 0	5 6 . 7
伊 豆 急 行	〃	元. 10. 1	4 km まで 170(168)円	4 9 . 1	6 5 . 6
静 岡 鉄 道	〃	元. 10. 1	2 km まで 140 円	3 7 . 6	5 8 . 8
大 井 川 鐵 道 (本 線)	対 キ ロ 制	元. 10. 1	最 低 運 賃 150 円	5 1 . 4	6 6 . 9
〃 (井 川 線)	〃	元. 10. 1	最 低 運 賃 160 円	4 3 . 9	6 0 . 7
遠 州 鉄 道	対キロ区間制	元. 10. 1	4 km まで 120 円	3 1 . 2	5 3 . 7
天 竜 浜 名 湖 鉄 道	〃	元. 10. 1	3 km まで 200 円	3 6 . 8	5 7 . 0
豊 橋 鉄 道 (鉄 道)	〃	元. 10. 1	2 km まで 140 円	3 0 . 0	5 0 . 0
〃 (軌 道)	均 一 制	元. 10. 1	均 一 180 円	3 0 . 0	5 0 . 0
名 古 屋 臨 海 高 速 鉄 道	対キロ区間制	元. 10. 1	3 km まで 210 円	3 5 . 4	6 3 . 1
三 岐 鉄 道	〃	元. 10. 1	4 km まで 190 円	3 6 . 7	5 6 . 7
伊 勢 鉄 道	〃	元. 10. 1	3 km まで 180 円	3 6 . 5	5 6 . 6
樽 見 鉄 道	〃	元. 10. 1	3 km まで 190 円	3 0 . 0	6 0 . 0
四 日 市 あ す な ろ う 鉄 道	〃	元. 10. 1	3 km まで 200 円	3 9 . 6	7 0 . 9
明 知 鉄 道	〃	元. 10. 1	3 km まで 180 円	3 0 . 0	5 7 . 0
長 良 川 鉄 道	〃	元. 10. 1	3 km まで 210 円	3 6 . 2	5 7 . 7
愛 知 環 状 鉄 道	〃	元. 10. 1	3 km まで 180 円	3 0 . 1	5 5 . 4
東 海 交 通 事 業	〃	元. 10. 1	3 km まで 230 円	3 5 . 0	5 0 . 0
福 井 鉄 道 (鉄 道)	〃	元. 10. 1	2 km まで 180 円	平 均	平 均
〃 (軌 道)	均 一 制	元. 10. 1	均 一 160 円	3 5 . 0	5 1 . 5
養 老 鉄 道	対キロ区間制	元. 10. 1	3 km まで 210 円	3 7 . 9	7 0 . 1
伊 賀 鉄 道	〃	元. 10. 1	3 km まで 200 円	3 7 . 8	6 9 . 8
え ち ぜ ん 鉄 道	〃	元. 10. 1	3 km まで 180 円	4 0 . 6	5 2 . 2
京 福 電 気 鉄 道	均 一 制	29. 4. 1	均 一 220 円	4 3 . 2	6 9 . 7
叡 山 電 鉄	区 間 制	元. 10. 1	1 区 210 円	4 6 . 6	6 5 . 2
近 江 鉄 道	対キロ区間制	元. 10. 1	2 km まで 160 円	3 9 . 0	5 9 . 5
信 楽 高 原 鐵 道	〃	元. 10. 1	2 km まで 170 円	5 0 . 0	6 0 . 0
北 大 阪 急 行 電 鉄	〃	元. 10. 1	2 km まで 100 円	3 7 . 6	6 3 . 2
泉 北 高 速 鉄 道	〃	元. 10. 1	2 km まで 180 円	3 4 . 4	5 9 . 5
水 間 鉄 道	〃	元. 10. 1	1 . 5 km まで 180 円	3 8 . 5	6 3 . 9
和 歌 山 電 鐵	〃	元. 10. 1	3 km まで 190 円	3 9 . 8	6 4 . 0
紀 州 鉄 道	〃	10. 4. 1	1 km まで 120 円	5 3 . 0	6 9 . 0
能 勢 電 鉄	〃	元. 10. 1	2 km まで 160 円	3 7 . 5	5 9 . 7

項目 事業者名	運賃制度	実施 年月日	初乗運賃	定期運賃(1か月) 平均割引率 通勤	通学
				%	%
北条鉄道	対キロ区間制	元.10.1	2kmまで160円	30.5	55.4
神戸電鉄	〃	元.10.1	2kmまで180円	37.3	69.6
山陽電気鉄道	〃	元.10.1	2kmまで150円	41.2	77.6
阪堺電気軌道	均一制	2.10.1	均一230円	30.0	60.1
WILLER TRAINS	対キロ区間制	元.10.1	3kmまで150円	38.6	68.5
嵯峨野観光鉄道	均一制	元.10.1	均一630円	−	
水島臨海鉄道	対キロ区間制	元.10.1	4kmまで190円	42.4	66.0
若桜鉄道	〃	元.10.1	1kmまで130円	34.6	39.4
一畑電車	〃	元.10.1	4kmまで170円	38.9	62.9
広島電鉄(鉄道)	〃	元.10.1	3kmまで140円	平均	平均
〃 (軌道)	均一制	元.10.1	均一190円	38.4	55.4
錦川鉄道	対キロ区間制	元.10.1	3kmまで200円	38.2	62.2
智頭急行	〃	元.10.1	3kmまで180円	36.1	55.8
井原鉄道	〃	元.10.1	3kmまで210円	35.6	55.7
岡山電気軌道	均一制	11.12.14	均一140円 特定区間内均一100円	30.0	50.0
高松琴平電気鉄道	対キロ区間制	元.10.1	4kmまで190円	40.0	65.0
伊予鉄道(鉄道)	〃	元.10.1	3kmまで170円	38.4	53.4
〃 (軌道)	均一制	元.10.1	均一170円	31.3	50.1
土佐くろしお鉄道(中村線・宿毛線)	対キロ区間制	元.10.1	3kmまで170円	48.0	54.0
〃 (阿佐線)	〃	元.10.1	6kmまで260円	50.0	54.0
阿佐海岸鉄道	〃	元.10.1	3kmまで210円	36.3	55.9
とさでん交通	均一制	元.10.1	均一200円	平均	平均
〃	区間制	元.10.1	1区130円	39.0	59.7
筑豊電気鉄道	区間制	元.10.1	1区210円	32.0	57.9
甘木鉄道	対キロ区間制	元.10.1	2kmまで170円	36.5	60.5
島原鉄道	対キロ制	元.10.1	最低運賃150円	25.0	50.0
熊本電気鉄道	対キロ区間制	2.10.1	2kmまで160円	40.0	50.0
南阿蘇鉄道	〃	元.10.1	2kmまで180円	28.0	53.7
松浦鉄道	〃	28.4.15	1kmまで170円	37.9	58.0
くま川鉄道	〃	元.10.1	3kmまで190円	47.5	56.5
肥薩おれんじ鉄道	〃	元.10.1	3kmまで190円	52.5	76.2
平成筑豊鉄道	〃	元.10.1	3kmまで220円	44.8	65.2
長崎電気軌道	均一制	31.4.1	均一130円	32.9	42.9

事業者名 \ 項目	運賃制度	実施年月日	初乗運賃	定期運賃(1か月) 平均割引率 通勤	定期運賃(1か月) 平均割引率 通学
東京モノレール	対キロ区間制	元.10. 1	1.5kmまで160(157)円	5 0. 2	7 6. 1
多摩都市モノレール	〃	元.10. 1	3kmまで 220 円	3 6. 7	5 1. 2
湘南モノレール	〃	元.10. 1	2kmまで 180 円	3 3. 7	5 0. 5
千葉都市モノレール	〃	元.10. 1	2kmまで200(199)円	3 6. 3	5 9. 9
大阪モノレール	〃	元.10. 1	2kmまで 200 円	3 4. 7	5 9. 9
舞浜リゾートライン	均 一 制	元.10. 1	均 一 260 円	4 9. 7	6 9. 7
スカイレールサービス	〃	元.10. 1	均 一 170 円	3 6. 6	5 1. 3
北九州高速鉄道	対キロ区間制	元.10. 1	1kmまで 180 円	3 1. 6	5 0. 5
沖縄都市モノレール	〃	元.10. 1	3kmまで 230 円	3 7. 5	5 9. 8
埼玉新都市交通	〃	元.10. 1	2kmまで190(189)円	3 1. 3	5 1. 0
山 万	均 一 制	7. 9. 1	均 一 200 円	3 5. 0	5 5. 0
ゆ り か も め	対キロ区間制	元.10. 1	2kmまで190(189)円	3 8. 0	5 2. 3
横浜シーサイドライン	〃	元.10. 1	2kmまで240(234)円	3 6. 2	5 4. 6
名古屋ガイドウェイバス	〃	元.10. 1	2kmまで 200 円	4 3. 0	5 5. 0
神 戸 新 交 通	〃	元.10. 1	2kmまで 210 円	3 5. 7	5 9. 8
広 島 高 速 交 通	〃	元.10. 1	2kmまで 190 円	3 4. 8	4 9. 9
愛 知 高 速 交 通	〃	元.10. 1	2kmまで 170 円	3 3. 2	6 2. 1

(注) 1. 上記は認可上の運賃等を記載。
    2. 初乗運賃の( )内はICカード1円単位運賃を記載。

(公営路面電車) (令和3年6月1日現在)

事業者名 \ 項目	運賃制度	実施年月日	初乗運賃	定期運賃(1か月) 平均割引率 通勤	定期運賃(1か月) 平均割引率 通学
		令和		%	%
函 館 市	対キロ区間制	元.10. 1	2kmまで 210 円	3 0. 5	4 2. 3
東 京 都	均 一 制	元.10. 1	均一 170(165)円	3 6. 9	6 5. 6
熊 本 市	〃	元.10. 1	均 一 180 円	4 0. 0	5 0. 0
鹿 児 島 市	〃	30. 1. 1	均 一 170 円	3 0. 0	5 0. 0

(注) 1. 上記は認可上の運賃等を記載。
    2. 初乗運賃の( )内はICカード1円単位運賃を記載。

運 賃

運賃調整
　旅客の流動状況や利便性を勘案して、乗継運賃制度（併算運賃から割引を行う。）がとり入れられている

1. 乗継運賃制度の実施状況
（令和3年6月1日現在）

鉄道相互（鉄道と軌道を含む）	鉄軌道とバス
札幌市　地下鉄と札幌市交通事業振興公社（普通、定期）	札幌市　地下鉄とバス（普通、定期）
ＪＲ北海道と道南いさりび鉄道（普通、定期）	札幌市交通事業振興公社とバス（定期）
ＩＧＲいわて銀河鉄道と青い森鉄道（普通、定期）	地下鉄と札幌市交通事業振興公社とバス（定期）
東京地下鉄と都営地下鉄（普通、定期）	函館市　軌道線とバス（普通、定期）
東京地下鉄と東葉高速鉄道（普通）	仙台市　地下鉄とバス（普通、定期）
東京地下鉄と埼玉高速鉄道（普通）	東京都　地下鉄とバス（定期）
東京都と東京地下鉄（普通）	軌道線とバス（定期）
都営地下鉄と京成電鉄と北総鉄道（普通、定期）	日暮里・舎人線とバス（定期）
ＪＲ東日本と東京地下鉄※2	横浜市　地下鉄とバス（定期）
〃　　と西武鉄道（普通）※2	長野電鉄　鉄道線とバス（定期）
〃　　と京王電鉄（普通）※2	富山地方鉄道　鉄道線とバス（定期）
〃　　と東急電鉄（普通）※2	北陸鉄道　鉄道線とバス（定期）
〃　　と京浜急行電鉄（普通）※2	静岡鉄道　鉄道線とバス（定期）
〃　　と西武鉄道（普通）※2	遠州鉄道　鉄道線とバス（定期）
〃　　と小田急電鉄（普通）※1	豊橋鉄道　鉄道線とバス（定期）
〃　　と相模鉄道（普通）※1	豊橋鉄道　軌道線とバス（定期）
〃　　と青い森鉄道（普通、定期）※1	名古屋鉄道　鉄道線とバス（カード）
〃　　とＩＧＲいわて銀河鉄道（普通、定期）※1	名古屋市　地下鉄とバス（カード、定期）
〃　　と鹿島臨海鉄道（普通、定期）※1	名古屋臨海高速鉄道鉄道線とバス（定期、カード）
〃　　としなの鉄道（普通）※1	名古屋ガイドウェイバス軌道線とバス（普通、定期）
〃　　とえちごトキめき鉄道（普通、定期）※1	アルピコ交通　鉄道線とバス（定期）
名古屋鉄道と名古屋市地下鉄3号線他（普通、カード）	福井鉄道　鉄道線とバス（定期）
名古屋市と名古屋臨海高速鉄道（カード、定期）	京都市　地下鉄とバス（普通、定期）
名古屋市と名古屋ガイドウェイバス軌道線（カード、定期）	大阪市高速電気軌道　地下鉄とバス（普通、定期）
豊橋鉄道　鉄道線と軌道線（カード）	阪堺電気軌道　軌道線とバス（カード）
富山地方鉄道　鉄道線と軌道線（定期）	神戸市　地下鉄とバス（カード、定期）
しなの鉄道とえちごトキめき鉄道（普通、定期）	広島電鉄　鉄軌道線とバス（定期）
えちごトキめき鉄道とあいの風とやま鉄道（普通、定期）	広島高速交通　鉄軌道線とバス（カード）
あいの風とやま鉄道とＩＲいしかわ鉄道（普通、定期）	一畑電車　鉄道線とバス（定期）
福井鉄道とえちぜん鉄道（普通、定期）	高松琴平電気鉄道　鉄道線とバス（カード）
福井鉄道とえちぜん鉄道（普通、定期）	とさでん交通　軌道線とバス（カード）
大阪市高速電気軌道と北大阪急行（普通）	熊本電気鉄道　鉄道線とバス（普通、定期）
ＪＲ西日本と京阪電気鉄道（普通）	鹿児島市　軌道線とバス（カード）
〃　　と近畿日本鉄道（普通）	筑豊電気鉄道　鉄道線とバス（定期）
〃　　と南海電気鉄道（普通）	
〃　　とえちごトキめき鉄道（普通、定期）※1	
〃　　とあいの風とやま鉄道（普通、定期）※1	
〃　　とＩＲいしかわ鉄道（普通、定期）※1	
阪急電鉄（神戸高速線経由）と山陽電気鉄道（普通）	
阪神電気鉄道（神戸高速線経由）と山陽電気鉄道（普通）	
神戸電鉄と神戸高速鉄道（普通）	
広島電鉄　鉄道線と軌道線（普通）	
ＪＲ九州と福岡市（普通、定期）	
ＪＲ九州と肥薩おれんじ鉄道（普通）	
福岡市と西日本鉄道（普通、定期）	
大手民鉄14社（大手民鉄16社から名鉄及び西鉄を除く）と当該大手民鉄と接続する鉄道事業者（普通）	

※1は民鉄区間の旅客運賃についてのみの割引

※2は民鉄区間の一部の旅客運賃についてのみの割引

２．ＪＲ線及び大手民鉄、東京地下鉄に係る乗継運賃制度

（令和3年6月1日現在）

○相互直通路線において設定しているもの

事業者名	種別	適 用 範 囲 等	乗継運賃
ＪＲ東日本と東京地下鉄	普通	ＪＲ東日本の10キロまでの区間と東京地下鉄の2駅の区間 （接続駅：中野、西船橋、北千住、綾瀬） ※西船橋を接続とする東京地下鉄は3駅の区間	併算運賃から20円引き
ＪＲ東日本とＩＧＲいわて銀河鉄道	普通	ＪＲ東日本の2駅の区間とＩＧＲいわて銀河鉄道の2～4駅の区間（接続駅：盛岡、好摩）	ＩＧＲいわて銀河鉄道の運賃から50円引き
	定期		所定運賃に普通運賃の割引率を乗じた額
ＪＲ東日本と青い森鉄道	普通	ＪＲ東日本の2駅の区間と青い森鉄道の4駅の区間（接続駅：青森、野辺地、八戸）	区間により青い森鉄道の運賃から60、70円引き
	定期		所定運賃に普通運賃の割引率を乗じた額
ＪＲ九州と福岡市交通局	普通	ＪＲ九州の10キロまでの区間と福岡市交通局の2区までの区間（接続駅：姪浜）	併算運賃から20円引き
	定期		所定の定期運賃から一定を割引
東京地下鉄と大手民鉄 （東武、西武、小田急、東急）	普通	原則として東京地下鉄の2駅までの区間と大手民鉄の初乗り又は2駅のいずれか長い方の区間（接続駅東武：北千住、和光市、押上、西武：小竹向原、小田急：代々木上原、東急：渋谷、目黒）	併算運賃から20円引き
東京地下鉄と東葉高速鉄道	普通	東葉高速線東海神・西船橋間と東京地下鉄東西線行徳・西船橋間相互間	併算運賃から20円引き
東京地下鉄と埼玉高速鉄道	普通	埼玉高速線川口元郷と東京地下鉄南北線志茂・王子神谷間相互間	併算運賃から30円引き
大手民鉄と公営地下鉄 （京成・京王・東急・京急と東京都、名鉄と名古屋市、近鉄と大阪Metro、京都市、阪急と大阪Metro）	普通	原則として大手民鉄の初乗り区間又は2駅のいずれか長い方の区間と地下鉄の2駅までの区間（接続駅：押上、新宿、目黒、泉岳寺、赤池・上小田井、上飯田、長田・竹田、天神橋筋六丁目）	一事業者当たり10円引き
東急と横浜高速鉄道	普通	白楽～馬車道相互間（接続駅：横浜）	併算運賃から20円引き
南海と泉北高速鉄道	普通	南海電気鉄道南海線又は高野線と泉北高速鉄道線相互間	一事業者当たり50円引
北総鉄道と京成電鉄と東京都交通局	普通	北総は10キロまで10円、11キロ以上20円、京成及び東京都はそれぞれ10円引き	
	定期	北総、京成、東京都とも所定運賃から5%引き	
阪神と山陽電気鉄道	普通	神戸市内発着（神戸高速線経由）旅客について併算運賃から10円引き	
京阪と京都市交通局	普通	東山～大谷相互間（御陵） 三条京阪～浜大津相互間で上記以外 三条京阪～蹴上と京阪石山坂本線、三井寺、島ノ関以遠相互間	併算運賃から90円引き 併算運賃から70円引き 併算運賃から20円引き
	定期	京都市東西線のみ表定割引	

運 賃

○ターミナル接続において設定しているもの

事 業 者 名	種別	適 用 範 囲 等	乗 継 運 賃
JR東日本と東京地下鉄	普通	JR東日本の3キロまでの区間と東京地下鉄の2駅までの区間(接続駅:西船橋、綾瀬)	併算運賃から10円引き
JR東日本と大手民鉄 (西武、京王、東急、京急)	普通	原則としてノーラッチ接続区間に限り、JR東日本及びJR西日本の3キロまでの区間と大手民鉄の初乗り区間(接続駅 西武:武蔵境、国分寺、拝島、京王:分倍河原、東急:菊名、京急:八丁畷、京阪:京橋、東福寺、近鉄:鶴橋、柏原、南海:三国ケ丘、和歌山)	併算運賃から20円引き
JR西日本と大手民鉄 (京阪、近鉄、南海)			
東京地下鉄と東京都交通局	普通	併算運賃から70円引き	
	定期	それぞれの所定運賃を割引し、合計した額(10円未満は10円に切上げ) 1ヶ月:基本定期旅客運賃を15%引き(1ヶ月特定運賃) 3ヶ月:1ヶ月特定運賃を3倍し、これを5%引き 6ヶ月:1ヶ月特定運賃を6倍し、これを10%引き	
大手民鉄と当該大手民鉄と接続する鉄道事業者	普通	2ラッチ接続までの路線の初乗り又は2駅のいずれか長い方の区間相互間(地下鉄:2駅区間、JR:3キロまでの区間) ・東武と京成 (接続駅:牛田) 他 ・西武と東武 (池袋) 他 ・西武とJR東日本 (池袋) 他 ・京成と東京都 (押上) 他 ・京王と東京地下鉄 (新宿) 他 ・小田急と京王 (下北沢) 他 ・東急と小田急 (中央林間) 他 ・京急と東急 (横浜) 他 ・相鉄と小田急 (海老名) 他 ・近鉄と南海 (河内長野) 他 ・南海と水間鉄道 (貝塚) 他 ・京阪と叡山電鉄 (出町柳) 他 ・阪急と能勢電鉄 (川西能勢口) 他 ・阪神と阪急 (今津) 他	一事業者当たり10円引き(相手事業者も割引をする場合は、合計20円引き)
西日本鉄道と福岡市交通局	普通 定期	西鉄貝塚線三苫〜貝塚間と福岡市交通局2号線の貝塚より3区までの区間	併算運賃から20〜60円引き 通勤定期5%〜10%引き
JR九州と肥薩おれんじ鉄道	定期	・有佐〜日奈久温泉相互間(接続駅:八代) ・坂本〜日奈久温泉相互間(接続駅:八代) ・串木野〜草道相互間(接続駅:川内)	所定の定期運賃を2割引した額

料金の概要

（令和 3 年 6 月 1 日現在）

（JR）

① 特急料金

(1) 新幹線：駅間毎に表定。

○主な区間の特急料金（指定席）

・東海道・山陽新幹線

駅 名	東 京						
名古屋	4,710	名古屋					
京 都	5,490	3,060	京 都				
新大阪	5,490	3,060	2,290	新大阪			
岡 山	6,460	4,700	3,930	3,060	岡 山		
広 島	7,030	5,490	4,700	4,700	3,060	広 島	
小 倉	8,670	6,460	5,490	5,490	4,700	3,930	小 倉
博 多	8,670	7,030	5,920	5,490	5,150	3,930	2,290

・東北・上越・北陸新幹線

金 沢	6,900		5,040	新 潟
長 野	4,270		7,330	新青森
	東 京	5,360	仙 台	
	東 京	駅 名		

（注）1. 自由席は 530 円引き。
　　　2. 1駅間自由席利用の場合は、870 円、880 円又は 990 円。

・北海道新幹線

	新函館北斗
新青森	4,530

・九州新幹線

	久留米	熊 本	出 水	鹿児島中央
博 多	1,790	3,060	4,400	5,030

（注）1. 自由席は 530 円引き。
　　　2. 博多～久留米間を自由席利用の場合は 870 円。

(2) 在来線（A特急料金）

50 キロまで	100 キロまで	150 キロまで	200 キロまで	300 キロまで
1,290 円	1,730 円	2,390 円	2,730 円	2,950 円

400 キロまで	600 キロまで	601 キロ以上
3,170 円	3,490 円	3,830 円

（注）1. 自由席は 530 円引き。
　　　2. JR 四国内の 25 キロまでの自由席は 330 円、50 キロまでの自由席は 530 円。

　JR北海道の 150 キロまでのA特急料金はJR北海道内各線に適用され、次のとおり。

25 キロまで	50 キロまで	100 キロまで	150 キロまで
850 円	1,160 円	1,680 円	2,360 円

（注）　自由席は 530 円引き。

（3）在来線（B特急料金）

JR東日本のB特急料金は、次のとおり。

50 キロまで	100 キロまで	150 キロまで	200 キロまで	300 キロまで	400 キロまで	401 キロ以上
1,050 円	1,480 円	1,890 円	2,290 円	2,510 円	2,730 円	3,070 円

（注）　自由席は 530 円引き。

（適用区間）
・山手線、赤羽線、東北線東京・上野間、武蔵野線、東海道線東京・熱海間及び伊東線
・仙山線、北上線、磐越西線郡山・喜多方間及び奥羽線秋田・青森間
・白新線及び羽越線新発田・秋田間
・東北線上野・黒磯間、日光線、高崎線、上越線高崎・石打間、両毛線新前橋・前橋間及び吾妻線渋川・万座・鹿沢口間
・東北線上野・日暮里間及び常磐線日暮里・勝田間
・中央線東京・竜王間、横浜線、南武線、横須賀線、根岸線、総武線、京葉線、外房線、内房線、成田線及び鹿島線

JR東海のB特急料金は、次のとおり。

50 キロまで	100 キロまで	150 キロまで	200 キロまで
1,190 円	1,530 円	1,970 円	2,290 円

300 キロまで	400 キロまで	401 キロ以上	
2,510 円	2,730 円	3,070 円	

（注）　自由席は 530 円引き。

（適用区間）
・東海道線熱海・三島間

JR西日本のB特急料金は、次のとおり。

50 キロまで	100 キロまで	150 キロまで	200 キロまで
1,190 円	1,520 円	1,950 円	2,290 円

300 キロまで	400 キロまで	401 キロ以上	
2,510 円	2,730 円	3,060 円	

　(注)　自由席は 530 円引き。

(適用区間)
・大阪環状線、関西線新今宮・天王寺間、阪和線天王寺・和歌山間、関西空
　港線及び紀勢線和歌山・新宮間
・奈良線及び関西線木津・天王寺間
・東海道線京都・神戸間、山陽線神戸・姫路間、福知山線、播但線、山陰線
　京都・浜坂間及び舞鶴線
・七尾線

JR九州のB特急料金は、JR九州内各線に適用され、次のとおり。

25 キロまで	50 キロまで	75 キロまで	100 キロまで
840 円	1,160 円	1,370 円	1,480 円

150 キロまで	200 キロまで	300 キロまで	301 キロ以上
1,780 円	1,940 円	2,050 円	2,210 円

　(注)　自由席は 530 円引き。

なお、B特急料金適用区間に運転されている「サフィール踊り子」及び「成田エ
クスプレス」の特急料金については、A特急料金が適用される。
この他、別の特急料金が定められている区間がある。

(4) 繁忙期、閑散期料金(指定席にのみ適用。)

  繁忙期(3／21〜4／5、4／28〜5／6、7／21〜8／31、

   12／25〜1／10)   200 円増

  閑散期(1／16〜2月末日、6月、9月、11／1〜12／20 の期間の月

   〜木曜日。ただし、祝日及びその前日と振替休日を除く。)

          200 円引

 (注) JR 北海道・JR九州(在来線)を利用の場合は、繁忙期、閑散期とも適用なし。

② 急行料金

50 キロまで	100 キロまで	150 キロまで	200 キロまで	201 キロ以上
560 円	760 円	1000 円	1,100 円	1,320 円

 (注) ＪＲ東日本内のＢ特急料金区間の 50 キロまでは 520 円。

③ 特別車両料金

(1) 特急・急行用特別車両料金

 JR北海道・東海・西日本・四国内とJR会社間

営業キロ	100 キロまで	200 キロまで	400 キロまで	600 キロまで	800 キロまで	801 キロ以上
グリーン料金	1,300 円	2,800 円	4,190 円	5,400 円	6,600 円	7,790 円

(注)北陸新幹線を除く。

 JR東日本内

	100 キロまで	200 キロまで	300 キロまで	700 キロまで	701 キロ以上
グリーン料金	1,050 円	2,100 円	3,150 円	4,190 円	5,240 円
グランクラス料金 (一部列車を除く)	6,290 円	7,340 円	8,390 円	9,430 円	10,480 円

(注)JR西日本(北陸新幹線上越妙高・金沢間)を含む。

JR九州内

	100 キロまで	200 キロまで	201 キロ以上
在来線グリーン料金	1,050 円	1,600 円	2,570 円
新幹線グリーン料金	1,050 円	2,100 円	3,150 円

(2) 普通列車用グリーン料金

50 キロまで	100 キロまで	150 キロまで	151 キロ以上
780 円	1,000 円	1,700 円	1,990 円

(注)JR九州内の普通列車のグリーン料金は、50 キロまで 780 円、51 キロ以上は 1,000 円。

この他、別の特別車両料金が定められている区間がある。

④　寝台料金

(1) A寝台料金

個　　　　　室	13,980 円

(2) B寝台料金

電　　　　　車	個室（1人用）	9,600 円
	個室（1人用・2人用）	7,700 円
		6,600 円

運 賃

JR 運賃と民鉄運賃の比較

JR の主要線区の運賃とこれに対応する大手民鉄の運賃は次のとおり。
(令和3年6月1日現在)

事業者名及び区間		キロ程	普 通	通勤定期 1ケ月	通学定期 1ケ月
J　　　　　R	上　野 ～ 久　喜	45.3	860(858)	22,990	11,150
東 武 鉄 道	浅　草 ～ 久　喜	47.7	660(660)	17,250	5,350
J　　　　　R	新　宿 ～ 拝　島	34.1	※480(473)	※14,170	※7,800
西 武 鉄 道	西武新宿 ～ 拝　島	36.9	440(440)	16,540	4,260
J　　　　　R	上　野 ～ 市　川	15.6	310(308)	9,220	7,020
京 成 電 鉄	京成上野 ～ 市川真間	17.3	330(325)	12,670	4,440
J　　　　　R	上野 ～ 成田 (我孫子経由)	66.4	※940(935)	※27,530	※13,180
京 成 電 鉄	京 成 上 野 ～ 京 成 成 田	61.2	850(849)	22,930	5,690
J　　　　　R	新　宿 ～ 八 王 子	37.1	※490(482)	※14,490	※7,190
京 王 電 鉄	新宿 ～ 京王八王子	37.9	370(367)	13,750	4,510
J　　　　　R	渋　谷 ～ 吉 祥 寺	15.6	※220(220)	※6,580	※5,490
京 王 電 鉄	渋　谷 ～ 吉 祥 寺	12.7	200(199)	7,430	2,860
J　　　　　R	東　京 ～ 小 田 原	83.9	1,520(1,518)	40,050	20,250
小 田 急 電 鉄	新　宿 ～ 小 田 原	82.5	900(891)	17,660	7,640
J　　　　　R	東　京 ～ 藤　沢	51.1	990(990)	25,260	12,630
小 田 急 電 鉄	新　宿 ～ 藤　沢	55.4	600(597)	15,950	6,520
J　　　　　R	渋　谷 ～ 横　浜	29.2	※400(396)	※11,850	※7,580
東 急 電 鉄	渋　谷 ～ 横　浜	24.2	280(272)	10,110	4,270
J　　　　　R	品　川 ～ 横　浜	22.0	※300(293)	※8,560	※6,040
京 浜 急 行	品　川 ～ 横　浜	22.2	310(303)	11,800	4,150
J　　　　　R	名 古 屋 ～ 岐　阜	30.3	※470	※13,620	※7,770
名 古 屋 鉄 道	名鉄名古屋 ～ 名鉄岐阜	31.8	570	17,120	6,070

事業者名及び区間		キロ程	普 通	通勤定期 1ケ月	通学定期 1ケ月
J　　　　R	名 古 屋 ～ 豊 橋	72.4	1,340	34,730	17,640
名古屋鉄道	名鉄名古屋～豊橋	68.0	1,140	26,050	8,380
J　　　　R	名 古 屋 ～ 四 日 市	37.2	※480	※14,430	※7,150
近畿日本鉄道	近鉄名古屋～近鉄四日市	36.9	640	20,730	5,340
J　　　　R	天 王 寺 ～ 奈 良	37.5	※470	※14,520	※7,200
近畿日本鉄道	鶴 橋 ～ 近 鉄 奈 良	29.7	500	19,120	5,200
J　　　　R	天 王 寺 ～ 和 歌 山	61.3	※870	※25,930	※12,410
南 海 電 鉄	難 波 ～ 和 歌 山 市	64.2	930	26,250	6,620
J　　　　R	大 阪 ～ 京 都	42.8	※570	※16,840	※7,660
京 阪 電 鉄	淀 屋 橋 ～ 三 条	49.3	420	15,620	4,860
J　　　　R	大 阪 ～ 三 ノ 宮	30.6	※410	※12,530	※6,910
阪 急 電 鉄	大阪梅田～神戸三宮	32.3	320	13,080	4,590
J　　　　R	大 阪 ～ 京 都	42.8	※570	※16,840	※7,660
阪 急 電 鉄	大阪梅田～京都河原町	47.7	400	15,800	5,270
J　　　　R	大 阪 ～ 三 ノ 宮	30.6	※410	※12,530	※6,910
阪 神 電 鉄	大阪梅田～神戸三宮	31.2	320	13,080	4,620
J　　　　R	博 多 ～ 久 留 米	35.7	760	21,740	10,160
西日本鉄道	西鉄福岡～西鉄久留米	38.6	630	23,320	5,730
J　　　　R	博 多 ～ 大 牟 田	69.3	1,310	35,600	17,520
西日本鉄道	西 鉄 福 岡 ～ 大 牟 田	74.8	1,040	30,870	6,250

（注）　1．※は大都市の特定区間である。
　　　　2．（　）内は1円単位運賃である。

身体障害者割引の状況

　身体障害者についての運賃割引の状況を JR についてみると各社とも次のような割引を行っている。

〔JR〕

分類	項　目	割　　　　　引　　　　　率	
第一種身体障害者	普通乗車券	介護者と同伴の場合	50%（介護者も）
		単独乗車の場合 　　片道100kmをこえる区間	50%
	定　期　券	介護者と同伴の場合	50%（介護者も）
	回数乗車券	介護者と同伴の場合	50%（介護者も）
	普通急行券	介護者と同伴の場合	50%（介護者も）
第二種身体障害者	普通乗車券	単独乗車の場合 　　片道100kmをこえる区間	50%
	定　期　券	介護者と同伴の場合（定期利用の12歳未満の身体障害者） 　　　　　　　　　　　　　　　　　 50%（介護者のみ）	

　身体障害者についての運賃割引の状況を民鉄事業者についてみると、各社とも、ほぼ JR と同様に次のような割引を行っている。

〔民鉄〕

分類	項　目	割　　　　　引　　　　　率	
第一種身体障害者	普通乗車券	単独で乗車の場合 ｛ 自線一定の距離以上 ｛ 他社線と連絡で101キロ以上	50% 50%
		介護者と同伴の場合	50%（介護者も）
	定期乗車券	介護者と同伴の場合	50%（介護者も）
	回数乗車券	介護者と同伴の場合	50%（介護者も）
第二種身体障害者	普通乗車券	単独で乗車の場合 ｛ 自線一定の距離以上 ｛ 他社線と連絡で101キロ以上	50% 50%
	定期乗車券	介護者と同伴の場合（定期利用の12歳未満の身体障害者） 　　　　　　　　　　　　　　　　　 50%（介護者のみ）	

(注) 「身体障害者」とは、身体障害者福祉法（昭和 24 年法律第 283 号）第
　　 15 条第 4 項に規定する身体障害者手帳の交付を受けている者のうち、
　　 別表に掲げる障害種別に該当する者をいう。（別表において第 1 種身
　　 体障害者及び第 2 種身体障害者に区分する）

（別表）

身体障害者の範囲及び種別の区分

障害種別	等級及び割引種別		第1種身体障害者 （本人及び介護者）	第2種身体障害者 （本人）
視　　覚　　障　　害			1級から3級及び 4級の1	4級の2、4級の3、 5級及び 6級
聴覚又は 平衡機能 の障害	聴　覚　障　害		2級及び3級	4級及び6級
	平　衡　機　能　障　害		——	3級及び5級
音声機能、言語機能又はそしゃく機能障害				3級及び4級
肢 体 不 自 由	上　　　　肢		1級、2級の1及び 2級の2	2級の3、2級の4 及び3級から7級
	下　　　　肢		1級、2級及び3級 の1	3級の2、3級の3 及び4級から7級
	体　　　　幹		1級から3級	5級
	乳幼児期以前の非 進行性の脳病変に よる運動機能障害	上肢機能	1級及び2級	3級から7級
		移動機能	1級から3級	4級から7級
心臓、じん臓若しく は呼吸器又はぼう こう若しくは直腸、 小腸、ヒト免疫不全 ウィルスによる免疫 若しくは肝臓の機 能の障害	心臓、じん臓若しくは呼吸 器又は小腸の機能障害		1級、3級及び4級	——
	ぼうこう又は直腸の 機能障害		1級及び3級	4級
	ヒト免疫不全ウィルスに よる免疫又は肝臓の機 能障害		1級から4級	——

(注)1.　上記の障害種別及び等級は、身体障害者福祉法施行規則別表第5号によるも
　　　　のである。
　　 2.　上記左欄に掲げる障害を2つ以上有し、その障害の総合の程度が上記第1種身
　　　　体障害者欄に準ずるものも第1種身体障害者とする。

知的障害者割引について

知的障害者に対しても身体障害者と同様の運賃割引を行っている（平成3年12月から実施）。

(注) 1. 「知的障害者」とは、「療育手帳制度について」（昭和48年9月厚生省発児第156号厚生事務次官通知）により定められた療育手帳制度要綱に規定する療育手帳の交付を受けている者をいう。

  2. 上記1の知的障害者を次に掲げる第1種知的障害者及び第2種知的障害者に分ける。

  (1) 「第1種知的障害者」とは、次に掲げる者をいう。

   ア．知能指数がおおむね35以下の者であって、日常生活において常時介護を要する程度のもの

   イ．肢体不自由、盲、ろうあ等の障害を有し、知能指数がおおむね50以下の者であって、日常生活において常時介護を要する程度のもの

  (2) 「第2種知的障害者」とは、（1）以外の者をいう。

運賃・料金改定の推移

JR（国鉄）

(単位：%)

	改定時期	昭和56.4.20	57.4.20	59.4.20	60.4.20	61.9.1	平成元.4.1	8.1.10	9.4.1	26.4.1	30.10.1	令和元.10.1
改定率	旅客	9.7	6.1	8.2	4.4	4.8	2.9	JR北海道 7.0 JR四国 6.7 JR九州 7.8	1.9	2.857	—	JR北海道 11.1 他JR5社 1.851
	貨物	9.7	6.3	4.2	3.1	—	3.0		1.9	2.857	10.0	

大手民鉄及び東京地下鉄

	改定時期	昭和61.2.5 (西鉄)	62.5.16 (関西5社及京成)	63.5.18 (関東6社除京成)	平成元.4.1 (14社及び営団)	2.3.21 (名鉄)	2.11.1 (営団)	3.11.20 (13社)	5.7.3 (西鉄)	7.9.1 (14社)
改定率	定期外	11.3	9.3	9.7	3.0	13.8	11.5	11.0	13.1	12.8
	定期運賃 通勤	14.8	10.2	10.6	3.0	14.6	12.2	18.0	22.7	17.0
	定期運賃 通学	15.3	10.6	10.7	3.0	16.9	11.1	13.8	16.6	13.8
	定期運賃 計	14.9	10.3	10.5	3.0	15.1	12.1	17.4	21.6	17.1
	合計	12.7	9.7	10.1	3.0	14.4	11.8	13.8	16.6	14.7
	（申請改定率）		(12.1)	(12.1)	—	(16.7)	(13.3)	(16.7)	(18.7)	(19.7)
定期平均割引率	通勤	48.7	45.7	48.0	14社 47.2 営団 47.1	48.6	45.0	43.4	43.7	41.5
	通学	81.9	80.5	80.6	81.1 81.7	83.1	68.8	80.2	81.2	79.9
申請年月日		60.12.4	62.1.23	63.1.23	元.2.8	元.11.2	2.8.24	3.7.5	5.4.2	7.1.19

	改定時期	7.9.1 (営団)	9.4.1 (14社及び営団)	9.7.1 (西鉄)	9.12.28 (5社)	11.3.10 (相鉄)	14.4.1 (西武)	17.3.20 (関東3社)	26.4.1 (15社及び東京地下鉄) 15社	26.4.1 東京地下鉄	令和元10.1 (15社及び東京地下鉄) 15社	令和元10.1 東京地下鉄
改定率	定期外	13.7	14社 1.96 営団 2.33	0.15	0.5	-0.3	1.5	-0.3	3.013	3.26	1.775	1.814
	定期運賃 通勤	14.7	14社 1.97 営団 1.54	19.7	1.8	1.8	1.8		2.656	2.331	1.847	1.903
	定期運賃 通学	13.5	14社 1.88 営団 1.19	18.4	1.6	9.6	1.6					
	定期運賃 計	14.6	14社 1.91 営団 1.51	19.5	1.8	9.2	1.8					
	合計	14.1	14社 1.93 営団 1.94	17.1	2.4	0.6	1.8	0.6	2.855	2.857	1.792	1.852
	（申請改定率）		(1.93) (1.94)	(17.1)	(2.4)	(0.6)	(1.8)	(0.6)	(2.855)	(2.857)	(1.792)	(1.852)
定期平均割引率	通勤	36.3	—	41.3	40.4	36.5	40.2	40.2	—	—	—	—
	通学	65.3	—	81.2	78.2	75.8	77.7	77.7	—	—	—	—
申請年月日		7.19	9.2.14	9.4.30	9.9.22	10.12.17	14.1.30	16.12.10	25.12.12～25.12.19		元.7.2	

(注) 1. 改定率は平均値である。

2. 国土交通省鉄道局資料による。

3. 営団は平成16.4.1より東京地下鉄となった。

消費者物価指数における運賃・料金のウエイト

(2015年基準　全国 〈1万分比〉

総	合		10,000
I	食	料	2,623
II	住	居	2,087
III	光	熱代	745
	電 気	代	356
	ガ ス	代	181
IV	家 具 ・ 家 事 用 品		348
V	被 服 及 び 履 物		412
VI	保 健 医 療		430
VII	交 通 通 信		1,476
	1. 交 通		224
	(1) J R 運 賃		86
	① 普 通 運 賃		35
	② 料 金		27
	③ 通 学 定 期		7
	④ 通 勤 定 期		17
	(2) 民 鉄 運 賃		42
	① 普 通 運 賃		21
	② 通 学 定 期		5
	③ 通 勤 定 期		16
	(3) バ ス 代		21
	(4) タ ク シ ー 代		18
	(5) 航 空 運 賃		22
	(6) 有 料 道 路 料 金		35
	2. 自 動 車 等 関 係 費		836
	3. 通 信		416
VIII	教 育		316
IX	教 養 娯 楽		989
X	諸 雑 費		574

(注) 総務省統計局「消費者物価指数の解説」による。

家計消費支出に占める交通費のウエイト

（全国平均）　　　　　　　　　　　　　　　　　　（令和3年1カ月平均）

項　　　　目	金　　額	構成比
消　費　支　出　金　額	233, 568円	100.00　%
食　　　　料　　　　費	66, 678	28.5
住　　　　居　　　　費	18, 620	8.0
光　熱　・　水　道　費	18, 307	7.8
家　具・家　事　用　品　費	10, 159	4.3
被　服　及　び　履　物　費	7, 691	3.3
保　健　・　医　療　費	11, 800	5.1
交　通　・　通　信　費	32, 432	13.9
教　　　　育　　　　費	6, 711	2.9
教　養　娯　楽　費	21, 809	9.3
そ　の　他　消　費　支　出	39, 360	16.9

		金　額	構成比
	交　　　通　　　費	2, 975	1.3
交通・通信費内訳	鉄　道　運　賃	866 }1,803	0.4 }0.8
	同　上　定　期	937	0.4
	バ　　ス　　代	157	0.1
	同　上　定　期	89	0.0
	タ　ク　シ　ー　代	339	0.1
	航　空　運　賃	146	0.1
	他　の　交　通　費	441	0.2
	通　　信　　費	11,326	4.8
	自　動　車　等　関　係　費	18, 131	7.8

（注）1. 総務省統計局「家計調査報告」（令和3年）による。
　　　2. 原資料は1年間の統計であるため、1／12を掛けて算出。

鉄道整備計画

新幹線鉄道一覧

	路 線 名	区　　　　間	キロ程 (km)	基本計画 決　　定	整備計画 決　　定	工事実施計 画認可申請
	東 海 道	東 京 ～ 新 大 阪	515	—	—	
	山 陽	新 大 阪 ～ 博 多	554	—	—	
	東 北	東 京 ～ 盛 岡	496	46. 1.18	46. 4. 1	46.10.12
営		盛 岡 ～ 八 戸	97	47. 6.29	48.11.13	60.12. 4
		八 戸 ～ 新 青 森	82	47. 6.29	48.11.13	60.12. 4
	上 越	大 宮 ～ 新 潟	270	46. 1.18	46. 4. 1	46.10.12
業	北 陸	高 崎 ～ 長 野	117	47. 6.29	48.11.13	60.12.25
		長 野 ～ 金 沢	228			
		⌈ 長 野 ～ 上 越	60	47. 6.29	48.11.13	60.12.25
線		｜ 上 越 ～ 富 山	110	47. 6.29	48.11.13	60.12.25
		⌊ 富 山 ～ 金 沢	59	47. 6.29	48.11.13	60.12.25
	九 州	博 多 ～ 新 八 代	130	47. 6.29	48.11.13	61. 8.29
		新八代～鹿児島中央	127	47. 6.29	48.11.13	61. 8.29
	北 海 道	新青森～新函館北斗	149	47. 6.29	48.11.13	14. 1. 8
	小　　　計		2,765			
工	北 海 道	新函館北斗～札幌	211	47. 6.29	48.11.13	14. 1. 8
	北 陸	金 沢 ～ 敦 賀	125	47. 6.29	48.11.13	長野～小松60.12.25 小松～南越 8. 3.28 南越～敦賀17.12.12
事	九 州	武雄温泉 ～ 長 崎	66	47.12.12	48.11.13	24. 6.12
線	中 央	品 川 ～ 名 古 屋	286	48.11.15	23. 5.26	26. 8.26
	小　　　計		688			
整備 計画 線	北 陸	敦 賀 ～ 大 阪	128	47. 6.29	48.11.13	
	九 州	新鳥栖 ～ 武雄温泉	51	47.12.12	48.11.13	
	中 央	名 古 屋 ～ 大 阪	152	48.11.15	23. 5.26	
	小　　　計		331			
	北 海 道	札 幌 ～ 旭 川		48.11.15		
	北海道南回り	長 万 部 ～ 札 幌		48.11.15		
基	羽 越	富 山 ～ 青 森		48.11.15		
	奥 羽	福 島 ～ 秋 田		48.11.15		
本	北陸・中京	敦 賀 ～ 名 古 屋		48.11.15		
	山 陰	大 阪 ～ 下 関		48.11.15		
計	中国横断	岡 山 ～ 松 江		48.11.15		
	四 国	大 阪 ～ 大 分		48.11.15		
画	四国横断	岡 山 ～ 高 知		48.11.15		
	東 九 州	福 岡 ～ 鹿 児 島		48.11.15		
線	九州横断	大 分 ～ 熊 本		48.11.15		
	小　　　計					

(注)　1) 国土交通省鉄道局資料による
　　　 2) 四捨五入のため合計は必ずしも一致しない。

工事実施 計画認可	備考
46.10.14	昭和39年10月1日開業 新大阪〜岡山間　昭和47年3月15日開業、岡山〜博多間　昭和50年3月10日開業 大宮〜盛岡間　昭和57年6月23日開業、上野〜大宮間　昭和60年3月14日開業 東京〜上野間　平成3年6月20日開業
3. 8.22	平成14年12月1日開業
10. 3.12	平成22年12月4日開業
46.10.14	昭和57年11月15日開業
元. 6.28	平成9年10月1日開業 平成27年3月14日開業
13. 4.25	平成23年3月12日開業
13. 4.25	平成16年3月13日開業
17. 4.27	平成28年3月26日開業
24. 6.29	平成24年6月12日に追加申請、着工は平成24年8月25日
24. 6.29	平成24年6月12日に追加申請、着工は平成24年8月19日
24. 6.29	着工は平成24年8月18日。ただし、武雄温泉〜諫早間は暫定整備計画に基づく
26.10.17	工事実施計画の認可により、着工は平成20年4月28日
	九州新幹線（福岡〜鹿児島間）と筑紫平野で分岐。キロ程は分岐点からの距離

全国新幹線鉄道網図

┌─ 凡 例 ─────────────────────────────┐

─━─━─ 営業中の新幹線

━━━━ 建設中区間

■ ■ ■ ■ ■ 未着工区間（工事実施計画未申請）

═════ 基本計画路線

└──────────────────────────────────┘

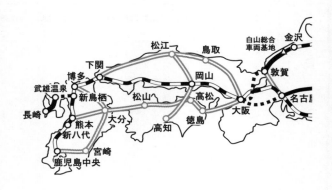

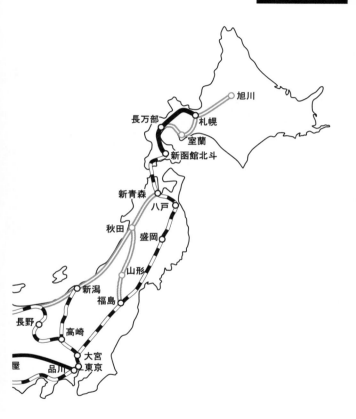

鉄道整備計画

整備新幹線 整備区間の概要図

北陸新幹線

白山総合車両所　金沢
加賀温泉　小松
芦原温泉
福井
越前たけふ
敦賀

北海道新幹線

新小樽（仮称）　札幌
倶知安
長万部
新八雲（仮称）
新函館北斗

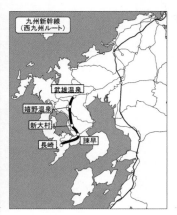

九州新幹線
（西九州ルート）

武雄温泉
嬉野温泉
新大村
長崎　諫早

■■■■■　建設中区間

（注）国土交通省鉄道局資料による。

整備新幹線について

1. 整備新幹線に係る主な経緯

昭和	45 年	5 月	全国新幹線鉄道整備法制定
	47 年	6 月	基本計画決定
	48 年	11 月	整備計画決定
	62 年	4 月	国鉄分割民営化
	63 年	8 月	政府・与党申合せ
平成	元年	1 月	政府・与党申合せ ┐ 旧基本スキームの策定
	2 年	12 月	政府・与党申合せ ┘
	3 年	10 月	鉄道整備基金設立
	6 年	2 月	連立与党申合せ、大蔵・運輸・自治 3 大臣申合せ
		12 月	連立与党申合せ、関係大臣（官房長官・大蔵・運輸・自治）申合せ
	8 年	12 月	政府与党合意（新スキームの策定）
	9 年	10 月	北陸新幹線高崎・長野間開業
	10 年	1 月	政府・与党整備新幹線検討委員会における検討結果（3 線 3 区間の新規着工等を決定）
	12 年	12 月	政府・与党申合せ（早期完成、新規着工等を決定）
	14 年	12 月	東北新幹線盛岡・八戸間開業
	16 年	3 月	九州新幹線新八代・鹿児島中央間開業
		12 月	政府・与党申合せ（早期完成、新規着工等を決定）
	21 年	12 月	整備新幹線問題検討会議、整備新幹線問題調整会議の設置「整備新幹線の整備に関する基本方針」及び「当面の整備新幹線の整備方針」の決定
	22 年	12 月	東北新幹線八戸・新青森間開業
	23 年	3 月	九州新幹線博多・新八代間開業
	23 年	12 月	政府・与党確認事項（3 線 3 区間の新規着工等を決定）
	27 年	1 月	政府・与党申合せ（新規着工 3 区間の開業前倒し等を決定）
	27 年	3 月	北陸新幹線長野・金沢間開業
	28 年	3 月	北海道新幹線新青森・新函館北斗間開業

2. 財源スキーム

国負担（注 1）	地方負担（注 2）	貸付料収入等
国2	地方1	

（注 1）公共事業関係費及び既設新幹線譲渡収入（平成 3 年 10 月に JR 東日本、東海、西日本に既に建設された新幹線鉄道施設（東海道、山陽、東北及び上越新幹線）を譲渡した際の代金の一部。）。

（注 2）地方公共団体は、公共事業関係費と既設新幹線譲渡収入の合計額の 2 分の 1 を負担。（所要の地方交付税措置を講ずる。）

特定都市鉄道整備事業計画の概要

(1) 特定都市鉄道整備事業計画（昭和62年12月28日認定、平成9年3月20日一部変更、平成9年11月14日一部変更）

大都市圏においては、通勤・通学時の著しい鉄道混雑を緩和するため、特定都市鉄道整備積立金制度の活用により複々線化等の大規模な輸送力増強工事の促進が図られることとなっているが、認定を受けた各事業者の特定都市鉄道整備事業計画は次のとおりである。

事業者名	特定都市鉄道工事名	竣工年度	工事費	積立割合	混雑率の区間	認定時	竣工後	所要区間（朝方ラッシュ時）	種別	認定時	短縮後
東武	伊勢崎線 竹ノ塚～北越谷間複々線化工事及び北千住駅改良工事	平成9年度	840億円	3%	伊勢崎線 小菅→北千住	184%	(207) 161%	伊勢崎線 越谷→北千住	準急	25分	18分
									普通	32分	29分
西武	池袋線（新桜台～石神井公園間）複々線化工事	平成13年度	925億円	6%	池袋線 椎名町→池袋	208%	(214) 151%	所沢→池袋	急行	33分	29分
									普通	46分	42分
京王	京王線 長編成化工事	平成9年度	303億円	6%	京王線 下高井戸→明大前	189%	(196) 176%	京王八王子→新宿	急行	67分	64分
	井の頭線 車両大型化工事	平成9年度	329億円		井の頭線 神泉→渋谷	181%	(182) 166%	—	—	—	—
小田急	東北沢～和泉多摩川間複々線化工事	平成16年度	2,563億円	6%	小田原線 世田谷代田→下北沢	208%	(227) 160%	向ヶ丘遊園→新宿	急行	33分	21分
									普通	40分	34分
東急	目黒線 目黒～多摩川間改良工事 東横線 多摩川～日吉間複々線化工事	平成9年度	2,108億円	9%	東横線 祐天寺→中目黒	195%	(223) 162%	東横線 日吉→渋谷	急行	24分	22分
									普通	28分	26分
					目黒線 目黒→不動前	171%	(177) 161%	東横線/目黒線 日吉→目黒	急行	26分	17分
									普通	28分	22分

（注）
1. 混雑率欄及び所要時間の短縮欄の認定時は、昭和61年度実績を示す。
2. 混雑率欄の（　）内は、工事を実施しない場合を示す。
3. 国土交通省鉄道局資料による。

(Ⅱ) (平成7年3月20日認定、平成9年11月14日一部変更、平成12年11月17日一部変更、平成13年3月30日一部変更)

事業者名	特定都市鉄道工事名	竣功年度	工事費	積立割合	輸送力改善目標 混雑率 区間	認定時	緩和後	(朝方ラッシュ時)の所要時間 区間	種別	認定時	竣工後
東武	伊勢崎線 11号線直通化工事	平成16年度	843億円	3%	伊勢崎線 小菅→北千住	195%	154%(157)	野田線 春日部→大宮	普通	26分	24分
	野田線 複線化工事	平成16年度	301億円		野田線 大宮→大宮公園	169%	154%(166)	野田線 柏→船橋	普通	36分	33分
					野田線 豊春→春日部	177%	166%(181)		普通		33分
	東上線 輸送力増強工事	平成16年度	164億円 計1,309億円		野田線 新船橋→船橋	150%	148%(148)	東上線	普通	36分	33分
					東上線 北池袋→池袋	170%	161%(161)				
					東上線 朝霞→和光市	170%	150%(172)				
東急	大井町線 二子玉川間改良工事 田園都市線 二子玉川~溝の口間複々線化工事	平成26年度	1,400億円	2%	田園都市線 池尻大橋→渋谷	194%	173%(194)	田園都市線/大井町線 溝の口→大井町	急行	32分	22分
									普通	33分	31分

(注) 1. 混雑率の緩和率及び所要時間分の短縮機構の認定時点は、平成5年度実績を示す。
2. 混雑率の緩和率の程度の欄の( )内は、工事を実施しない場合を示す。
3. 国土交通省鉄道局資料による。

(Ⅲ) (平成17年2月10日認定)

事業者名	特定都市鉄道工事名	竣功年度	工事費	積立割合	輸送力改善目標 混雑率 区間	認定時	緩和後	(朝方ラッシュ時)の所要時間 区間	種別	認定時	竣工後
東急	渋谷~横浜間改良工事	平成26年度	1,581億円	2%	東横線 祐天寺→中目黒	173%	145%(161)	東横線 横浜→渋谷	通勤特急	37分	32分
									急行	38分	35分

(注) 1. 認定時欄は、平成15年度の実績を示す。
2. 竣工後欄の( )内は、工事を実施しない場合を示す。

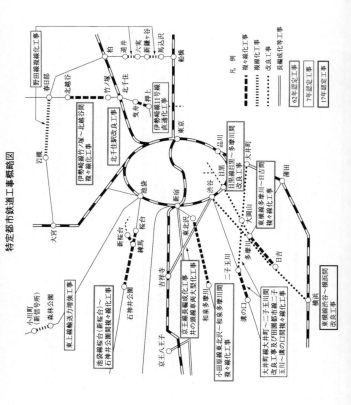

特定都市鉄道工事概略図

三大都市圏における答申

　三大都市圏においては、概ね答申に沿った形で鉄道の整備がなされてきたところである。各都市圏の直近の答申は次のとおりである。

○　東京圏
　　平成 28. 4. 20　交通政策審議会答申第 198 号（目標年次：平成 42 年）

○　名古屋圏
　　平成 4. 1. 10　運輸政策審議会答申第 12 号（目標年次：平成 20 年）

○　大阪圏
　　平成 16. 10. 8　近畿地方交通審議会答申第 8 号（目標年次：平成 27 年）

東 京 圏 鉄 道 網 図

（平成28年4月 交通政策審議会答申第198号）

東京圏鉄道網図（都区部、横浜・川崎）

（平成28年4月 交通政策審議会答申第198号）

都 区 部

横 浜 ・ 川 崎

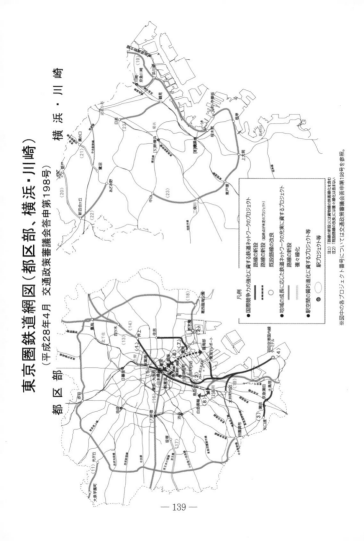

凡例

- 国際競争力の強化に資する鉄道ネットワークのプロジェクト
  - 路線の新設
  - 路線の新設（成田の延伸プロジェクト）
  - 既設路線の改良
- 地域の成長に応じた鉄道ネットワークの充実に資するプロジェクト
  - 路線の新設
  - 路線の新設
  - 複々線化
- 空港間の質の強化に資するプロジェクト等
  - 駅プロジェクト等

注1）「路線の新設」は鉄道新線の新設等を示す
注2）「既設路線の改良」は連続立体交差化等を示す

※図中の各プロジェクト番号については交通政策審議会答申第198号を参照。

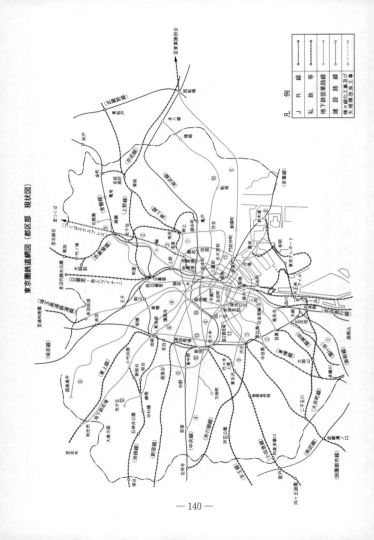

東京圏鉄道網図（都区部 現状図）

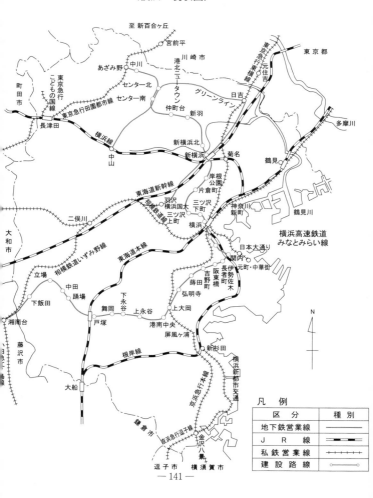

（横浜　現状図）

凡 例	
区　分	種　別
地下鉄営業線	
Ｊ Ｒ 　線	
私鉄営業線	
建 設 路 線	

—141—

名古屋圏 (名古屋市部) (答申図)

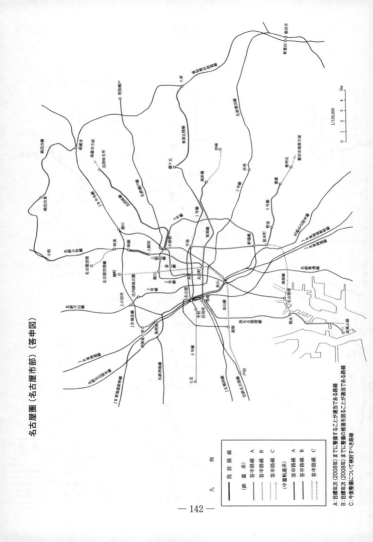

凡例

鉄 道 系	
既 設 路 線	
答申路線 A	
答申路線 B	
答申路線 C	
中低速鉄道系	
答申路線 A	
答申路線 B	
答申路線 C	

A：目標年次 (2008年) までに整備することが適当である路線
B：目標年次 (2008年) までに整備の推進を図ることが適当である路線
C：今後整備について検討すべき路線

1/130,000

0 1 2 3 4 5km

凡例

JR線	私鉄	地下鉄営業線	新交通システム

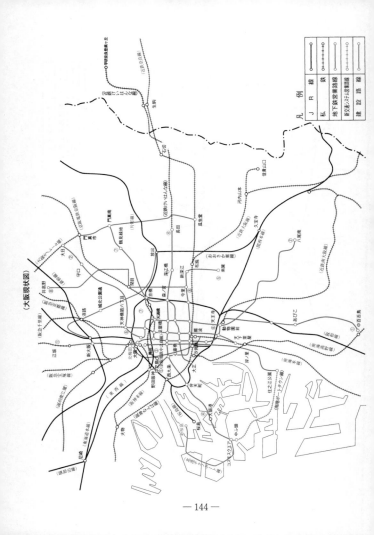

（大阪環状図）

京阪神圏において、既存施設の改良に関し検討すべき主な事業
（平成16年10月 近畿地方交通審議会答申第8号）（抜粋）

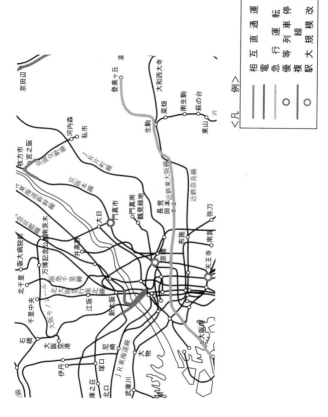

<凡 例>

相互直通運転化
電急優等列車運転化
複線化
駅大規模改良

京阪神圏において、中長期的に望まれる鉄道ネットワークを構成する新たな路線
（平成16年10月 近畿地方交通審議会答申第8号）（抜粋）

凡 例

━━━ 既設路線
━━━ 事業中路線
═══ 中長期的に望まれる鉄道ネットワークを構成する新たな路線

京阪神圏において、中長期的に望まれる鉄道ネットワークを構成する新たな路線
(平成16年10月 近畿地方交通審議会答申第8号) (抜粋)

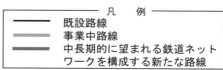

（京都現状図）

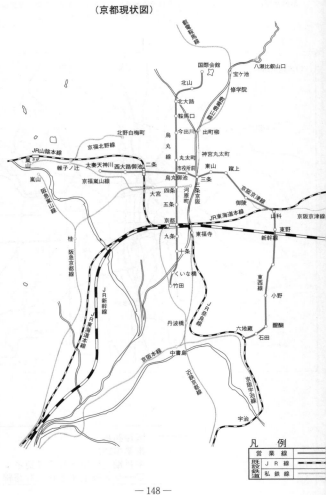

凡　例

営 業 線	
既設鉄道	JR線
	私鉄線

京阪神圏において、既存施設の改良に関し検討すべき主な事業
(平成16年10月 近畿地方交通審議会答申第8号）（抜粋)

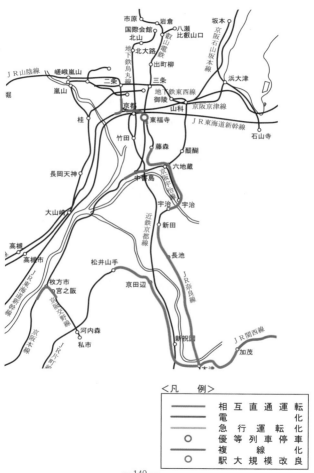

京阪神圏において、中長期的に望まれる鉄道ネットワークを構成する新たな路線

(平成16年10月 近畿地方交通審議会答申第8号)（抜粋）

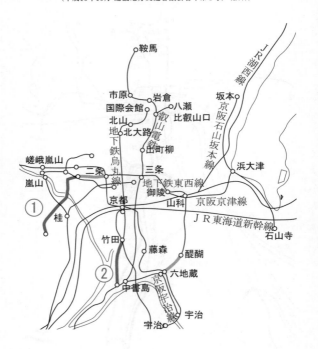

凡 例

━━━	既設路線
━━━	事業中路線
━━━	中長期的に望まれる鉄道ネットワークを構成する新たな路線

（神戸現状図）

（阪急神戸線）
（阪神神戸線）
住吉
（東海道本線）
（神戸新通六甲アイランド線）
マリンパーク
新神戸
三宮
谷上
三宮・花時計前
（神戸新交通ポートアイランド線）
神戸
和田岬
大倉山
新開地
（神戸電鉄湊神線）
（和田岬線）
湊川
鈴蘭台
（神戸電鉄有馬線）
（新幹線）
新長田
（神戸電鉄粟生線）
（三菱電鉄本線）
山陽本線
名谷
学園都市
西神中央

凡　例

J　R　　線	o——o
私　　　　鉄	o—•—•—•—o
地下鉄　営業路線	o——o

— 151 —

京阪神圏において、既存施設の改良に関し検討すべき主な事業
(平成16年10月 近畿地方交通審議会答申第8号)（抜粋）

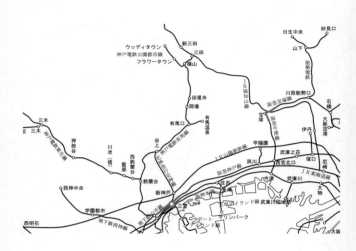

<凡　例>

────	相 互 直 通 運 転
────	電　　　　　　化
────	急 行 運 転 化
○	優 等 列 車 停 車
────	複　　線　　化
◎	駅 大 規 模 改 良

独立行政法人鉄道建設・運輸施設整備支援機構による建設状況

　機構は、鉄道交通網の整備を図るため、令和3年7月現在、次表の5社4路線（4区間）の建設を行っている。

種　別	事 業 者 名	線　名	区　　　　　間	建 設 延 長 (キロ)	完 成 予 定
新幹線 (G線)	北海道旅客鉄道	北海道新幹線	新函館北斗・札幌間	211.9	新青森・新函館北斗間の開業から概ね20年後※
	西日本旅客鉄道	北 陸 新 幹 線	金沢・敦賀間	114.6	令和5年度末
	九州旅客鉄道	九 州 新 幹 線	武雄温泉・長崎間	67.0	令和4年度
都市鉄道利便増進事業	相 模 鉄 道 東 急 電 鉄	相鉄・東急直通線	横浜羽沢付近・日吉間	10.0	令和4年度下期
		計(5社 4路線4区間)		403.5	

（注）国土交通省鉄道局資料による。
※　平成27年1月14日の政府・与党申合せにおいて、沿線地方公共団体の最大限の取組を前提に、完成・開業時期の前倒しを図ることとされた。
　・北海道新幹線（新函館北斗・札幌間）：完成・開業時期を令和17年度から5年前倒しし、令和12年度末の完成・開業を目指す。

鉄道整備状況と投資実績

　鉄道・運輸機構による民鉄線建設方式は、鉄道・運輸機構が鉄道施設を建設し、完成後 25 年元利均等償還の条件で事業者に譲渡するもので、譲渡後 25 年（ニュータウン線については 15 年）間は年 5 ％を上回る分の利子補給を国と地方公共団体が折半して行っている。なお、平成 11 年度から、東葉高速線については、利子の 1 ％相当分を猶予することに伴う、新規調達資金にかかる利子について国が 1／3、地方が 2／3、千葉急行線については、平成 10 年度に売却した鉄道施設にかかる資金の金利負担と売却収入の活用益との差額を国が全額、北神急行線については、平成 14 年に一括線上償還を受けた、鉄道施設にかかる資金の金利負担と償還金の活用益との差額を国が全額それぞれ利子補給を行っている。

(単位：千円)

年度	利子補給金額	対象路線数	年度	利子補給金額	対象路線数
昭和 58	1,863,390	10	15	743,406	25
59	1,943,419	10	16	743,040	25
60	1,872,949	12	17	743,000	23
61	2,095,926	13	18	743,000	19
62	2,652,944	13	19	743,000	18
63	2,846,908	15	20	743,000	18
平成 元	2,791,375	17	21	328,000	18
2	2,869,351	18	22	328,000	18
3	3,257,343	18	23	328,000	18
4	2,863,851	19	24	202,000	18
5	2,154,565	19	25	202,000	17
6	1,379,270	19	26	202,000	16
7	1,173,308	19	27	137,000	16
8	978,209	21	28	137,000	15
9	822,600	22	29	91,000	15
10	453,544	22	30	73,000	15
11	761,855	22	令和元	52,000	15
12	735,872	22	2	41,000	15
13	542,000	24	3	26,000	15
14	743,031	26			

(注）令和 3 年度は予算額である。

（譲渡線）

（令和 3 年 4 月現在）

種別	事業者名	線名	区間	キロ程	譲渡年月日
Ⓝ	小 田 急 電 鉄	多 摩 線	新 百 合 ヶ 丘 ～ 小 田 急 永 山	7.5	S49. 5.29
〃	〃	〃	小 田 急 永 山 ～ 小 田 急 多 摩 センター	2.6	S50. 4.16
〃	〃	〃	小 田 急 多 摩 センター ～ 唐 木 田	1.7	H2. 3.26
増	〃	小 田 原 線	代 々 木 上 原 ～ 東 北 沢	0.5	S53. 3.30
〃	〃	〃	成 城 学 園 前 ～ 和 泉 多 摩 川 (一部)	2.3	H7. 4.24
改	〃	〃	成 城 学 園 前 ～ 和 泉 多 摩 川 (一部)	(2.3)	H9. 3.31
改	〃	〃	千 歳 船 橋 ～ 祖 師 ヶ 谷 大 蔵 (一部)	0.8	H9.12. 6
改	〃	〃	豪 徳 寺 ～ 千 歳 船 橋 (一部)	0.6	H10.10.31
改	〃	〃	千 歳 船 橋 ～ 成 城 学 園 前 (一部)	1.2	H11. 3.31
改	〃	〃	豪 徳 寺 ～ 成 城 学 園 前 (一部)	(1.8)	H12. 6.10
改	〃	〃	経 堂 ～ 祖 師 ヶ 谷 大 蔵 (一部)	1.1	H13.10.27
改	〃	〃	世 田 谷 代 田 ～ 喜 多 見 (一部)	2.6	H14. 3.30
改	〃	〃	世 田 谷 代 田 ～ 祖 師 ヶ 谷 大 蔵 (一部)	(2.7)	H14.12.14
改	〃	〃	経 堂 ～ 祖 師 ヶ 谷 大 蔵 (一部)	(1.1)	H15.12.13
改	〃	〃	世 田 谷 代 田 ～ 喜 多 見 (一部)	(2.6)	H16.12.10
改	〃	〃	東 北 沢 ～ 世 田 谷 代 田 (一部)	2.3	H25. 3.22
改	〃	〃	東 北 沢 ～ 世 田 谷 代 田 (一部)	(2.3)	H30. 3. 2
Ⓝ	京 王 電 鉄	相 模 原 線	京 王 よみうりランド ～ 京 王 多 摩 センター	10.2	S49.10.14
〃	〃	〃	京 王 多 摩 センター ～ 南 大 沢	4.9	S63. 5.20
〃	〃	〃	南 大 沢 ～ 橋 本	3.9	H2. 3.29
増	〃	京 王 線	新 宿 ～ 笹 塚	3.6	S53.10.30
直	東 京 急 行 電 鉄	新 玉 川 線	渋 谷 ～ 二 子 玉 川 園	9.6	S52. 4. 4
〃	名 古 屋 鉄 道	瀬 戸 線	栄 町 ～ 東 大 手	1.6	S53. 8.18
〃	〃	豊 田 線	黒 笹 ～ 梅 坪	8.1	S54. 7.27
Ⓝ	北 総 開 発 鉄 道	北 総 線	北 初 富 ～ 小 室	7.9	S54. 3. 8
〃	〃	〃	京 成 高 砂 ～ 新 鎌 ヶ 谷	11.7	H3. 3.30
直	西 武 鉄 道	西 武 8 号 線	新 桜 台 ～ 小 竹 向 原	1.4	S58. 9.30
〃	〃	〃	練 馬 ～ 新 桜 台 (一部)	0.2	S61. 4. 1
〃	〃	〃	練 馬 ～ 新 桜 台 (一部)	1.9	H6.12. 6
Ⓝ	〃	〃	練 馬 ～ 新 桜 台 (一部)	(1.5)	H10. 3.25
〃	〃	〃	練 馬 ～ 新 桜 台 (一部)	(0.8)	H12. 3.28
増	〃	西 武 池 袋 線	富 士 見 台 ～ 石 神 井 公 園 (一部)	1.0	H6.12. 6
〃	〃	〃	練 馬 ～ 練 馬 高 野 台 (一部)	1.8	H10. 3.25

種別	事業者名	線名	区　　　間	キロ程	譲渡年月日
〃	〃	〃	練　　　馬 ～ 中 村 橋（一部）	0.4	H13. 3. 3
〃	〃	〃	練　　　馬 ～ 練馬高野台（一部）	(1.8)	H13. 12. 14
〃	〃	〃	練　　　馬 ～ 中 村 橋（一部）	(0.7)	H15. 3. 11
〃	〃	〃	練 馬 高 野 台 ～ 石神井公園（一部）	1.0	H22. 2. 6
〃	〃	〃	練 馬 高 野 台 ～ 石神井公園（一部）	(1.0)	H23. 4. 16
〃	〃	〃	練 馬 高 野 台 ～ 石神井公園（一部）	(1.0)	H24. 6. 28
〃	〃	〃	練 馬 高 野 台 ～ 石神井公園（一部）	(1.0)	H24. 11. 17
〃	京 成 電 鉄	京 成 本 線	青　　　砥 ～ 京 成 高 砂	0.6	S58. 6. 30
〃	東 武 鉄 道	伊 勢 崎 線	竹 ノ 塚 ～ 谷 塚（一部）	(0.3)	S60. 3. 31
〃	〃	〃	竹 ノ 塚 ～ 松原団地（一部）	(3.4)	S62. 3. 31
〃	〃	〃	竹 ノ 塚 ～ 松原団地（一部）	4.2	S63. 8. 8
〃	〃	〃	草　　　加 ～ 蒲 生（一部）	2.9	H1. 3. 31
〃	〃	〃	草　　　加 ～ 蒲 生（一部）	(2.2)	H4. 3. 31
〃	〃	〃	新　　　田 ～ 北 越 谷（一部）	4.2	H6. 11. 1
〃	〃	〃	新　　　田 ～ 北 越 谷（一部）	(4.2)	H9. 3. 24
〃	〃	〃	越　　　谷 ～ 北 越 谷（一部）	2.8	H11. 9. 8
〃	〃	〃	越　　　谷 ～ 北 越 谷（一部）	(2.8)	H13. 3. 27
〃	〃	〃	曳　　　舟 ～ 業 平 橋（一部）	1.3	H15. 3. 18
〃	〃	〃	曳　　　舟 ～ 業 平 橋（一部）	(1.3)	H16. 9. 30
〃	〃	東 上 線	朝　　　霞 ～ 志 木（一部）	(3.2)	S60. 5. 31
〃	〃	〃	和 光 市 ～ 志 木	7.0	S62. 8. 24
〃	〃	〃	森 林 公 園 ～ 武蔵嵐山（一部）	4.4	H14. 3. 25
〃	〃	〃	武 蔵 嵐 山 ～ 武蔵嵐山信号場（一部）	2.8	H17. 3. 16
直	近 畿 日 本 鉄 道	東 大 阪 線	長　　　田 ～ 生　　　駒	10.3	S61. 9. 30
〃	北 神 急 行 電 鉄	北 神 線	新 神 戸 ～ 谷　　　上	7.9	S63. 3. 31
地	京 阪 電 気 鉄 道	鴨 東 線	三 条 ～ 出 町 柳	2.3	H1. 9. 30
N	千 葉 急 行 電 鉄	千 葉 急 行 線	千 葉 中 央 ～ 大 森 台（一部）	4.3	H4. 3. 31
〃	〃	〃	大 森 台 ～ ちはら台（一部）	6.8	H7. 3. 31
地	東 京 モ ノ レ ー ル	東京モノレール羽田線	整 備 場 ～ 羽 田 空 港	5.3	H5. 9. 26
〃	〃	〃	羽 田 空 港 ～ 羽田空港第 2 ビル（一部）	0.7	H16. 11. 30
直	東 葉 高 速 鉄 道	東 葉 高 速 線	西 船 橋 ～ 東 葉 勝 田 台	16.1	H8. 4. 26
地	関 西 高 速 鉄 道	片 福 連 絡 線	京 橋 ～ 尼 崎	10.3	H9. 3. 7
〃	京 都 高 速 鉄 道	東 西 線	御 陵 ～ 三 条 京 阪	3.5	H9. 10. 11
〃	埼 玉 高 速 鉄 道	埼玉高速鉄道線	鳩 ヶ 谷 ～ 浦 和 美 園	8.4	H13. 3. 27
〃	東京臨海高速鉄道	臨海副都心線	東 京 テ レ ポ ー ト ～ 天王洲アイル（一部）	2.9	H13. 3. 30

種別	事業者名	線名	区間	キロ程	譲渡年月日
〃	〃	〃	天王洲アイル～大崎（一部）	4.0	H14.11.30
〃	〃	〃	東京テレポート～大崎（一部）	(6.9)	H15.11.30
〃	横浜高速鉄道	みなとみらい21線	横浜～元町・中華街	4.3	H16. 1.31
〃	〃	〃	横浜～元町・中華街（一部）	(4.3)	H20. 3.31
		計	（19社　24路線　30区間）	210.0	

(注) 1. キロ程（ ）書は、譲渡区間が重複するためキロ程合計には含まない。
　　 2. 国土交通省鉄道局資料による。
　　 3. 平成10年10月1日に千葉急行電鉄が京成電鉄に営業譲渡されたため、現在、「千葉急行電鉄千葉急行線」は「京成電鉄ちはら線」となっている。
　　 4. 平成21年4月1日に京都高速鉄道が京都市に事業譲渡されたため、現在、「京都高速鉄道東西線」は「京都市営地下鉄東西線」となっている。
　　 5. 令和2年6月1日に北神急行電鉄が神戸市に事業譲渡されたため、現在、「北神急行電鉄北神線」は「神戸市営地下鉄北神線」となっている。
　　 6. 種別欄の「N」はニュータウン線、「増」は複線及び複々線線増、「地」は地下鉄新線、「直」は地下鉄直通乗り入れを表す。

独立行政法人鉄道建設・運輸施設整備支援機構による投資額の推移

(単位：億円)

分類　　年度	平成17	18	19	20	21	22	23	24	25	26	27	28	29	30	令和元	2
鉄道・運輸機構																
1.地方開発線及び地方幹線																
2.主要幹線及び大都市交通線																
3.海峡連絡線																
4.新幹線	2,253	2,509	2,687	3,178	3,665	3,321	2,934	2,893	2,693	2,038	1,513	1,824	2,496	3,257	4,072	4,939
5.幹線鉄道高規格化事業																
6.民鉄線	52	62	85	98	91	84	83	61	38	35	35	36	19	42		
7.主要幹線鉄道																
8.都市鉄道線	245	80	25													
9.都市鉄道利便増進事業		8	20	31	54	119	93	113	157	179	260	408	439	478	467	328
計	2,552	2,661	2,818	3,307	3,811	3,525	3,112	3,068	2,888	2,252	1,809	2,269	2,956	3,759	4,539	5,268

(注) 1. 単位未満切捨により処理を行っているため、合計が合わない場合がある。
　　 2. 国土交通省鉄道局資料

地下鉄の建設線の状況

(令和3年7月1日現在)

圏域	事業者名	号線	路線名	区　間		建設キロ
大阪	関西高速鉄道		なにわ筋線	大　　阪	JR難波・南海新今宮	7.2
福岡	福　岡　市	3	七　隈　線	天　神　南	博　　多	1.4
合　　　計			2			1.4
事業主体別	公営事業者		1			1.4
	第三セクター		1			7.2

(注) 国土交通省鉄道局資料による。

地下鉄の建設費

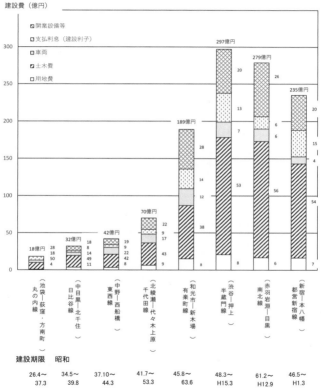

キロ当たり
建設費（億円）

凡例:
- 開業設備等
- 支払利息（建設利子）
- 車両
- 土木費
- 用地費

	丸の内線 （池袋〜荻窪・方南町）	日比谷線 （中目黒〜北千住）	東西線 （中野〜西船橋）	千代田線 （北綾瀬〜代々木上原）	有楽町線 （和光市〜新木場）	半蔵門線 （渋谷〜押上）	南北線 （赤羽岩淵〜目黒）	都営新宿線 （新宿〜本八幡）
合計	18億円	32億円	42億円	70億円	189億円	297億円	279億円	235億円
開業設備等	28	18	19	22	28	20	26	20
支払利息	18	9	9	9	14	13	6	15
車両	50	8	22	17	12	7	6	4
土木費	4	14	42	43	38	53	56	54
用地費		49 11	8	9	8	8	6	7

建設期限 昭和

丸の内線	日比谷線	東西線	千代田線	有楽町線	半蔵門線	南北線	都営新宿線
26.4〜 37.3	34.5〜 39.8	37.10〜 44.3	41.7〜 53.3	45.8〜 63.6	48.3〜 H15.3	61.2〜 H12.9	46.5〜 H1.3

（注）東京地下鉄及び東京都交通局資料による。

地下鉄の整備に対する補助額の推移

年度	計	東京地下鉄	東京都	名古屋市	大阪メトロ	横浜市	札幌市	神戸市
昭和59	49,002	4,769	6,053	5,848	6,037	5,141	4,388	3,518
60	46,052	474	7,493	5,938	6,179	4,544	4,532	2,935
61	43,448	845	5,904	5,413	5,496	4,794	3,966	3,666
62	42,302	538	6,433	5,196	5,600	4,399	3,915	3,421
63	42,249	349	5,996	4,288	5,889	4,468	3,522	3,260
平成元	144,976	847	14,838	25,494	20,952	8,888	27,951	3,803
2	39,597	1,882	3,609	7,362	6,192	2,866	5,513	1,716
3	60,256	1,265	6,850	11,536	9,745	5,547	7,688	2,725
4	68,200	4,910	7,826	11,090	13,396	5,483	7,637	1,846
5	87,332	31,437	7,364	11,388	12,101	5,155	7,322	677
6	55,965	30	7,277	11,764	15,239	4,167	6,022	676
7	87,296	19,731	8,752	13,980	19,405	5,718	5,579	1,327
8	73,951	3,565	9,026	14,438	16,619	6,823	5,801	2,827
9	60,463	30	9,368	11,099	5,656	8,005	4,565	5,162
10	100,462	32,575	19,663	12,297	1,876	6,177	3,663	6,112
11	84,720	9,850	32,858	9,472	2,808	3,884	2,718	4,920
12	69,853	12,432	16,518	8,886	4,158	2,197	2,152	5,099
13	66,562	15,140	20,761	7,237	2,747	1,225	1,404	2,643
14	52,426	11,403	24,740	2,025	1,257	1,420	718	13
15	47,078	6,311	18,688	3,143	3,227	795	144	48
16	40,495	1,242	17,256	1,247	5,454	2,528	－	33
17	33,950	1,404	13,032	1,109	6,186	1,769	39	－
18	30,282	897	11,262	1,371	2,763	2,500	82	45
19	34,374	1.033	11,566	2,146	371	2,898	124	－
20	27,887	100	11,452	2,731	257	143	484	－
21	24,177	1,044	11,691	3,494	653	－	5	－
22	19,518	2,426	10,801	3,056	750	－	59	－
23	22,610	2,541	11,793	332	658	－	32	－
24	19,217	1,235	6,096	105	438	－	360	－
25	16,814	2,050	6,581	32	574	3	2	47
26	11,279	2,068	590	440	793	－	56	87
27	11,673	2,635	683	1,050	1,358	121	195	52
28	6,295	2,446	323	811	852	483	320	49
29	7,079	2,147	1,723	386	791	691	118	137
30	5,726	1,486	1,016	458	649	538	50	75
令和元	5,686	989	1,222	531	388	493	252	4
2	6,164	182	1,997	1,061	328	134	288	20

(注)　1.　地下高速鉄道整備事業費補助における決算額の推移（国による補助額）
　　　2.　国土交通省鉄道局資料による。
　　　3.　端数整理のため合計額が合わない場合がある。

(単位：百万円)

京都市	福岡市	仙台市	川崎市	埼玉高速	上飯田	広島高速	神戸高速	中之島高速	西大阪高速	関西高速
2,652	7,885	2,711	–	–	–	–	–	–	–	–
3,056	7,510	3,391	–	–	–	–	–	–	–	–
2,949	9,083	1,332	–	–	–	–	–	–	–	–
2,929	8,660	1,211	–	–	–	–	–	–	–	–
2,449	7,933	4,096	–	–	–	–	–	–	–	–
11,545	9,428	21,684	–	–	–	–	–	–	–	–
2,740	3,932	3,785	–	–	–	–	–	–	–	–
3,665	5,398	5,837	–	–	–	–	–	–	–	–
5,070	4,163	6,779	–	–	–	–	–	–	–	–
5,044	2,081	3,890	–	873	–	–	–	–	–	–
6,119	1,450	2,471	–	717	33	–	–	–	–	–
7,889	1,453	1,248	–	912	136	1,166	–	–	–	–
8,882	2,160	70	–	1,980	785	975	–	–	–	–
8,977	3,081	23	–	2,875	838	780	4	–	–	–
7,946	3,509	52	–	4,324	1,683	585	–	–	–	–
8,311	2,733	192	–	4,835	1,554	585	–	–	–	–
9,162	3,704	143	–	2,276	2,541	585	–	–	–	–
7,907	4,763	92	129	177	1,674	585	–	53	25	–
6,149	2,703	79	58	–	1,048	585	–	179	51	–
5,341	5,175	119	8	–	40	585	–	2,183	1,271	–
3,433	2,500	93	–	–	–	390	–	4,557	1,761	–
1,315	278	831	–	–	–	1	–	4,916	3,070	–
68	5	1,579	–	–	–	–	–	5,598	4,112	–
–	–	1,755	–	–	–	–	–	8,291	6,190	–
–	–	1,894	–	–	–	–	–	5,715	5,112	–
–	–	6,786	–	–	–	–	–	522	147	–
–	–	2,426	–	–	–	–	–	–	–	–
–	–	7,254	–	–	–	–	–	–	–	–
–	22	10,961	–	–	–	–	–	–	–	–
20	447	7,058	–	–	–	–	–	–	–	–
53	600	6,593	–	–	–	–	–	–	–	–
138	774	4,667	–	–	–	–	–	–	–	–
10	589	411	–	–	–	–	–	–	–	–
11	910	166	–	–	–	–	–	–	–	–
12	1,365	77	–	–	–	–	–	–	–	–
12	1,591	–	–	–	–	–	–	–	–	204
8	1,644	13	–	–	–	–	–	–	–	490

　補助方式は、昭和53年度からは10年間の分割交付、平成3年度以降の補助採択分は整備当年度における一括交付としている。なお、平成6年からは地方公営企業に準じる第三セクターが補助対象事業者として追加されている。（補助率35％、地方公共団体との協調補助）

地下鉄整備のための投資額の推移

平成11年度以降の地下鉄網整備のための総投資額は、次のとおりである。

(単位:億円)

年度 / 事業者名	11	12	13	14	15	16	17	18	19	20	21	22	23	24	25	26	27	28	29	30	令和元年
東京地下鉄	463(452)	530(520)	582(571)	521(508)	225(222)	68(62)	85(80)	187(180)	386(376)	263(251)	188(162)	27(27)	12(12)	22(22)	5(5)	-	-	-	-	-	-
関西高速鉄道	-	-	-	-	-	-	-	-	-	-	-	-	-	-	-	-	-	-	-	10(10)	12(12)
札幌市	-	-	-	-	-	-	-	-	-	-	-	-	-	-	-	-	-	-	-	-	-
仙台市	0.1(0.1)	3(3)	4(4)	3(3)	5(5)	4(4)	32(32)	61(61)	73(72)	89(88)	255(253)	98(95)	287(282)	428(422)	284(278)	266(258)	282(276)	16(16)	6(6)	3(3)	-
東京都	1,011	1,325	539	516	490	465	455	434	427	416	416	415	415	415	-	-	-	-	-	-	-
川崎市	-	-	10	10	4	3	3	-	-	-	-	-	-	-	-	-	-	-	-	-	-
横浜市	212	89	120	131	212	344	290	302	381	73	8	3	1	1	1	1	-	-	-	-	-
名古屋市	307	285	269	240	212	139	33	51	93	142	154	160	7	-	-	-	-	-	-	-	-
京都市	35	80	90	188	132	85	19	28	74	-	-	-	-	-	-	-	-	-	-	-	-
大阪市	143	188	117	175	219(214)	434(427)	668(656)	405(390)	5(5)	-	-	-	-	-	-	-	-	-	-	-	-
神戸市	442	508	280	14	-	-	-	-	-	-	-	-	-	-	-	-	-	-	-	-	-
福岡市	234	303	443	483	417(396)	433(412)	12(12)	1(1)	-	-	-	-	-	3(3)	20(20)	23(23)	31(31)	31(31)	43(43)	57(57)	66(66)
公営計	2,414.1	2,782	1,871	1,760	1,702(1,676)	1,907(1,879)	1,512(1,500)	1,282(1,267)	1,053(1,053)	720(719)	833(831)	677(95)	710(282)	847(425)	305(298)	290(281)	313(307)	47(47)	49(49)	60(60)	66(66)
合計	2,877.1(2,866.1)	3,312(3,302)	2,453(2,442)	2,281(2,268)	1,927(1,898)	1,975(1,941)	1,597(1,580)	1,469(1,447)	1,439(1,429)	983(971)	1,021(993)	704(122)	722(294)	869(447)	310(303)	290(281)	313(307)	47(47)	49(49)	70(70)	78(78)

(注) 1. 各事業者の決算による。( )内は、建設関連利子を除いた額。
2. 改良工事及び受託工事は含まれない。
3. 各事業者資料による。

大都市における大手民鉄の投資実績

　大手民鉄16社は、昭和36年度以降輸送力増強等投資計画により旅客輸送の混雑緩和、安全輸送の確保、サービス向上のための諸工事を進めている。

最近の投資額の推移

(単位：億円)

年度 工事種別	17	18	19	20	21	22	23	24	25	26	27	28	29	30	元	2
踏切及び運転保安工事	1,511	1,644	2,128	2,067	2,124	1,803	1,646	1,642	1,753	1,836	2,087	2,289	2,374	2,385	2,680	2,063
高架化及び踏切改良等	230	251	250	255	284	257	233	168	157	159	182	186	132	186	211	191
運転保安施設の整備	1,281	1,393	1,877	1,812	1,839	1,547	1,413	1,474	1,596	1,677	1,905	2,102	2,243	2,199	2,469	1,872
サービス改善工事	581	643	486	543	549	680	536	823	644	761	944	1,038	1,504	1,695	1,551	1,241
輸送力増強工事	1,085	1,299	1,474	1,329	1,186	1,021	609	598	566	502	560	599	671	641	697	326
都市乗入れ新線建設等	233	289	475	438	263	125	92	94	65	42	14	7	7	3	8	1
複線化及び複々線化	201	184	171	221	120	40	15	12	7	7	15	19	52	62	45	8
停車場改良等	307	298	329	231	383	387	247	228	304	229	244	242	278	301	335	167
車両新造等その他	343	527	500	440	418	469	254	264	201	223	287	331	334	275	309	150
鉄道・運輸機構工事	35	53	64	86	87	80	80	58	33	34	33	33	18	27	0	0
災害復旧工事	－	－	－	－	－	－	－	－	－	－	－	－	－	－	－	－
合　計	3,211	3,640	4,152	4,025	3,945	3,584	2,871	3,120	2,996	3,133	3,623	3,958	4,568	4,748	4,928	3,630

(注) 1. 端数整理のため計が合わない場合がある。
　　 2. 国土交通省鉄道局資料による。
　　 3. 日本鉄道建設公団は平成15年10月1日付で鉄道建設・運輸施設整備支援機構となった。
　　 4. 16年度からは、東京地下鉄が参加しており、大手民鉄の合計は16社となっている。

空港アクセス鉄道等の建設状況

　ニュータウン住民及び空港利用者の交通利便を確保するため、空港アクセス鉄道等の建設が進められており、その現状は次のとおりである。

(令和3年7月1日現在、単位：km)

事業者	区　　　　間	営業中	工事中	備　　　考
都市基盤整備公団	小室・千葉ニュータウン中央	4.0	―	昭和59年3月開通
	千葉ニュータウン中央・印西牧の原	4.7	―	平成7年4月開通
	印西牧の原・印旛日本医大	3.8	―	平成12年7月開通
横　浜　市	新　羽・あ　ざ　み　野	8.6	―	平成5年3月開通
	東　山　田・川　和　町	7.1	―	平成20年3月開通
奈良生駒高速鉄道㈱	生　駒・学研奈良登美ヶ丘	8.6	―	平成18年3月開通
大阪府都市開　発　㈱	中　百　舌　鳥　・　光　明　池	12.1	―	昭和52年8月開通
	光　明　池　・　和　泉　中　央	2.2	―	平成7年4月開通
神　戸　市	名　谷・西　神　中　央	9.4	―	昭和62年3月開通
中部国際空港連絡鉄道㈱	常　滑・中　部　国　際　空　港	4.2	―	平成17年1月開通
仙台空港鉄　道　㈱	名　取・仙　台　空　港	7.1	―	平成19年3月開通
成田高速鉄道アクセス㈱	印旛日本医大・成田空港高速鉄道線接続点	10.7	―	平成22年7月開通

(注)　・国土交通省鉄道局資料による。
　　　・都市基盤整備公団（小室〜印旛日本医大）については、平成16年7月
　　　　1日に千葉ニュータウン鉄道㈱に譲渡された。

空港アクセス鉄道等の整備に対する補助額の推移

(単位：千円)

年度	大阪府都市開発㈱	都市基盤整備公団	奈良生駒高速鉄道㈱	神戸市	横浜市	中部国際空港連絡鉄道㈱	仙台空港鉄道㈱	成田高速鉄道アクセス㈱	合計
63	－	315	－	610,378	－	－	－	－	610,693
平成元	－	－	－	436,143	－	－	－	－	436,143
2	－	－	－	449,507	－	－	－	－	449,507
3	－	－	－	450,991	－	－	－	－	450,991
4	－	－	－	378,182	－	－	－	－	378,182
5	109,466	136,330	－	442,125	1,904,942	－	－	－	2,592,863
6	268,432	238,852	－	84,833	1,988,040	－	－	－	2,580,157
7	235,045	236,976	－	84,686	2,108,323	－	－	－	2,665,030
8	256,925	236,976	－	71,646	2,091,566	－	－	－	2,657,113
9	263,515	255,163	－	70,161	2,108,036	－	－	－	2,696,875
10	263,515	355,715	74,000	64,929	2,366,865	－	－	－	3,125,024
11	133,801	318,146	359,550	986	453,279	－	－	－	1,265,762
12	46,199	256,124	500,253	325	446,007	938,141	33,044	－	2,220,093
13	50,517	224,237	1,046,997	324	317,904	447,554	81,173	－	2,668,706
14	32,944	224,237	378,683	－	177,256	406,678	79,727	87,541	1,387,066
15	31,214	194,398	1,314,677	－	713,271	1,691,939	309,773	113,545	4,368,818
16	24,727	93,591	1,027,240	－	1,271,000	159,976	520,160	125,052	3,221,746
17	18,075	3,023	1,003,619	－	1,380,582	－	1,423,584	489,946	4,318,829
18	13,485	－	－	－	755,741	－	1,011,034	2,415,657	4,195,918
19	9,167	－	－	－	957,082	－	36,007	3,969,770	4,972,025
20	4,860	－	－	－	101,101	－	－	4,133,157	4,239,118
21	－	－	－	－	－	－	－	6,787,195	6,787,195
22	－	－	－	－	－	－	－	212,418	212,418
23 ～ 令和2									

(注) 1. 空港アクセス鉄道等整備事業費補助における決算額の推移（国による補助額）
　　　2. 国土交通省鉄道局資料による。
　　　3. 端数整理のため合計が合わない場合がある。
　補助方式は、平成8年度以前の補助採択分は6年間の分割交付、平成9年度以降の補助採択分は整備当年度における一括交付としている。なお、平成11年度からは空港アクセス鉄道の整備が補助対象事業として追加されている。（補助率18%、地方公共団体との協調補助）

鉄道に係る主な税の軽減措置

内　　　　　　容	根 拠 条 項
I. 国　税	
〔所得税〕	
・鉄道・運輸機構は公共法人として非課税	所得税法 11①
〔法人税〕	
・鉄道・運輸機構は公共法人として非課税	法人税法 4②
・取替資産に係る償却の方法の特例措置（50％までは通常の減価償却。その後取替費は全額損金扱い）	法人税法施行令 49①〜③ 同法施行規則 10①
・国庫補助金等（鉄道・運輸機構の補助金を含む）で取得した固定資産の補助金相当額の圧縮記帳	法人税法 42 同法施行令 79①5
・鉄道・運輸機構がＪＲ北海道、ＪＲ四国に交付する助成金の圧縮記帳	法人税法 42 同法施行令 79①6
・受益者から得た工事負担金等の圧縮記帳	法人税法 45①5、6 同法 45②
・鉄道・運輸機構の行う基盤整備事業に伴う交換により取得する固定資産の圧縮記帳	改革法等施行法 27⑭ 同法経過措置施行令 7②
・長期保有の土地等から貨物電気機関車（入換機関車を除く）への買換えの場合の圧縮記帳（令和4年9月30日までに買換えたものについて経過措置）	租特法 65 の 7 表 7 号 鉄道車両は廃止 経過措置あり
〔登録免許税〕	
・鉄道事業の許可又は軌道事業の特許で、路線延伸の長さが 12 km 未満のものに係るものの非課税措置	登録免許税法施行令 18
・鉄道・運輸機構の行う特定の業務について自己のために受ける登記等の非課税措置	登録免許税法 4 財務省告示平成 15 年 610 号
・中央新幹線の建設主体が取得した中央新幹線の事業の用に供する不動産の所有権移転登記等の免税措置	租特法 84

内　　　　　容	根 拠 条 項
・整備新幹線の開業に伴いＪＲから経営分離される並行在来線の固定資産に係る所有権移転登記等の免税措置 　（令和 5 年 3 月 31 日までの間に取得したもので取得後 1 年以内に登記を受けるもの）	租特法 84 の 2
・鉄道・運輸機構が日本国有鉄道、国鉄清算事業団、鉄建公団を登記名義人とする所有権移転登記等の免税措置	租特法 84 の 3③
・鉄道・運輸機構が旧新幹線保有機構を登記名義人とするために行う所有権移転登記等の免税措置	租特法 84 の 3④
〔石油石炭税〕	
・鉄道事業に利用される軽油に係る地球温暖化対策のための税（石油石炭税の重課分）についての還付措置（令和 5 年 3 月 31 日まで）	租特法 90 の 3 の 4
〔消費税〕	
・公共法人としての課税の特例（鉄道・運輸機構）	消費税法 60
〔印紙税〕	
・鉄道・運輸機構は公共法人として非課税	印紙税法 5、2 号
II. 地方税	
〔都道府県民税・市町村税〕	
・鉄道・運輸機構は公共法人として非課税（均等割のみ課税）	地方税法 24、294
〔事業税〕	
・鉄道軌道整備法第 3 条の助成対象鉄道については、公益等に因る課税の免除及び不均一課税の特例措置	地方税法 6 鉄道軌道整備法 23
・鉄道・運輸機構は公共法人として非課税	地方税法 72 の 4①2
・ＪＲ北海道等の資本割の課税標準に係る特例措置（資本準備金に係る商法の特例を適用した金額を資本金等の金額から控除） 　（令和 6 年 3 月 31 日まで） 　※ＪＲ九州については経過措置規定（平成 31 年 3 月 31 日まで）	地方税法附則 9①

内　　容	根 拠 条 項
・一体化法に規定する特定鉄道事業者（首都圏新都市鉄道（株））の資本割の課税標準に係る特例措置（資本金等の金額の2/3に相当する金額を資本金等の金額から控除）（令和6年3月31日まで）	地方税法附則9⑥
〔不動産取得税〕	
・鉄道・運輸機構の本来事業用不動産の取得の非課税措置	地方税法73の4①1
・中央新幹線の建設主体が取得した中央新幹線の事業の用に供する不動産の取得の非課税措置	地方税法73の4①38
・整備新幹線の開業に伴いJRから経営分離される並行在来線の固定資産の取得の非課税措置（令和5年3月31日までに取得したもの）	地方税法附則10②
・独立行政法人鉄道建設・運輸施設整備支援機構が日本国有鉄道清算事業団の債務等処理に関する法律附則第七条第一項第一号に規定する業務により土地を取得した場合における当該土地の取得に対して2/3控除（令和6年3月31日まで）	地方税法附則11⑱
〔軽油引取税〕	
・鉄軌道用車両等（JR貨物が駅の構内等でコンテナ貨物の積卸の用に供するフォークリフト等を含む）の動力源に供する軽油の免税措置（令和6年3月31日までに取得したもの）	地方税法附則12の2の7、3号
・索道事業者が使用するゲレンデ整備車及び降雪機の動力源に供する軽油の免税措置（令和6年3月31日までに取得したもの）	地方税法附則12の2の7、5号
〔固定資産税〕	
・鉄道軌道整備法第3条の助成対象鉄道について公益等に因る課税の免除及び不均一課税の特例措置	地方税法6 鉄道軌道整備法23
・市街地区域又は飛行場及びその周辺区域内のトンネルの非課税措置	地方税法348②2の5
・踏切道及び踏切保安装置の非課税措置	地方税法348②2の6
・既設鉄軌道に新たに建設された立体交差化施設の非課税措置	地方税法348②2の7
・地下道又は跨線道路橋（市街化区域内で公衆が利用できるもの）の非課税措置	地方税法348②2の8

内　　　　　容	根 拠 条 項
・皇室の用に供する車両の非課税措置	地方税法348②35
・ＪＲ旅客会社が鉄道・運輸機構から有料で借り受けている市街地トンネルの非課税措置	地方税法348⑤
・新規営業路線に係る鉄道施設 　最初の５年間 1/3　その後５年間 2/3 　うち立体交差化施設　最初の５年間 1/6　その後 1/3 　（橋りょう、高架橋及び土工に限る）	地方税法349の3①
・北海道、東北、北陸及び九州新幹線の新線建設に係る鉄道施設 　最初の５年間 1/6　その後５年間 1/3	地方税法 349 の 3⑫
・青函トンネル及び本四連絡橋に係る鉄道施設 1/6	地方税法 349 の 3⑬
・河川その他水域に係る事業に係る橋りょう及びトンネルの新設等により敷設された鉄道施設　最初の５年間 1/6　その後５年間 1/3（水資源機構に係るものについては　最初の５年間 2/3　その後５年間 5/6）	地方税法 349 の 3⑭
・特定地方交通線又は地方鉄道新線の無償譲渡に係る本来事業用固定資産 1/4	地方税法 349 の 3⑱
・新設された変電所に係る償却資産　５年間 3/5	地方税法 349 の 3㉔
・都市鉄道等利便増進法に基づく都市鉄道利便増進事業により鉄道・運輸機構が整備したトンネルの非課税措置 　（令和５年３月 31 日までに整備し、かつ、直接鉄道事業又は軌道経営の用に供するもの）	地方税法附則 14②
・ＪＲ貨物が取得した高性能機関車（国鉄から承継した機関車（未更新の電気機関車を除く）に限る） 　５年間 3/5　（令和４年３月 31 日までに取得したもの）	地方税法附則 15⑦
・整備新幹線の開業に伴いＪＲから経営分離される並行在来線の譲受固定資産　20 年間 1/2　（令和５年３月 31 日までに取得したもの）	地方税法附則 15⑩
・地域公共交通確保維持改善事業費補助金等により取得した鉄道施設　５年間 1/3（令和５年３月 31 日までに取得したもの）	地方税法附則 15⑪

内　　　容	根 拠 条 項
・高齢者、身体障害者等が円滑に利用できる低床型路面電車　5年間 1/3（令和 5 年 3 月 31 日までに取得したもの）	地方税法附則15⑫
・低炭素化等に資する旅客用新規鉄道車両　5 年間 2/3（中小民鉄等は 5 年間 3/5）　（令和 5 年 3 月 31 日までに取得したもの）	地方税法附則15⑬
・都市鉄道等利便増進法に基づく都市鉄道利便増進事業により取得した鉄道施設　5 年間 2/3（令和 5 年 3 月 31 日までに取得したもの）	地方税法附則15⑰
・地域公共交通活性化・再生法に基づく鉄道事業再構築事業により、国の一定の補助を受けて取得した鉄道施設　5 年間 1/4（令和 4 年 3 月 31 日までに取得したもの）	地方税法附則15⑲
・駅のバリアフリー化改良工事により取得した鉄道施設　5 年間 2/3（令和 5 年 3 月 31 日までに取得したもの）	地方税法附則15㉘
・首都直下地震・南海トラフ地震に備えた耐震対策により取得した鉄道施設　5 年間 2/3（令和 4 年 3 月 31 日までに取得したもの）	地方税法附則15㉙
・旧交納付金法の適用のあった固定資産 　（立体交差化施設）	地方税法附則15の2①
・ＪＲ北海道等の本来事業用固定資産 　（令和 4 年 3 月 31 日まで 1/2） 　※ＪＲ九州については経過措置規定（平成 31 年 3 月 31 日まで）	地方税法附則15の2②
・ＪＲ北海道、JR 四国及びＪＲ貨物が旧国鉄から承継した本来事業用固定資産（令和 4 年 3 月 31 日まで 3/5）	地方税法附則15の3
・鉄軌道用地の評価 　鉄軌道用地に沿接する土地の価格の 1/3 に評価 　（複合利用鉄軌道用地については、地積を運送の用に供する部分の面積と運送以外の用に供する部分の面積で按分して評価）	総務省告示平成19年195号
〔事業所税〕	
・鉄道・運輸機構は公共法人として非課税	地方税法701の34①
・鉄軌道の本来事業用施設（事務所・発電施設は除く）の非課税措置	地方税法701の34③20

(注 鉄 道 ・ 運 輸 機 構：独立行政法人鉄道建設・運輸施設整備支援機構
　　租 　特 　　　　法：租税特別措置法
　改 革 法 等 施 行 法：日本国有鉄道改革法等施行法
　　一 　体 　化 　法：大都市地域における宅地開発及び鉄道整備の一体的推進に
　　　　　　　　　　　　関する特別措置法
　　Ｊ Ｒ 旅 客 会 社：北海道旅客鉄道株式会社、東日本旅客鉄道株式会社、東海旅客鉄
　　　　　　　　　　　　道株式会社、西日本旅客鉄道株式会社、四国旅客鉄道株式会社、
　　　　　　　　　　　　九州旅客鉄道株式会社
　　Ｊ Ｒ 北 海 道 等：北海道旅客鉄道株式会社、四国旅客鉄道株式会社、
　　　　　　　　　　　　九州旅客鉄道株式会社
　　Ｊ 　Ｒ 　貨 　物：日本貨物鉄道株式会社

独立行政法人鉄道建設・運輸施設整備支援機構について

① 法人の名称　　独立行政法人鉄道建設・運輸施設整備支援機構
　　　　　　　　　（略称：鉄道・運輸機構）

② 法人の目的　　　鉄道の建設や、鉄道事業者、海上運送事業者などによる運輸施設の整備を促進するための助成などの支援を行うことを通じて、大量輸送機関を基幹とする輸送体系の確立等を図ること。

③ 資　本　金　　1,153億円（R3.10.29現在）

④ 職　員　数　　1,488名（R3.4.1現在）

⑤ 業務の概要　　　独立行政法人鉄道建設・運輸施設整備支援機構法(平成14年法律第180号。以下「機構法」という。)及び日本国有鉄道清算事業団の債務等の処理に関する法律（平成10年法律第136号。以下「債務処理法」という。）に基づき業務を行っている。

　　　　　　　　　これらの業務は、国土交通大臣の定めた中期目標に基づき、中期計画及び年度計画を作成し実施している。

(1) 新幹線鉄道等の鉄道施設の建設、貸付け等（機構法第13条第1項第1号～第6号及び第11号、第3項並びに第4項）

(2) 船舶の共有建造（機構法第13条第1項第7号、第8号及び第11号）

(3) 鉄道施設整備を行う鉄道事業者等に対する補助金等の交付（機構法第13条第2項）

(4) 持続的な地域旅客運送サービスの提供の確保を図る事業への出資等（機構法第13条第1項第9号）

(5) 複数の輸送モードの結節を行う機能等を有する一定規模の物流拠点施設の整備に対する資金の貸付け（機構法第13条第1項第10号）

(6) 旧国鉄職員等の年金等の給付に要する費用等の支払（債務処理法第13条第1項～第3項）

＜参考＞沿革　　　平成15年10月1日に運輸施設整備事業団と日本鉄道建設公団を統合し、独立行政法人鉄道建設・運輸施設整備支援機構として設立。

　運輸施設整備事業団は、船舶整備公団(昭和34年6月国内旅客船公団として設立)と鉄道整備基金（昭和62年4月新幹線鉄道保有機構として設立）を平成9年10月に統合し、設立された特殊法人であり、平成13年3月に造船業基盤整備事業協会の業務の一部を承継。

　日本鉄道建設公団は、昭和39年3月に設立された特殊法人であり、平成10年10月に日本国有鉄道清算事業団の業務の一部を承継。

税制・事業制度等

独立行政法人鉄道建設・運輸施設整備支援機構組織図

(令和 3 年 11 月 1 日現在)

渉外・用地統括役		
監査・事業監理統括役		
審査・施設管理統括役		
鉄道助成統括役		
北海道新幹線統括役		
工務・建設統括役		
経営自立推進統括役		

審　議　役
監　査　部
総　務　部（総務課、広報課、秘書課、人事課、労務課、厚生課）
企　画　部（企画課、地域公共交通等出資・貸付課、鉄道総合支援課、情報システム課）
経　理　資　金　部（予算課、財務課、資金企画課、資金管理課、会計課）
審　査　部（地域公共交通等審査・モニタリング課、国際出資審査課、国際出資モニタリング課）
事　業　監　理　部（監理総務課、事業監理課、計画課、工事契約監理課）
施　設　管　理　部（鉄道施設貸付課、鉄道施設譲渡課）
鉄　道　助　成　部（特定財源管理課、助成第一課、助成第二課）
技　術　企　画　部（技術企画課、調査課、積算課、運輸計画課）
設　計　部（設計第一課、設計第二課）
用　地　部（用地管理課、用地課）
設　備　部（軌道課、機械課、建築課）
電　気　部（電気管理課、電力課、信号通信課）
新　幹　線　部（新幹線第一課、新幹線第二課、新幹線第三課、新幹線第四課）
工　務　部（工務第一課、工務第二課）
建　設　部（建設第一課、建設第二課）
国　際　部（国際管理課、国際推進課、国際支援課）
共有船舶企画管理部（経営企画課、管理課、特別管理課）
共有船舶建造支援部（建造支援課、建造促進課、技術企画課、技術支援課）
国鉄清算事業管理部（管理課、職員課、用地業務課）
経営自立推進・財務部（経営自立推進・財務企画課、財務管理課）
共　済　業　務　室

理　事　長	
副理事長	
理事長代理	
理　事（7）	
監　事（3）	

東　京　支　社
北海道新幹線建設局
北　陸　新　幹　線　建　設　局
九　州　新　幹　線　建　設　局
関　東　甲　信　工　事　局

独立行政法人鉄道建設・運輸施設整備支援機構（助成勘定）による助成等（フロー図）

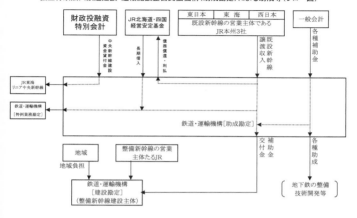

独立行政法人鉄道建設・運輸施設整備支援機構の鉄道整備助成事業（令和3年度）

(単位：億円)

事 業 名 称	内　　　容	予算額 （　）は前年度	
1．整備新幹線建設助成事業	事業費	○公共事業関係費①	804(804)
①・②整備新幹線整備事業	新函館北斗〜札幌 4,860 金　沢　〜　敦　賀 武 雄 温 泉 〜 長 崎 （前年度 4,430)	○機構特定財源②	163(163)
③整備新幹線建設推進高度化等事業	設計施工法等調査等	○一般財源	14(14)
		小　計	981(981)
2. 主要幹線鉄道等整備助成事業			
④幹線鉄道等活性化事業（幹線）	形成計画に基づく利便性向上等の施設整備	○公共事業関係費	4(5)
		小　計	4(5)
3．都市鉄道整備助成事業		○公共事業関係費	
⑤都市鉄道利便増進事業	連絡線の整備		116(116)
⑥都市鉄道整備事業（地下高速鉄道）	地下高速鉄道の新線建設及び大規模改良工事等	○公共事業関係費	49(56)
(④)幹線鉄道等活性化事業（都市）	貨物鉄道の旅客線化のための鉄道施設の整備	○公共事業関係費	−(−)
⑦鉄道駅総合改善事業	駅改良、駅改良と併せて行うバリアフリー施設及び駅空間高度化機能施設の整備	○公共事業関係費	18(18)
⑧譲渡線建設費等利子補給金	譲渡線の建設に要した借入金の利子等	○一般財源	0(0)
		小　計	183(190)

事　業　名　称	内　　　容	予算額（　）は前年度
4. 鉄道技術開発推進助成事業 ⑨鉄道技術開発 （一般鉄道）	鉄道の安全、環境対策等のための技術開発	○一般財源　　　　　1（1）
		小　計　　1（1）
5. 安全・防災対策助成事業 ⑩鉄道防災事業	JR鉄道施設の防災事業（荒廃山地、海岸等）及び鉄道・運輸機構が行う青函トンネルの機能保全のための改修事業	○公共事業関係費　　　9（9）
⑪鉄道施設総合安全対策事業	踏切道改良促進法に基づく踏切保安設備の整備	○公共事業関係費　43の内数（42の内数）
		小　計　　　9+43の内数 （9+42の内数）
		○歳出予算1,014+43の内数 　（1,023+42の内数） ○機構特定財源163（163） ○合計1,177+43の内数 　（1,186+42の内数）

大都市地域における宅地開発及び鉄道整備の一体的推進に関する特別措置法（平成元年法律第61号）

　この法律は、大都市地域において、鉄道整備を沿線の開発と整合性をとって一体的に推進するために必要な特別措置を講ずることにより、大量の住宅地の円滑な供給と、大都市の近郊と都心の区域を直結する大規模な鉄道新線の着実な整備を図ることを目的とするものである。

〔概要〕

(1) 都府県による基本計画の策定

　　都府県が、鉄道の計画路線及び駅の位置の概要、住宅地の供給目標、鉄道の整備に対する地方公共団体の援助等の措置等を内容とする基本計画を作成する。

(2) 協議会の設置及び協定締結義務

　　同意を得た基本計画に従い宅地開発事業及び鉄道事業を一体的に推進するため、地方公共団体、宅地開発事業者、鉄道事業者からなる協議会を組織するとともに、両事業者による協定の締結を義務付ける。

(3) 地価高騰の防止

　　鉄道の周辺地域（特定地域）における地価の安定を図るため、監視区域を積極的に指定するとともに、監視区域の指定期間の特例を設ける。

(4) 集約換地制度の創設（土地区画整理法の特例）

　　鉄道用地を確保するため、駅予定地の周辺地域（重点地域）における土地区画整理事業について、鉄道事業者、地方公共団体等の有する土地を鉄道用地に集約して換地することができるものとする。

(5) 地方公共団体による鉄道整備への支援措置

　　地方公共団体による鉄道事業者に対する出資、助成及び土地の取
　得のあっせん等の措置並びに鉄道整備のために必要な経費につい
　ての地方債の特例措置を講ずる。

(6) 税制上の特例

　　本法に基づく鉄道新線については、線路設備等の固定資産税の課
　税標準を特例として当初5年間1／4、その後5年間1／2とする。（通
　常の鉄道新線は、当初5年間1／3、その後5年間2／3）

特定地域及び重点地域のイメージ

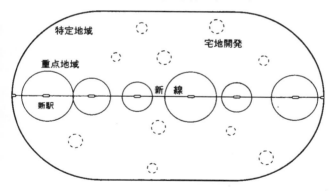

特定都市鉄道整備積立金制度
（特定都市鉄道整備促進特別措置法（昭和 61 年法律第 42 号））

【目　　的】
　大都市圏においては、通勤・通学時の著しい鉄道混雑を緩和するため、鉄道の複々線化や大規模改良工事を緊急に行う必要があるが、これらの工事は膨大な資金を要するわりには、新たな利用者の獲得にはつながらず収入増はあまり期待できない。
　そこで、これらの工事の促進を図るため、「特定都市鉄道整備積立金」制度が昭和 61 年 4 月に創設されたところであるが、都市鉄道の輸送力の計画的な増強を一層促進する必要があることから、平成 6 年 7 月に特定都市鉄道整備促進特別措置法の一部改正（平成 6 年 8 月 1 日施行）が行われ、制度の拡充が図られた。

【制度の概要】
(1)　特定都市鉄道整備事業計画の認定
　　　鉄道事業者は、10 年以内に完了する輸送力増強工事（複々線化工事、一定の新線建設工事等）の計画を作成し、国土交通大臣の認定を受けることができるものとする。
　　　※政令で定める認定の申請期間は平成 18 年 7 月 29 日をもって終了。
(2)　特定都市鉄道整備積立金の積立て
　　　整備事業者は、整備事業計画の期間中において、旅客運送収入の一定割合を指定法人に積み立てなければならないものとする。積立金は、租税特別措置法により非課税とする。
　　　　　※租税特別措置法による非課税措置は平成 17 年度税制改正において経過措置を講じた上で廃止。
(3)　特定都市鉄道整備積立金の工事費への支出
　　　認定事業者は、積み立てた翌々事業年度の終了までに当該積立金を取り戻し、整備事業計画に含まれる工事の工事費の支出に充てなければならないものとする。
(4)　特定都市鉄道整備準備金
　　　認定事業者は、積み立てた額に相当する額を累積して特定都市鉄道

　整備準備金として（会計上）積み立て、整備事業計画の終了後に取り崩さなければならないものとする。

(5)　認定事業者の運賃

　　認定事業者の運賃については、積立金の確保、取崩額の利用者への還元がなされるよう配慮するものとする。

特定都市鉄道整備積立金制度

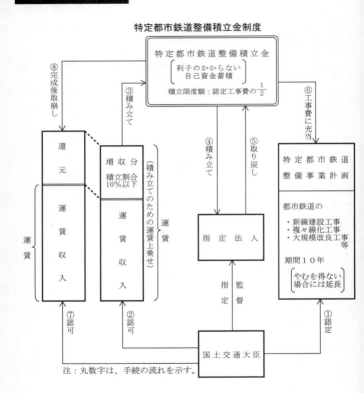

注：丸数字は、手続の流れを示す。

地域鉄道等に対する補助金の概要

(単位：百万円)

補助金名	概　要	年度	補助金額
幹線鉄道等活性化事業費補助 (地域公共交通網廃事業)	潜在的な鉄道利用ニーズが大きい地方都市やその近郊の路線等について、地域公共交通計画に基づき行う鉄軌道利用者の利便性向上を図るための施設整備に要する経費の一部を補助する。 ○補助率：1/3 ○補助対象設備 　輸送ニーズに対応した駅・路線の再配置、 　ダイヤ改正・増便等に必要な施設の整備等	30 2 3	1,286(内数) 525(内数) 483 361
鉄道施設総合安全対策事業 (鉄道軌道安全輸送設備等整備事業)	地域鉄道事業者等が行う安全性の向上に資する設備の整備等に要する経費の一部を補助する。 ○補助率：1/3 等 ○補助対象設備 　レール、マクラギ、落石等防止設備、ATS、列車無線設備、防風設備等	30 30補正 元 元補正 2 2補正 3	3,982(内数) 2,810(内数) 6,608(内数) 3,007(内数) 4,631(内数) 5,960(内数) 4,308(内数)
地域公共交通確保維持改善事業 (鉄道軌道安全輸送設備等整備事業)	地域鉄道事業者等が行う安全性の向上に資する設備の整備等に要する経費の一部を国が補助する。 ○補助率：1/3 等 ○補助対象設備 　レール、マクラギ、落石等防止設備、ATS、列車無線設備、防風設備、車両等	30 30補正 元 元補正 2 2補正 3	20,995(内数) 3,364(内数) 22,005(内数) 4,924(内数) 20,430(内数) 30,497(内数) 20,630(内数)
地域公共交通確保維持改善事業 (利用環境改善促進等事業)	バリアフリー化されたまちづくりの一環として、公共交通の利用環境改善(LRTの導入)に資する設備の整備等に要する経費の一部を国が補助する。 ○補助率：1/3 等 ○補助対象設備 　低床式車両(LRV)、停留施設、制振軌道等	30 元 2 2補正 3	20,995(内数) 22,005(内数) 20,430(内数) 30,497(内数) 20,630(内数)
訪日外国人旅行者受入環境整備緊急対策事業 (インバウンド対応型鉄道車両整備事業)	訪日外国人旅行者等の移動に係る利便性の向上の促進を図るため、地域鉄道事業者等が行う鉄道軌道車両の整備等に要する経費の一部を国が補助する。 ○補助率：1/3 等 ○補助対象設備 　車両(インバウンド対応のものに限る)	30 元 2 2補正 3	9,632(内数) 5,474(内数) 5,412(内数) 4,997(内数) 3,383(内数)
訪日外国人旅行者受入環境整備緊急対策事業 (交通サービス利便性向上促進事業)	訪日外国人旅行者等の移動に係る利便性の向上の促進を図るため、地域鉄道事業者等が行うICカードの導入やLRTシステムの整備等に要する経費の一部を国が補助する。 ○補助率：1/3 等 ○補助対象設備 　ICカード(全国相互利用可能なものに限る)の利用を可能にするシステム、ロケーションシステム(多言語で情報提供するものに限る。)、低床式車両(LRV)、停留施設、制振軌道、観光列車等	30 元 2 2補正 3	9,632(内数) 5,474(内数) 5,412(内数) 9,340(内数) 3,383(内数)
観光振興事業 (公共交通利用環境の革新等事業)	我が国へのゲートウェイとなる空港・港湾から、訪日外国人旅行者の来訪が特に多い観光地に至るまでの交通サービスの利用環境を刷新するため、地域鉄道事業者等が行うICカードの導入やLRTシステムの整備、観光列車の導入等に要する経費の一部を国が補助する。 ○補助率：1/2 等 ○補助対象設備 　ICカード(全国相互利用可能なものに限る)の利用を可能にするシステム、低床式車両(LRV)、停留施設、制振軌道、観光列車等	元 2 3	5,500(内数) 4,400(内数) 1,240(内数)

(注)国土交通省鉄道局資料による。

車両キロ及び列車キロの推移

（旅客）

年度	車両キロ(A)（単位：千キロ）	列車キロ(B)（単位：千キロ）	(A)／(B)
昭和40	4,278,671(73) [2,965,695(72)]	932,415(105) [419,100(86)]	4.59[7.08]
45	5,291,582(90) [3,712,760(90)]	915,066(103) [470,432(96)]	5.78[7.89]
50	5,878,893(100) [4,124,207(100)]	890,407(100) [489,373(100)]	6.60[8.43]
55	6,123,283(106) [4,255,841(103)]	916,332(103) [501,203(102)]	6.68[8.49]
60	6,113,268(104) [3,949,346(96)]	948,555(107) [516,591(106)]	6.45[7.65]
平成2	7,176,375(122) [4,696,929(114)]	1,131,903(127) [655,500(134)]	6.34[7.17]
7	7,531,706(128) [4,873,270(118)]	1,183,832(133) [668,970(137)]	6.36[7.28]
12	7,770,227(132) [4,828,458(117)]	1,195,119(134) [670,139(137)]	6.50[7.19]
17	8,237,240(140) [5,116,521(124)]	1,230,476(138) [680,451(139)]	6.69[7.52]
19	8,301,381(141) [5,135,644(124)]	1,179,065(132) [651,646(133)]	7.04[7.89]
21	8,376,123(142) [5,112,323(123)]	1,198,876(134) [637,678(130)]	6.90[7.94]
22	8,332,137(142) [5,121,869(124)]	1,193,355(134) [638,792(131)]	6.98[8.02]
23	8,288,215(141) [5,092,005(123)]	1,162,910(131) [620,867(127)]	7.13[8.20]
24	8,419,252(143) [5,199,768(126)]	1,201,198(135) [642,650(131)]	7.01[8.09]
25	8,468,738(144) [5,229,088(127)]	1,234,762(139) [675,931(138)]	6.86[7.74]
26	8,481,176(144) [5,245,646(127)]	1,243,956(140) [677,358(138)]	6.82[7.74]
27	8,610,770(146) [5,365,131(130)]	1,237,118(139) [677,767(138)]	6.96[7.92]
28	8,645,444(147) [5,379,805(130)]	1,239,319(139) [671,293(137)]	6.98[8.01]
29	8,677,590(148) [5,410,974(131)]	1,237,922(139) [668,608(137)]	7.01[8.09]
30	8,683,466(148) [5,404,678(131)]	1,231,875(138) [664,845(136)]	7.05[8.13]
令和元	8,770,453(149) [5,448,312(132)]	1,246,277(140) [671,954(137)]	7.03[8.10]

（貨物）

年度	車両キロ(A)（単位：千キロ）	列車キロ(B)（単位：千キロ）	(A)／(B)
昭和40	4,151,793(139) [4,049,480(138)]	180,331(99) [165,652(94)]	23.0[24.4]
45	4,125,914(138) [4,039,790(138)]	206,655(114) [196,461(112)]	20.0[20.6]
50	2,982,165(100) [2,923,873(100)]	181,518(100) [175,589(100)]	16.4[16.7]
55	2,188,584(73) [2,138,230(73)]	145,714(80) [141,053(80)]	15.0[15.2]
60	1,190,771(40) [1,166,042(40)]	97,206(54) [94,409(54)]	12.2[12.4]
平成2	1,483,303(50) [1,453,888(50)]	95,148(52) [92,755(53)]	15.6[15.7]
7	1,454,950(49) [1,432,369(49)]	90,025(50) [88,113(50)]	16.2[16.3]
12	1,247,096(42) [1,230,952(42)]	78,211(43) [76,831(44)]	15.9[16.0]
17	1,192,123(40) [1,178,144(40)]	75,387(42) [74,396(42)]	15.8[15.8]
19	1,270,008(43) [1,263,852(43)]	73,483(40) [72,774(41)]	17.3[17.4]
21	1,228,156(41) [1,211,098(41)]	72,998(38) [72,011(40)]	17.1[17.3]
22	1,131,987(40) [1,123,036(38)]	66,977(37) [66,255(38)]	16.9[16.9]
23	1,101,298(37) [1,092,495(37)]	64,826(36) [64,245(37)]	17.0[17.0]
24	1,112,761(37) [1,102,930(38)]	65,380(36) [64,607(37)]	17.0[17.1]
25	1,153,618(39) [1,143,142(39)]	64,505(36) [63,718(36)]	17.9[17.9]
26	1,089,722(36) [1,079,357(37)]	63,290(35) [62,502(36)]	17.2[17.3]
27	1,231,867(41) [1,221,819(42)]	62,299(34) [61,546(35)]	19.8[19.9]
28	1,193,760(40) [1,183,562(40)]	60,155(34) [59,400(34)]	19.8[19.9]
29	1,200,296(40) [1,189,788(41)]	60,046(33) [59,260(34)]	20.0[20.1]
30	1,146,342(38) [1,136,386(39)]	54,720(30) [53,944(31)]	20.9[21.1]
令和元	1,248,597(41) [1,238,039(42)]	57,332(31) [56,544(32)]	21.7[21.9]

(注)1. 鉄道統計年報による。
　　2. 〔　〕は、JR（国鉄）の数値である。
　　3. （　）は、昭和50年度を100とした指数である。
　　4. 貨物については、平成22年度より算出方法が異なるため、数字に連続性はない。

新造鉄道車両（電車）生産台数及び生産金額の推移

仕向 項目 年度	国　　　　内		輸　　出		合　　　計	
	車両数（両）	金額（百万円）	車両数（両）	金額（百万円）	車両数（両）	金額（百万円）
昭和45	1,232〔 499〕	20,356〔10,783〕	40	780	1,272	21,137
50	1,142〔 794〕	50,401〔34,433〕	52	2,920	1,194	53,321
55	1,396〔 783〕	77,501〔51,009〕	118	5,513	1,514	83,015
60	1,177〔 626〕	74,133〔44,744〕	127	12,048	1,304	86,181
平成2	2,040〔1,098〕	136,875〔82,162〕	11	1,318	2,051	138,193
7	1,642〔 775〕	134,763〔76,240〕	118	16,415	1,760	151,179
12	1,223〔 830〕	115,920〔79,961〕	233	21,908	1,456	137,828
17	1,405〔 735〕	101,885〔60,975〕	342	71,441	1,747	173,326
22	1,619〔1,184〕	172,803〔141,780〕	162	21,626	1,781	194,430
23	1,541〔1,028〕	162,105〔122,994〕	44	6,576	1,585	168,681
24	1,147〔768〕	133,337〔104,598〕	108	18,491	1,255	151,828
25	1,259〔815〕	142,334〔108,410〕	194	38,433	1,453	180,767
26	1,289〔868〕	137,275〔103,989〕	87	11,568	1,376	148,842
27	1,254〔659〕	126,053〔74,282〕	182	35,305	1,436	161,358
28	1,181〔516〕	119,749〔63,043〕	73	17,649	1,254	137,399
29	1,307〔627〕	131,109〔75,297〕	259	46,470	1,566	177,579
30	1,517〔874〕	155,698〔96,164〕	343	58,507	1,860	241,205
令和元	1,675〔683〕	198,693〔94,358〕	148	26,170	1,823	224,863

(注) 1. 国内の〔　〕内は、JR（国鉄）の数値で内数である。
　　　2. 鉄道車両等生産動態統計年報による。
　　　3. 四捨五入による端数処理をしているため合計が一致しないところがある。

在来線における主要都市間の所要時間及び関係線区の最高速度

(その1)　　　　　　　　　　　　　　　　　　　　　　　　(令和3年7月1日現在)

都市（駅）間	営業キロ (km)	所要時間	表定速度 (km/h)	関係線区の最高速度 (km/h)
札 幌 － 帯 広	220.2	2:25	91.1	千歳線(120) 石勝線(120) 根室線(120)
帯 広 － 釧 路	128.3	1:31	84.6	根室線(110)
札 幌 － 旭 川	136.8	1:25	96.6	函館線(120)
旭 川 － 稚 内	259.4	3:41	70.4	宗谷線(旭川-110-北旭川-120-名寄-95-稚内)
旭 川 － 網 走	237.7	3:44	63.7	石北線(95)
函 館 － 札 幌	318.7	3:29	91.5	函館線(函館-100-五稜郭-120-長万部) 室蘭線(120) 千歳線(120)
秋 田 － 青 森	185.8	2:40	69.7	奥羽線(95)
新 潟 － 秋 田	273.0	3:30	78.0	白新線(120) 羽越線(新発田-120-村上-100-今川-95-三瀬-120-酒田-95-秋田)
福 島 － 山 形	87.1	1:01	85.7	奥羽線(130)
東京(上野)－水 戸	117.5	1:05	108.5	常磐線(130)
水 戸 － 仙 台	246.0	3:10	77.7	常磐線(水戸-130-日立-120-いわき-100-岩沼-120-仙台)
東京(新宿)－甲 府	123.8	1:22	90.6	中央線(新宿-95-八王子-130-甲府)
甲 府 － 松 本	101.3	1:00	101.3	中央線(130) 篠ノ井線(130)
東 京 － 成田空港	79.2	0:53	89.7	総武線(東京-100-錦糸町-130-千葉-120-佐倉) 成田線(佐倉-120-成田-130-成田空港)
名古屋 － 松 本	188.1	2:03	91.8	中央線(名古屋-130-中津川-120-塩尻) 篠ノ井線(130)
松 本 － 長 野	62.7	0:47	80.0	篠ノ井線(110) 信越線(120)
名古屋 － 高 山	166.7	2:13	75.2	東海道線(120) 高山線(岐阜-110-下麻生-100-高山)

都市（駅）間	営業キロ （km）	所要時間	表定速度 （km/h）	関係線区の最高速度 （km/h）
名古屋（近鉄名古屋）－ 大阪（大阪難波）	189.7	2:05	91.1	近畿日本鉄道［名古屋線(120) 大阪線(130)］
名古屋 － 新宮	231.1	3:18	70.0	関西線(120) 伊勢鉄道(110) 紀勢線(津-100-多気-85-新宮)
新宮 － 和歌山	200.7	3:10	63.4	紀勢線(新宮-95-紀伊富田-110-芳養-130-南部-110-紀三井寺-130-和歌山)
和歌山－ 大阪（天王寺）	61.3	0:42	87.6	阪和線(和歌山-120-鳳-95-天王寺)
大阪 － 金沢	267.6	2:31	106.2	東海道線(130) 湖西線(130) 北陸線(130)
金沢 － 富山	59.4	0:44	81.0	IRいしかわ鉄道線(110) あいの風とやま鉄道線(110)
米子 － 益田	191.5	2:26	78.7	山陰線(米子-120-出雲市-110-益田)
大阪 － 鳥取	210.7	2:24	87.8	東海道線(130) 山陽線(上郡-120-姫路-130-神戸) 智頭線(130) 因美線(鳥取-110-津ノ井-95-智頭)
岡山 － 米子	159.1	2:08	74.6	山陽線(120) 伯備線(倉敷-120-備中高梁-110-江尾-120-伯耆大山) 山陰線(120)
岡山 － 高松	71.8	0:52	82.8	宇野線(100) 本四備讃線(130) 予讃線(130)
岡山 － 松山	214.4	2:35	83.0	宇野線(100) 本四備讃線(130) 予讃線(130)
岡山 － 高知	179.3	2:24	74.7	宇野線(100) 本四備讃線(130) 予讃線(130) 土讃線(120)
高松 － 徳島	74.5	0:58	77.1	高徳線(130)
高松 － 松山	194.4	2:19	83.9	予讃線(130)
高松 － 高知	159.3	2:06	75.9	予讃線(130) 土讃線(120)
福岡（博多）－大分	200.1	2:03	97.6	鹿児島線(130) 日豊線(130)
福岡（博多）－大分	177.2	2:57	60.1	鹿児島線(博多-130-鳥栖-100-久留米) 久大線(95)

注 1．所要時間及び表定速度は、当該区間を運行する列車のうち最も速い列車によるものである。
　　2．国土交通省鉄道局資料による。

（その２）

都市（駅）間	営業キロ (km)	所要時間	表定速度 (km/h)	関係線区の最高速度 (km/h)
大 分 － 宮 崎	207.0	2:58	69.8	日豊線(大分-110-佐伯-85-延岡-110- 宮崎)
宮 崎 － 鹿児島(鹿児島中央)	125.9	2:02	61.9	日豊線(宮崎-85-国分-90-隼人-100-鹿児島) 鹿児島線(鹿児島-95-鹿児島中央)
福岡(博多)－長崎	153.9	1:50	83.9	鹿児島線(130) 長崎線(鳥栖-130-肥前山口-120-諫早-130-長崎)
＜参考＞	※1			
東 京 － 秋 田	662.6	3:37	183.2	東北新幹線(東京-130-大宮-275-宇都宮320-盛岡) 田沢湖線(130) (直通列車に限る)
東 京 － 長 野	222.4	1:19	168.9	北陸新幹線(東京-130-大宮-245-高崎-260-長野)
東 京 － 金 沢	450.5	2:27	183.9	北陸新幹線(東京-130-大宮-245-高崎-260-金沢)
東 京 － 仙 台	351.8	1:30	234.5	東北新幹線(東京-130-大宮-275-宇都宮-320-仙台)
東 京 － 盛 岡	535.3	2:10	247.1	東北新幹線(東京-130-大宮-275-宇都宮-320-盛岡)
東 京 － 函館(新函館北斗)	862.5	3:57	218.4	東北新幹線(東京-130-大宮-275-宇都宮-320-盛岡-260-新青森) 北海道新幹線(新青森-260-新中小国-160-木古内-260-新函館北斗)
東 京 － 山 形	359.9	2:26	147.9	東北新幹線(東京-130-大宮-275-福島) 奥羽線(130) (直通列車に限る)
東 京 － 新 潟	333.9	1:36	208.7	上越新幹線(東京-130-大宮-245-新潟)
東 京 － 名古屋	342.0	1:33	220.6	東海道新幹線(285)
東京－大阪(新大阪)	515.4	2:21	219.3	東海道新幹線(285)
東京－福 岡(博多)	1069.1	4:46	224.2	東海道新幹線(285) 山陽新幹線(300)
大阪(新大阪) － 福岡(博多)	553.7	2:21	235.6	山陽新幹線(300)
福岡(博多)－熊本	98.2	0:32	184.1	九州新幹線(260)
福岡(博多) － 鹿児島(鹿児島中央)	256.8	1:16	202.7	九州新幹線(260)

注　1．所要時間及び表定速度は、当該区間を運行する列車のうち最も速い列車によるものである。
　　2．新幹線におけるキロ程（※1）は、駅中心間距離である。

駅数の推移

年度	駅 数		年度	駅 数	
昭和40	11,519 (100)	[5,040 (100)]	19	9,752 (85)	[4,650 (92)]
45	10,179 (88)	[5,097 (101)]	20	9,700 (84)	[4,657 (92)]
50	9,660 (84)	[5,194 (103)]	21	9,969 (87)	[4,659 (92)]
55	9,408 (82)	[5,186 (103)]	22	9,741 (85)	[4,646 (92)]
60	9,393 (82)	[5,054 (100)]	23	9,777 (85)	[4,649 (92)]
平成2	9,487 (82)	[4,672 (93)]	24	9,769 (85)	[4,648 (92)]
7	9,594 (82)	[4,666 (93)]	25	9,779 (85)	[4,643 (92)]
12	9,782 (85)	[4,690 (93)]	26	9,755 (85)	[4,584 (91)]
13	9,734 (85)	[4,690 (93)]	27	9,782 (85)	[4,582 (91)]
14	9,751 (85)	[4,658 (92)]	28	9,762 (85)	[4,564 (91)]
15	9,735 (85)	[4,640 (92)]	29	9,996 (87)	[4,802 (95)]
16	9,774 (85)	[4,643 (92)]	30	9,989 (87)	[4,763 (95)]
17	9,785 (85)	[4,630 (92)]	令和元	10020 (87)	[4761 (95)]
18	9,612 (83)	[4,520 (90)]			

(注)1.[ ]内は、JR(国鉄)の数値である。(63年度以降はJR6社の数値である。)
　　 2.( )内は、昭和40年度を100としたときの数値である。
　　 3.鉄道統計年報による。

複線化の推移

年度	営業キロ(km)	複線キロ(km)	複線化率(%)
昭和40	27,504(100)[20,376(100)]	6,298(100)[3,497(100)]	22.9[17.2]
45	26,734(97)[20,520(101)]	7,556(120)[4,919(141)]	28.3[24.0]
50	26,557(97)[20,963(103)]	8,031(128)[5,424(155)]	30.2[25.9]
55	26,676(97)[21,038(103)]	8,352(133)[5,641(161)]	31.3[26.8]
60	26,361(96)[20,479(101)]	8,582(136)[5,775(165)]	32.6[28.2]
平成2	25,289(92)[18,131(89)]	8,941(142)[5,953(170)]	35.4[32.8]
7	25,303(92)[18,089(89)]	9,096(144)[5,980(171)]	35.9[33.1]
12	25,589(93)[17,995(88)]	9,352(148)[5,964(171)]	36.5[33.1]
17	25,290(92)[17,683(87)]	9,520(151)[5,846(167)]	37.6[33.1]
19	25,188(92)[17,646(87)]	9,580(152)[5,846(167)]	38.0[33.1]
20	25,159(91)[17,645(87)]	9,620(153)[5,857(167)]	38.2[33.2]
21	25,120(91)[17,627(87)]	9,612(152)[5,862(168)]	38.3[33.3]
22	25,142(91)[17,532(86)]	9,615(153)[5,766(165)]	38.2[32.9]
23	25,142(91)[17,532(86)]	9,616(153)[5,766(165)]	38.2[32.9]
24	25,107(91)[17,535(86)]	9,618(153)[5,767(165)]	38.3[32.9]
25	25,104(91)[17,535(86)]	9,615(153)[5,767(165)]	38.3[32.9]
26	25,118(91)[17,298(85)]	9,625(153)[5,584(160)]	38.3[32.9]
27	25,130(91)[17,251(85)]	9,661(153)[5,606(160)]	38.4[32.5]
28	25,023(91)[17,151(84)]	9,644(153)[5,593(160)]	38.5[32.6]
29	25,001(91)[17,135(84)]	9,628(153)[5,577(159)]	38.5[32.6]
30	24,963(91)[16,971(83)]	9,713(154)[5,579(160)]	38.9[32.8]
令和元	24,900(91)[16,971(83)]	9,659(153)[5,579(160)]	38.8[32.9]
2	24,749(90)[16,823(83)]	9,663(153)[5,580(160)]	39.0[33.2]

(注)1.　[ ]内は、JR(国鉄)の数値である。
　　 2.　( )内は、昭和40年度を100としたときの数値である。
　　 3.　JRは在来線(第2種事業の路線を除く)である。
　　 4.　民鉄については、営業キロが本線路線延長キロ、複線キロが複線以上の区間のキロ程の数値である。
　　 5.　国土交通省鉄道局資料による。

電化キロの推移

項目 年度	鉄　　　道			軌　　　道			合　　　計		
	営業キロ(km)	電化キロ(km)	電化率(%)	営業キロ	電化キロ	電化率	営業キロ	電化キロ	電化率
昭和40	26,060〔20,374〕	8,608〔4,228〕	33.0〔20.8〕	1,513	1,513	100	27,573	10,121	36.7
45	25,849〔20,520〕	10,474〔6,021〕	40.5〔29.3〕	930	930	100	26,779	11,404	42.6
50	25,900〔20,963〕	11,872〔7,628〕	45.8〔36.4〕	658	658	100	26,558	12,530	47.2
55	26,238〔21,038〕	12,923〔8,414〕	49.3〔40.0〕	398	398	100	26,636	13,321	50.0
60	25,929〔20,479〕	13,660〔9,109〕	52.7〔44.5〕	386	386	100	26,315	14,046	53.4
平成2	24,860〔18,131〕	14,356〔9,601〕	57.8〔52.3〕	434	434	100	25,294	14,790	58.5
7	24,861〔18,101〕	14,958〔10,112〕	60.2〔55.9〕	456	456	100	25,317	15,414	60.9
12	25,052〔17,981〕	14,914〔9,886〕	59.6〔55.1〕	482	474	98.3	25,534	15,388	60.4
17	24,885〔17,542〕	15,191〔9,861〕	61.0〔56.2〕	487	481	98.8	25,372	15,672	61.8
20	24,591〔17,602〕	15,197〔9,841〕	61.8〔55.9〕	499	499	100.0	25,091	15,696	62.6
21	24,590〔17,602〕	15,189〔9,841〕	61.8〔55.9〕	500	500	100.0	25,090	15,689	62.5
22	24,595〔17,506〕	15,224〔9,744〕	61.9〔55.7〕	500	500	100.0	25,095	15,724	62.7
23	24,593〔17,506〕	15,220〔9,744〕	61.9〔55.7〕	500	500	100.0	25,093	15,720	62.6
24	24,561〔17,506〕	15,210〔9,744〕	61.9〔55.7〕	500	500	100	25,061	15,710	62.6
25	24,568〔17,509〕	15,213〔9,774〕	61.9〔55.8〕	497	497	100	25,065	15,710	62.7
26	24,730〔17,419〕	15,399〔9,710〕	62.3〔55.7〕	497	497	100	25,227	15,896	63.0
27	24,496〔17,137〕	15,255〔9,516〕	62.3〔55.5〕	497	497	100	24,993	15,752	63.0
28	24,480〔17,122〕	15,256〔9,518〕	62.3〔55.6〕	497	497	100	24,997	15,754	63.0
29	24,406〔17,122〕	15,179〔9,518〕	62.2〔55.6〕	497	497	100	24,903	15,676	63.0
30	24,382〔17,014〕	15,193〔9,518〕	62.3〔55.9〕	497	497	100	24,879	15,691	63.0
令和元	24,290〔16,935〕	15,190〔9,516〕	62.5〔56.2〕	497	497	100	24,787	15,687	63.3

(注) 1.　〔　〕内は、JR(国鉄)の在来線(第2種事業の路線を除く)の数値である。

　　 2.　国土交通省鉄道局資料による。

変電所設備の推移

項目／年度	変電所数（箇所）	整流器及び回転変流機			交流き電用変圧器	
		台数（台）	全容量（キロワット）		台数（台）	全容量（キロボルトアンペア）
昭和40	927〔300〕	2,043〔543〕	2,868,324〔1,331,900〕		67〔67〕	1,121,000〔1,121,000〕
45	1,083〔419〕	2,077〔680〕	4,138,774〔2,048,000〕		139〔139〕	2,351,000〔2,351,000〕
50	1,158〔515〕	1,946〔697〕	4,842,184〔2,519,000〕		171〔171〕	6,202,000〔6,202,000〕
55	1,265〔558〕	2,016〔700〕	5,504,827〔2,837,000〕		217〔187〕	7,744,000〔7,700,000〕
60	1,374〔619〕	2,096〔728〕	6,080,589〔3,052,000〕		261〔217〕	11,636,000〔11,569,000〕
平成2	1,458〔649〕	2,229〔777〕	6,844,050〔3,444,000〕		245〔186〕	11,088,130〔10,990,500〕
7	1,585〔698〕	2,428〔821〕	7,766,150〔3,801,000〕		281〔211〕	13,043,684〔12,934,500〕
12	1,665〔714〕	2,593〔845〕	8,509,125〔3,948,500〕		281〔214〕	13,581,250〔13,471,500〕
17	1,708〔725〕	2,693〔866〕	8,963,525〔4,056,500〕		328〔226〕	14,179,245〔13,968,500〕
21	1,772〔734〕	2,737〔883〕	9,215,400〔4,130,500〕		349〔231〕	14,461,545〔14,209,100〕
22	1,783〔738〕	2,748〔885〕	9,279,450〔4,144,500〕		364〔239〕	14,895,375〔14,599,100〕
23	1,781〔738〕	2,740〔886〕	9,288,751〔4,146,500〕		360〔237〕	14,803,000〔14,505,800〕
24	1,777〔738〕	2,735〔887〕	9,308,726〔4,156,500〕		363〔238〕	14,582,575〔14,284,800〕
25	1,777〔738〕	2,735〔887〕	9,315,726〔4,156,500〕		363〔238〕	14,582,575〔14,284,800〕
26	1,801〔732〕	2,743〔883〕	9,385,101〔4,120,500〕		380〔245〕	15,093,750〔14,667,800〕
27	1,807〔737〕	2,754〔885〕	9,413,350〔4,127,500〕		387〔252〕	15,226,070〔14,798,300〕
28	1,809〔739〕	2,744〔877〕	9,388,480〔4,134,630〕		388〔253〕	15,176,670〔14,749,300〕
29	1,813〔739〕	2,744〔879〕	9,416,730〔4,160,030〕		389〔254〕	15,201,920〔14,774,300〕
30	1,810〔737〕	2,732〔889〕	9,426,630〔4,173,130〕		388〔253〕	15,181,920〔14,754,300〕
令和元	1,794〔737〕	2,705〔888〕	9,388,730〔4,168,130〕		388〔252〕	15,159,820〔14,731,600〕

(注) 1. 〔 〕内は、JR（国鉄）の数値である。
　　 2. 整流器及び回転変流機とは、直流電化区間の電車線に直流電気を送るために、交流を直流に
　　　　 変換するものである。
　　 3. 交流き電用変圧器とは、交流電化区間の運転に必要な交流電圧に変圧するものである。
　　 4. 国土交通省鉄道局資料による。

鉄道事業者の自転車等駐車場用地の提供状況等

令和２年度末現在

事業社名	自転車等駐車場								合計	
	用地提供				自己経営等					
	地方公共団体		その他		自己経営		その他（委託経営等）			
	箇所数	面積（㎡）	箇所数	面積（㎡）	箇所数	面積（㎡）	箇所数	面積（㎡）	箇所数	面積（㎡）
東 武 鉄 道	68	26,098	124	25,671	3	400	35	44,514	230	96,683
西 武 鉄 道	51	27,602	62	20,691	1	114	11	6,540	125	54,947
京 成 電 鉄	19	4,683	40	13,103	0	0	4	1,224	63	19,010
京 王 電 鉄	46	24,736	0	0	0	0	17	7,554	63	32,290
小 田 急 電 鉄	6	2,951	3	367	126	61,519	0	0	135	64,837
東 急 電 鉄	20	8,125	4	383	48	35,851	5	3,212	77	47,571
京 浜 急 行 電 鉄	32	13,947	2	781	0	0	33	11,612	67	26,340
相 模 鉄 道	6	1,583	11	2,595	8	8,789	0	0	25	12,967
名 古 屋 鉄 道	161	55,669	11	2,410	24	2,453	50	17,488	246	78,020
近 畿 日 本 鉄 道	136	51,604	86	45,533	0	0	0	0	222	97,137
南 海 電 気 鉄 道	69	29,009	14	5,489	0	0	4	187	87	34,685
京 阪 電 気 鉄 道	22	12,521	27	5,686	78	51,849	0	0	127	70,056
阪 急 電 鉄	8	4,475	0	0	1	48	99	55,483	108	60,006
阪 神 電 気 鉄 道	16	6,135	37	11,004	0	0	3	2,537	56	19,676
西 日 本 鉄 道	25	8,890	0	0	7	330	10	1,821	42	11,041
東 京 地 下 鉄	31	17,853	10	1,321	0	0	0	0	41	19,174
大 手 民 鉄 計	716	295,881	431	135,034	296	161,353	271	152,172	1,714	744,440
札 幌 市	29	7,806	1	228	45	7,039	0	0	75	15,073
仙 台 市	13	5,565	0	0	0	0	0	0	13	5,565
東 京 都	36	11,645	0	0	0	0	0	0	36	11,645
横 浜 市	4	1,435	0	0	0	0	19	9,512	23	10,947
名 古 屋 市	42	10,755	2	267	0	0	0	0	44	11,022
大 阪 市	26	3,193	15	688	0	0	0	0	41	3,881
京 都 市	0	0	1	364	0	0	1	978	2	1,342
神 戸 市	5	1,711	0	0	0	0	2	2,626	6	4,337
福 岡 市	13	7,134	0	0	0	0	0	0	13	7,134
公 営 計	168	49,244	19	1,547	45	7,039	21	13,116	253	70,946
Ｊ Ｒ 北 海 道	87	22,605	6	101	0	0	0	0	93	22,706
Ｊ Ｒ 東 日 本	533	200,937	81	46,163	0	0	30	10,766	644	257,866
Ｊ Ｒ 東 海	155	53,100	14	6,125	0	0	0	0	169	59,225
Ｊ Ｒ 西 日 本	468	135,383	81	23,905	0	0	3	237	552	159,525
Ｊ Ｒ 四 国	87	23,796	1	6	0	0	0	0	88	23,802
Ｊ Ｒ 九 州	166	45,709	0	0	0	0	0	0	166	45,709
Ｊ Ｒ 計	1,496	481,530	183	76,300	0	0	33	11,003	1,712	568,833
総 計	2,380	826,655	633	212,881	341	168,392	325	176,291	3,679	1,384,219

１．「用地提供」の「地方公共団体」は、鉄道事業者が自社用地を地方公共団体に提供し（有償又は無償）、提供先の地方公共団体が自転車等駐車場の設置・運営等を行っているものである。「その他」は、鉄道事業者が自社用地を地方公共団体以外に提供し（有償又は無償）、提供先の団体等が自転車等駐車場の設置・運営等を行っているものである。

２．「自己経営等」の「自己経営」は、鉄道事業者が自社用地に自転車等駐車場を設置し、運営しているものである。「その他委託経営等」は、鉄道事業者の用地に関連会社等が自転車等駐車場を設置・運営しているもの又は、鉄道事業者が自転車等駐車場を設置し、関連会社等に経営を委託等をしているものである。

３．箇所数については、一駅に複数の自転車等駐車場を設置している場合がある。

４．端数処理のため、合計欄の数字と内訳の集計が一致しない場合がある。

令和2年度末　鉄軌道駅における駅の段差解消への対応状況について

令和3年3月31日現在

事業者名	総駅数	1日当たりの平均利用者数が3千人以上の駅数 A	段差が解消されている駅[1]			移動等円滑化基準第4条に適合している設備により段差が解消されている駅[2]	
			うち3千人以上の駅数 B	3千人以上の駅に対する割合(%) (B/A)*100		うち3千人以上の駅数 C	3千人以上の駅に対する割合(%) (C/A)*100
JR北海道	372	38	53	34	89.5%	51	33	86.8%
JR東日本	1,615	510	763	478	93.7%	762	477	93.5%
JR東海	403	101	222	100	99.0%	145	99	98.0%
JR西日本	1,172	345	613	331	95.9%	508	325	94.2%
JR四国	259	10	151	10	100.0%	45	9	90.0%
JR九州	566	97	210	93	95.9%	190	93	95.9%
JR旅客会社6社　　小計	4,387	1,101	2,012	1,046	95.0%	1,701	1,036	94.1%
東武鉄道	201	121	149	121	100.0%	144	120	99.2%
西武鉄道	91	79	85	79	100.0%	84	79	100.0%
京成電鉄	65	57	58	56	98.2%	58	56	98.2%
京王電鉄	69	67	69	67	100.0%	68	66	98.5%
小田急電鉄	70	70	70	70	100.0%	69	68	98.6%
東急電鉄	87	86	87	86	100.0%	86	85	98.8%
京浜急行電鉄	72	72	72	72	100.0%	72	72	100.0%
相模鉄道	26	25	26	25	100.0%	26	25	100.0%
名古屋鉄道	272	132	250	128	97.0%	210	116	87.9%
近畿日本鉄道	283	141	250	140	99.3%	162	130	92.2%
南海電気鉄道	100	58	68	54	93.1%	63	54	93.1%
京阪電気鉄道	88	60	77	60	100.0%	60	60	100.0%
阪急電鉄	87	87	85	85	97.7%	85	81	93.1%
阪神電気鉄道	49	46	47	45	97.8%	45	45	97.8%
西日本鉄道	72	26	62	26	100.0%	35	26	100.0%
大手民鉄15社　　小計	1,632	1,127	1,455	1,114	98.8%	1,269	1,084	96.2%
札幌市交通局	46	46	46	46	100.0%	43	43	93.5%
仙台市交通局	29	29	29	29	100.0%	29	29	100.0%
東京都交通局	94	94	94	94	100.0%	87	87	92.6%
東京地下鉄	139	139	139	139	100.0%	137	137	98.6%
横浜市交通局	40	40	40	40	100.0%	40	40	100.0%
名古屋市交通局	85	85	85	85	100.0%	85	85	100.0%
京都市交通局	31	31	31	31	100.0%	31	31	100.0%
大阪市高速電気軌道	100	100	100	100	100.0%	100	100	100.0%
神戸市交通局	26	23	25	22	95.7%	20	17	73.9%
福岡市交通局	35	33	35	33	100.0%	35	33	100.0%
地下鉄10社局　　小計	625	620	624	619	99.8%	607	602	97.1%
JR、大手民鉄、地下鉄　小計	6,644	2,848	4,091	2,779	97.6%	3,577	2,722	95.6%
中小民鉄、路面電車等　小計	2,767	403	1,810	392	97.3%	1,167	368	91.3%
鉄軌道全体　合計	9,411	3,251	5,901	3,171	97.6%	4,744	3,090	95.0%
（参考）令和元年度の利用者数を基準に3千人以上の駅数を抽出した際の数値	9,411	3,577	5,901	3,442	96.2%	4,744	3,321	92.8%
（参考）令和元年度末の数値	9,465	3,580	5,836	3,432	95.9%	4,648	3,288	91.8%

※1：「段差が解消されている駅」とは、エレベーターなどの設備により、高齢者、障害者等の円滑な通行に適する経路を1以上確保している駅をいう。

※2：「基準第4条に適合している設備により段差が解消されている駅」とは、※1「段差が解消されている駅」のうち、基準に適合している設備（開閉とびらに窓があり、かご内に手すり等が設置されているエレベーターなど）により、乗降場面から、段差が解消された経路を1以上確保している駅をいう。

注）1．新幹線が乗り入れている在来線の駅であって、在来線の駅を管理する事業者が新幹線の駅も管理する場合は、当該在来線の駅に新幹線の駅を含み、全体で1駅として計上している。新幹線の駅と在来線の駅を別々の事業者が管理する場合は、別駅として計上している。

注）2．2以上の事業者の路線が乗り入れる駅で、事業者間の乗換改札口が設けられておらず、改札内で相互乗換ができる場合は、全ての事業者の駅を含めて全体で1駅として計上している。この場合、代表して1事業者の単独駅を計上している。

令和２年度末　鉄軌道駅における転落防止設備および視覚障害者用誘導ブロック設置状況について

令和3年3月31日現在

事業者名	総駅数	1日当たりの平均利用者数が3千人以上の駅数 A	移動等円滑化基準第20条第1項第6号から第8号に適合している転落防止のための設備を設置している駅数※1			視覚障害者誘導用ブロックを設置している駅数			移動等円滑化基準第9条に適合しているブロックを設置している駅数※2		
			うち3千人以上の駅数 B	3千人以上の駅に対する割合(%) (B/A)×100		うち3千人以上の駅数 C	3千人以上の駅に対する割合(%) (C/A)×100		うち3千人以上の駅数 D	3千人以上の駅に対する割合(%) (D/A)×100	
JR北海道	372	38	113	37	97.4%	124	38	100.0%	64	36	94.7%
JR東日本	1,615	510	1,323	505	99.0%	1,412	510	100.0%	1,160	505	99.0%
JR東海	403	101	403	101	100.0%	403	101	100.0%	403	101	100.0%
JR西日本	1,172	345	827	337	97.7%	835	345	100.0%	655	343	99.4%
JR四国	259	10	157	10	100.0%	215	10	100.0%	146	10	100.0%
JR九州	566	97	358	96	99.0%	521	97	100.0%	210	91	93.8%
JR旅客会社6社　小計	4,387	1,101	3,181	1,086	98.6%	3,510	1,101	100.0%	2,638	1,086	98.6%
東武鉄道	201	121	201	121	100.0%	201	121	100.0%	182	121	100.0%
西武鉄道	91	79	91	79	100.0%	91	79	100.0%	91	79	100.0%
京成電鉄	65	57	65	57	100.0%	65	57	100.0%	65	57	100.0%
京王電鉄	69	67	69	67	100.0%	69	67	100.0%	69	67	100.0%
小田急電鉄	70	70	70	70	100.0%	70	70	100.0%	70	70	100.0%
東急電鉄	87	86	87	86	100.0%	87	86	100.0%	87	86	100.0%
京浜急行電鉄	72	72	72	72	100.0%	72	72	100.0%	72	72	100.0%
相模鉄道	26	25	26	25	100.0%	26	25	100.0%	26	25	100.0%
名古屋鉄道	272	132	272	132	100.0%	260	132	100.0%	231	124	93.9%
近畿日本鉄道	283	141	283	141	100.0%	277	141	100.0%	174	136	96.5%
南海電気鉄道	100	58	100	58	100.0%	100	58	100.0%	70	57	98.3%
京阪電気鉄道	88	60	88	60	100.0%	88	60	100.0%	85	57	95.0%
阪急電鉄	87	87	87	87	100.0%	87	87	100.0%	87	87	100.0%
阪神電気鉄道	49	46	49	46	100.0%	49	46	100.0%	49	46	100.0%
西日本鉄道	72	26	72	26	100.0%	72	26	100.0%	40	25	96.2%
大手民鉄15社　小計	1,632	1,127	1,632	1,127	100.0%	1,614	1,127	100.0%	1,398	1,109	98.4%
札幌市交通局	46	46	46	46	100.0%	46	46	100.0%	46	46	100.0%
仙台市交通局	29	29	29	29	100.0%	29	29	100.0%	29	29	100.0%
東京都交通局	94	94	94	94	100.0%	94	94	100.0%	94	94	100.0%
東京地下鉄	139	139	139	139	100.0%	139	139	100.0%	139	139	100.0%
横浜市交通局	40	40	40	40	100.0%	40	40	100.0%	40	40	100.0%
名古屋市交通局	85	85	85	85	100.0%	85	85	100.0%	85	85	100.0%
京都市交通局	31	31	31	31	100.0%	31	31	100.0%	31	31	100.0%
大阪市高速電気軌道	100	100	100	100	100.0%	100	100	100.0%	100	100	100.0%
神戸市交通局	26	23	26	23	100.0%	26	23	100.0%	26	23	100.0%
福岡市交通局	35	33	35	33	100.0%	35	33	100.0%	35	33	100.0%
地下鉄10社局　小計	625	620	625	620	100.0%	625	620	100.0%	625	620	100.0%
JR、大手民鉄、地下鉄　小計	6,644	2,848	5,438	2,833	99.5%	5,749	2,848	100.0%	4,661	2,815	98.8%
中小民鉄、路面電車等	2,767	403	1,532	384	95.3%	1,872	395	98.0%	1,139	343	85.1%
鉄軌道全体　合計	9,411	3,251	6,970	3,217	99.0%	7,621	3,243	99.8%	5,800	3,158	97.1%
（参考）令和元年度末の数値	9,465	3,580	6,986	3,508	98.0%	7,559	3,555	99.3%	6,015	3,403	95.1%

※1．「基準第20条第1項第6号から第8号に適合している転落防止のための設備の設置駅」とは、ホームドア、内方線付き点状ブロックその他視覚障害者の転落を防止するための設備、線路側以外の端部には、旅客の転落を防止するための柵を設けている駅をいう。

※2．「基準第9条に適合しているブロックの設置駅」とは、公共用通路と車両等の乗降口との間の経路や、便所の出入口との経路等において視覚障害者誘導用ブロック等を設けている駅をいう。

注）1．新幹線が乗り入れている在来線の駅であって、在来線の駅を管理する事業者が新幹線の駅も管理する場合は、当該在来線の駅に新幹線の駅も含み全体で1駅として計上している。新幹線の駅と在来線の駅を別々の事業者が管理する場合は、別駅として計上している。

注）2．2以上の事業者の路線が乗り入れる駅であって、事業者間の乗換改札口が設けられておらず、改札内で相互乗換えができる場合は、全ての事業者の駅を含めて全体で1駅として計上している。この場合、代表して1事業者に当該駅を計上している。

令和2年度末 鉄軌道駅における障害者対応型トイレ設置状況について

令和3年3月31日現在

事業者名	総駅数	1日当たりの平均利用者数が3千人以上の駅数	トイレを設置している駅数	うち3千人以上の駅数 A	車いす使用者等対応型トイレを設置している駅数	うち3千人以上の駅数 B	トイレを設置している3千人以上の駅に対する割合(%) (B/A)*100	移動等円滑化基準第13条から第15条に適合するトイレを設置している駅数※1	うち3千人以上の駅数 C	トイレを設置している3千人以上の駅に対する割合(%) (C/A)*100
JR北海道	372	38	218	36	51	32	88.9%	47	32	88.9%
JR東日本	1,615	510	1,186	495	661	472	95.4%	651	471	95.2%
JR東海	403	101	253	100	112	96	96.0%	110	96	96.0%
JR西日本	1,172	345	677	302	322	280	92.7%	313	275	91.1%
JR四国	259	10	164	10	29	10	100.0%	29	10	100.0%
JR九州	566	97	324	93	133	75	80.6%	107	68	73.1%
JR旅客会社6社　　　小計	4,387	1,101	2,826	1,036	1,308	965	93.1%	1,257	952	91.9%
東武鉄道	201	121	197	120	138	119	99.2%	138	119	99.2%
西武鉄道	91	79	89	79	80	76	96.3%	76	74	93.7%
京成電鉄	65	57	65	57	57	55	96.5%	57	55	96.5%
京王電鉄	69	67	68	66	68	66	100.0%	68	66	100.0%
小田急電鉄	70	70	70	70	70	70	100.0%	70	70	100.0%
東急電鉄	87	86	83	83	83	83	100.0%	83	83	100.0%
京浜急行電鉄	72	72	70	70	70	70	100.0%	70	70	100.0%
相模鉄道	26	25	26	25	26	25	100.0%	26	25	100.0%
名古屋鉄道	272	132	155	110	98	92	83.6%	94	90	81.8%
近畿日本鉄道	283	141	251	141	163	134	95.0%	146	131	92.9%
南海電気鉄道	100	58	99	58	69	58	100.0%	65	57	98.3%
京阪電気鉄道	88	60	68	58	63	56	96.6%	52	49	84.5%
阪急電鉄	87	87	87	87	83	83	95.4%	71	71	81.6%
阪神電気鉄道	49	46	46	46	46	46	100.0%	46	46	100.0%
西日本鉄道	72	26	72	26	36	26	100.0%	27	19	73.1%
大手民鉄15社　　　小計	1,632	1,127	1,447	1,096	1,150	1,059	96.6%	1,089	1,025	93.5%
札幌市交通局	46	46	46	46	46	46	100.0%	46	46	100.0%
仙台市交通局	29	29	29	29	29	29	100.0%	29	29	100.0%
東京都交通局	94	94	94	94	94	94	100.0%	94	94	100.0%
東京地下鉄	139	139	139	139	139	139	100.0%	139	139	100.0%
横浜市交通局	40	40	40	40	40	40	100.0%	30	30	75.0%
名古屋市交通局	85	85	85	85	85	85	100.0%	85	85	100.0%
京都市交通局	31	31	31	31	31	31	100.0%	24	24	77.4%
大阪市高速電気軌道	100	100	100	100	100	100	100.0%	100	100	100.0%
神戸市交通局	26	23	26	23	26	23	100.0%	26	23	100.0%
福岡市交通局	35	33	35	33	35	33	100.0%	35	33	100.0%
地下鉄10社局　　　小計	625	620	625	620	625	620	100.0%	608	603	97.3%
JR、大手民鉄、地下鉄　小計	6,644	2,848	4,898	2,752	3,083	2,644	96.1%	2,954	2,580	93.8%
中小民鉄、路面電車等　小計	2,767	403	1,440	322	754	304	94.4%	502	252	78.3%
鉄軌道全体　合計	9,411	3,251	6,338	3,074	3,837	2,948	95.9%	3,456	2,832	92.1%
(参考) 令和元年度末の数値	9,465	3,580	6,587	3,340	3,793	3,122	93.5%	3,314	2,956	88.5%

※1.「基準第13から第15条に適合しているトイレの設置駅」とは、便所の構造を音や点字等で示す設備や、男子用小便器に手すりを設ける等、高齢者や障害者の円滑な利用に適した構造の便所を設けている駅をいう。

注1. 新幹線が乗り入れている在来線の駅であって、在来線の駅を管理する事業者が新幹線の駅も管理する場合、当該在来線の駅に新幹線の駅も含めて全体で1駅として計上している。新幹線の駅と在来線の駅を別々の事業者が管理する場合は、別駅として計上している。

注2. 2以上の事業者の路線が乗り入れる駅であって、事業者間の乗換改札口が設けられておらず、改札内で相互乗換えができる場合は、全ての事業者の駅を含めて全体で1駅として計上している。この場合、代表して1事業者に当該駅を計上している。

令和2年度末　鉄軌道駅における案内設備、障害者対応型券売機および拡幅改札口の設置状況について

令和3年3月31日現在

事業者名	総駅数	1日当たりの平均利用者数が3千人以上の駅数	移動等円滑化基準第10条から第12条に適合している案内設備を設置している駅数[※1]			移動等円滑化基準第17条に適合する障害者対応型券売機を設置している駅数[※2]			移動等円滑化基準第19条に適合する拡幅改札口を設置している駅数[※3]		
		A		うち3千人以上の駅数 B	3千人以上の駅に対する割合(%) (B/A)×100		うち3千人以上の駅数 C	3千人以上の駅に対する割合(%) (C/A)×100		うち3千人以上の駅数 D	3千人以上の駅に対する割合(%) (D/A)×100
JR北海道	372	38	48	34	89.5%	51	38	100.0%	120	38	100.0%
JR東日本	1,615	510	378	337	66.1%	851	508	99.6%	1,477	510	100.0%
JR東海	403	101	112	99	98.0%	149	101	100.0%	197	101	100.0%
JR西日本	1,172	345	313	282	81.7%	449	310	89.9%	743	340	98.6%
JR四国	259	10	12	8	80.0%	92	10	100.0%	111	10	100.0%
JR九州	566	97	106	58	59.8%	203	96	99.0%	215	86	88.7%
JR旅客会社6社　小計	4,387	1,101	969	818	74.3%	1,795	1,063	96.5%	2,863	1,085	98.5%
東武鉄道	201	121	116	109	90.1%	172	120	99.2%	201	121	100.0%
西武鉄道	91	79	77	76	96.2%	91	79	100.0%	91	79	100.0%
京成電鉄	65	57	65	57	100.0%	65	55	96.5%	65	57	100.0%
京王電鉄	69	67	69	67	100.0%	69	67	100.0%	69	67	100.0%
小田急電鉄	70	70	70	70	100.0%	70	70	100.0%	70	70	100.0%
東急電鉄	87	86	66	66	76.7%	87	86	100.0%	87	86	100.0%
京浜急行電鉄	72	72	72	72	100.0%	72	72	100.0%	72	72	100.0%
相模鉄道	26	25	25	24	96.0%	26	25	100.0%	26	25	100.0%
名古屋鉄道	272	132	113	99	75.0%	259	131	99.2%	259	131	99.2%
近畿日本鉄道	283	141	122	116	82.3%	253	141	100.0%	265	141	100.0%
南海電気鉄道	100	58	60	54	93.1%	72	53	91.4%	99	58	100.0%
京阪電気鉄道	88	60	67	60	100.0%	44	42	70.0%	72	60	100.0%
阪急電鉄	87	87	87	87	100.0%	87	87	100.0%	87	87	100.0%
阪神電気鉄道	49	46	45	45	97.8%	47	46	100.0%	47	46	100.0%
西日本鉄道	72	26	12	9	34.6%	46	26	100.0%	67	26	100.0%
大手民鉄15社　小計	1,632	1,127	1,066	1,011	89.7%	1,452	1,100	97.6%	1,577	1,126	99.9%
札幌市交通局	46	46	46	46	100.0%	46	46	100.0%	46	46	100.0%
仙台市交通局	29	29	29	29	100.0%	29	29	100.0%	29	29	100.0%
東京都交通局	94	94	94	94	100.0%	66	66	70.2%	94	94	100.0%
東京地下鉄	139	139	139	139	100.0%	106	106	76.3%	139	139	100.0%
横浜市交通局	40	40	26	26	65.0%	23	23	57.5%	40	40	100.0%
名古屋市交通局	85	85	85	85	100.0%	85	85	100.0%	85	85	100.0%
京都市交通局	31	31	31	31	100.0%	31	31	100.0%	31	31	100.0%
大阪市高速電気軌道	100	100	43	43	43.0%	100	100	100.0%	100	100	100.0%
神戸市交通局	26	23	24	23	100.0%	30	23	100.0%	26	23	100.0%
福岡市交通局	35	33	20	18	54.5%	35	33	100.0%	35	33	100.0%
地下鉄10社局　小計	625	620	539	534	86.1%	547	542	87.4%	625	620	100.0%
JR、大手民鉄、地下鉄　小計	6,644	2,848	2,574	2,363	83.0%	3,794	2,705	95.0%	5,065	2,831	99.4%
中小民鉄、路面電車等　小計	2,767	403	544	261	64.8%	673	302	74.9%	945	339	84.1%
鉄軌道全体　合計	9,411	3,251	3,118	2,824	80.7%	4,467	3,007	92.5%	6,010	3,170	97.5%
(参考)　令和元年度末の数値	9,465	3,592	3,580	2,643	73.8%	4,403	3,211	89.7%	5,574	3,443	96.2%

※1「基準第10条から第12条に適合している案内設備を設置している駅」とは、運行情報を提供する設備や、エレベーターをはじめとした移動等円滑化のための主要な設備の案内等を設けている駅をいう。

※2「基準第17条に適合する障害者対応型券売機を設置している駅」とは、高齢者や障害者等の円滑な利用に適した構造の券売機を設けている駅をいう。

※3「基準第19条に適合する拡幅改札口を設置している駅」とは、車いすの通過に必要な幅員80cm以上の改札口等を設けている駅をいう。

注1．新幹線が乗り入れている在来線の駅であって、在来線の駅を管理する事業者が新幹線の駅を管理する場合、当該在来線の駅も全て1駅として計上している。新幹線の駅と在来線の駅を別々の事業者が管理する場合は、別駅として計上している。

注2．2以上の事業者の路線が乗り入れる駅であって、事業者間で乗換改札口が設けられておらず、改札内で相互乗換ができる場合は、全ての事業者の駅を含めて全体で1駅として計上している。この場合、代表して1事業者に当該駅数を計上している。

令和2年度末　鉄軌道駅におけるホームドアの整備状況について

令和3年3月31日現在

事業者名	総駅数	ホームドア整備駅数	1日当たりの平均利用者数が10万人以上の駅数	1日当たりの平均利用者数が10万人以上の駅のホームドア整備駅数	総番線数	ホームドア整備番線数	1日当たりの平均利用者数が10万人以上の駅の番線数	1日当たりの平均利用者数が10万人以上の駅のホームドア整備番線数
JR北海道	372	3	1	0	764	6	10	0
JR東日本	1,615	76	60	30	3,614	175	358	76
JR東海	403	8	2	2	882	29	20	5
JR西日本	1,172	20	9	7	2,549	52	76	23
JR四国	259	0	0	0	479	0	0	0
JR九州	566	18	1	0	1,200	46	9	0
JR旅客会社6社　小計	4,387	125	73	39	9,488	308	473	104
東武鉄道	201	10	7	5	488	35	31	19
西武鉄道	91	6	3	3	236	22	14	11
京成電鉄	65	3	1	0	165	12	4	0
京王電鉄	69	7	2	2	172	22	12	9
小田急電鉄	70	8	6	3	193	20	29	8
東急電鉄	87	66	10	9	221	169	42	34
京浜急行電鉄	72	8	3	2	173	23	9	6
相模鉄道	26	5	1	1	66	16	6	6
名古屋鉄道	272	2	2	0	607	3	8	0
近畿日本鉄道	283	1	3	1	737	2	15	1
南海電気鉄道	100	1	1	1	262	1	16	1
京阪電気鉄道	88	0	0	0	208	0	0	0
阪急電鉄	87	2	1	0	243	7	18	0
阪神電気鉄道	49	1	1	0	139	2	8	0
西日本鉄道	72	0	0	0	139	0	0	0
大手民鉄15社　小計	1,632	120	41	27	4,077	334	214	96
札幌市交通局	46	46	2	2	99	99	10	10
仙台市交通局	29	29	1	1	60	60	4	4
東京都交通局	94	79	2	2	210	180	8	8
東京地下鉄	139	111	23	22	366	292	99	83
横浜市交通局	40	40	1	1	88	88	2	2
名古屋市交通局	85	71	3	3	198	158	12	12
京都市交通局	31	19	0	0	68	42	0	0
大阪市高速電気軌道	100	50	8	6	254	108	29	15
神戸市交通局	26	1	0	0	63	24	0	0
福岡市交通局	35	35	0	0	75	75	0	0
地下鉄10社局　小計	625	481	40	37	1,481	1,104	164	134
JR、大手民鉄、地下鉄　小計	6,644	726	154	103	15,046	1,746	851	334
中小民鉄、路面電車等　小計	2,767	217	0	0	4,876	446	0	0
鉄軌道全体　合計	9,411	943	154	103	19,922	2,192	851	334
(参考) 令和2年度末の利用者を基準に、10万人以上の駅の番線数を抽出した際の数値	9,411	943	285	182	19,918	2,176	1,275	549
(参考)令和元年度末の数値	9,465	858	285	154	19,951	1,953	1,275	447

注1：　新幹線が乗り入れている在来線の駅であって、在来線の駅を管理する事業者が新幹線の駅を管理する場合、当該在来線の駅に新幹線の駅も含め、全体で1駅として計上している。新幹線の駅を在来線の駅を別々の事業者が管理する場合は、別駅として計上している。

注2：　2以上の事業者の路線が乗り入れる駅であって、事業者間の乗換改札口が設けられておらず、改札内で相互乗換えができる場合は、全ての事業者の駅を含めて全体で1駅として計上している。この場合、代表して1事業者に当該駅を計上している。

令和2年度末　鉄軌道車両のバリアフリー化設備整備状況

令和3年3月31日現在

	事業の用に供しているもの		移動等円滑化基準に適合したもの※1		改正前の公共交通移動等円滑化基準令に適合した編成数(両)(令和2年4月施行前の旧基準への適合状況)		車椅子スペースの数が公共交通移動等円滑化基準省令の規定を満たしている編成数	便所のある編成のうち車いす対応型便所のある編成数※2	案内装置のある編成数※3	車両間転落防止設備のある編成数※4
	編成数	車両数	編成数	車両数	編成数	車両数				
JR旅客会社　6社	5,443	24,945	1,546	8,701	3,325	19,810	2,509	3,026 (4,501)	3,361	4,339
編成総数又は車両総数に対する割合			28.4%	34.9%	61.1%	79.4%	46.1%	67.2%	61.7%	79.7%
大手民鉄　15社	2,809	14,557	1,345	8,536	1,797	10,585	2,017	166 (353)	1,509	2,715
編成総数又は車両総数に対する割合			47.9%	58.6%	64.0%	72.7%	71.8%	47.0%	53.7%	96.7%
東京地下鉄・公営	1,216	7,714	895	6,029	1,062	7,000	1,122	0 (0)	1,031	1,054
編成総数又は車両総数に対する割合			73.6%	78.2%	87.3%	90.7%	92.3%	0.0%	84.8%	86.7%
JR、大手民鉄、東京地下鉄・公営　小計	9,468	47,216	3,786	23,266	6,184	37,395	5,648	3,192 (4,854)	5,901	8,108
編成総数又は車両総数に対する割合			40.0%	49.3%	65.3%	79.2%	59.7%	65.8%	62.3%	85.6%
中小民鉄	2,223	5,429	767	2,335	937	2,632	1,304	196 (328)	1,389	891
編成総数又は車両総数に対する割合			34.5%	43.0%	42.2%	48.5%	58.7%	59.8%	62.5%	40.1%
総合計	11,691	52,645	4,553	25,601	7,121	40,027	6,952	3,388 (5,182)	7,290	8,999
編成総数又は車両総数に対する割合			38.9%	48.6%	60.9%	76.0%	59.5%	65.4%	62.4%	77.0%
(参考)令和元年度末の数値 総合計	11,686	52,648			6,816	39,287	8,986	3,238 (4,967)	8,679	8,935
編成総数又は車両総数に対する割合					58.3%	74.6%	76.9%	62.9%	74.3%	76.5%

※1.「移動等円滑化基準に適合したもの」とは、車椅子スペースや案内装置を設ける等、移動等円滑化基準のすべてに適合している編成数、車両数をいう。
※2.車椅子対応便所のある編成数の（　）内の数は便所のある編成数に対する割合は便所のある編成数に対する割合を示す。
※3.「案内装置のある編成数」とは、次に停車する駅や当該車両の運行に関する情報を文字及び音声による提供するための設備を設けている編成数をいう。
※4.「車両間転落防止策のある編成数」とは、車両の連結部に転落防止用ほろ等の設備を設けている編成数をいう。

令和2年度末　車椅子使用者が単独乗降しやすいホームと車両の段差・隙間の縮小に向けた整備状況について

○ホームと車両の段差・隙間の目安値の設定
　車椅子使用者が単独乗降しやすい環境を整備するため、当事者団体、学識経験者、鉄道事業者等から構成される検討会[※1]を設置し、車椅子使用者の単独乗降と列車走行の安全確保を両立するホームと車両間乗降口の段差・隙間の目安値の検討を行った。
　検討会において、様々なタイプの車椅子を利用する車椅子使用者による実証試験を行った結果、約9割の方が単独乗降が可能であった段差3cm・隙間7cmの組み合わせを目安値とした。
　この目安値の段差3cm・隙間7cmは、列車走行の安全を確保するため、基本的に、車両の揺れや軌道の変位等の影響が少ないコンクリート軌道かつ直線部分を含むホームの駅において満たすこととした。（令和元年8月とりまとめ）

　　※1　令和元年8月「鉄道駅におけるプラットホームと車両乗降口の段差・隙間に関する検討会」とりまとめ
　　　　（https://www.mlit.go.jp/tetudo/tetudo_fr7_000029.html）

○令和2年度末現在における、ホームと車両の段差・隙間を縮小し目安値を満たすホームを有する駅数は以下のとおり。
　この駅数には、コンクリート軌道かつ直線部を含むホームを有する駅[※3]のほか、バラスト軌道あるいは曲線ホームであっても、比較的軌道変位の少ない軌道構造や緩い曲線のホームであるため、目安値を満たすホームを有する駅を含む。

　　※2　技術的な課題があるため当面は縮小が進まない駅（駅入口からホームまでのバリアフリー化が進んでいない駅や、床面高さの異なる複数の車両が乗り入れているためホーム高さの決定に時間を要する駅）は除く。

事業者名	ホームと車両の段差・隙間を縮小している駅数[※3]	
		うち1日あたりの平均利用者数 3千人以上の駅数
JR東日本	48	48
JR東海	1	1
JR旅客会社　小計	49	49
西武鉄道	7	7
京王電鉄	9	9
小田急電鉄	4	4
東急電鉄	51	51
名古屋鉄道	62	51
南海電気鉄道	2	2
京阪電気鉄道	17	4
大手民鉄　小計	152	128
仙台市交通局	13	13
東京都交通局	68	68
東京地下鉄	58	58
横浜市交通局	10	10
名古屋市交通局	8	8
京都市交通局	17	17
大阪市高速電気軌道	45	45
神戸市交通局	1	1
福岡市交通局	16	14
地下鉄　小計	236	234

	ホームと車両の段差・隙間を縮小している駅数[※3]	
		うち1日あたりの平均利用者数 3千人以上の駅数
JR、大手民鉄、地下鉄　小計	437	411
中小民鉄、路面電車等　小計	221	108
鉄軌道全体　合計	658	519

（参考値）		
段差・隙間の縮小が可能な駅	1,412	1,165
全ての駅数	9,411	3,251

　※3　「ホームと車両の段差・隙間を縮小している駅数」とは、一列車あたりのホーム一箇所でも、ホームの間の段差・隙間が段差3cm・隙間7cmを満たした箇所がある番線（のりば）など一部でも有する駅数をいう。
　※1　新幹線が乗り入れている在来線の駅であって、在来線の駅を管理する事業者が新幹線の駅を管理する場合、当該在来線の駅に新幹線の駅も含み全体で1駅として計上している。新幹線の駅と在来線の駅を管理する事業者が管理する事業者が管理する場合、別々に計上している。
　※2　2以上の事業者の路線が乗り入れる駅であって、事業者間の乗換改札口が設けられておらず、改札内で相互乗換えができる場合は、全ての事業者の駅を含めて全体で1駅として計上している。この場合、代表して1事業者に当該駅を計上している。

ホームドアの設置状況

全858駅に設置
整備済番線数：1,953番線
（令和2年3月末）

主な路線（番線数）

OsakaMetro長堀鶴見緑地線(16)
OsakaMetro千日前線(12)
OsakaMetro今里筋線(11)
OsakaMetro御堂筋線(1)
OsakaMetro四つ橋線(1)
OsakaMetro谷町線(1)
神戸市西神・山手線(1)
大阪モノレール(8)
ニュートラム南港ポートタウン線(10)
ポートライナー(12)
六甲ライナー(6)

JR西日本東海道線(5)
JR西日本関西線(3)
JR西日本山陽本線(1)
JR西日本山陰本線(1)
近畿日本鉄道大阪線(1)
阪急宝塚線(1)
南海高野線(1)
北大阪急行南北線(2)
京都市烏丸線(3)
京都市東西線(17)

札幌市東豊線(12)
札幌市東西線(19)
札幌市南北線(15)

北海道新幹線(3)

東北新幹線(8)

仙台市南北線(17)
仙台市東西線(12)

上越新幹線(1)

北陸新幹線(11)

立山黒部貫光(1)

東海道新幹線(7)

名古屋市東山線(20)
あおなみ線(11)
リニモ東部丘陵線(9)

ゆりカモメ(19)

JR九州筑肥線(13)
福岡市空港線(1)
福岡市七隈線(16)
福岡市箱崎線(6)

スカイレール(3)
アストラムライン(22)

九州新幹線(11)

名古屋市桜通線(21)
名古屋市上飯田線(1)
名古屋市名城線(1)
名古屋市空港線(1)
名古屋市小牧線(1)
山陽新幹線(1)

みなとみらい21線(4)
つくばエクスプレス(20)
東京メトロ丸ノ内線(26)
東京メトロ南北線(18)
東京メトロ有楽町線(16)
東京メトロ日比谷線(15)
東京メトロ千代田線(14)
東京メトロ副都心線(8)
東京メトロ東西線(6)
東京メトロ半蔵門線(1)

都営浅草線(2)
都営三田線(24)
都営大江戸線(36)
都営新宿線(18)
埼玉高速鉄道線(7)
横浜高速鉄道(1)
横浜市ブルーライン(32)
横浜市グリーンライン(8)
東京モノレール(11)
ゆりかもめ(16)
日暮里・舎人ライナー(13)
多摩モノレール(19)
ディズニーリゾートライン(4)
金沢シーサイドライン(14)

JR東日本山手線(27)
JR東日本京浜東北線(1)
JR東日本武蔵野線(連絡)(1)
JR東日本横浜線(1)
JR東日本八高線(1)
JR東日本成田線(2)

東武東上線(5)
東武野田線(2)
西武池袋線(2)
西武新宿線(1)

京成本線(2)
京王線(5)
京王井の頭線(2)
小田急小田原線(7)
小田急電鉄箱根登山鉄道(25)
東急東横線(15)
東急目黒線(13)
東急大井町線(13)
東急池上線(3)
京急本線(2)
京急空港線(2)
相鉄本線(1)
相鉄新横浜線(1)
東京臨海りんかい線(2)

ゆいレール(19)

連続立体交差化工事中区間一覧

　JR及び民鉄の連続立体交差化工事中の区間は次のとおりである。

（令和3年3月31日現在）

事業者名	線名	区間	工事延長 (km)	備考
ＪＲ北海道	札沼線	百合が原～拓北	2.1	高架化
ＪＲ東日本	越後線	白山～新潟	2.5	高架化
ＪＲ東日本	信越・白新線	新潟～上沼垂		高架化
ＪＲ東日本	中央線	三鷹～立川	13.1	地下化
ＪＲ東日本	赤羽線	板橋～赤羽	1.5	高架化
ＪＲ東海	武豊線	半田～東成岩	2.6	高架化
ＪＲ西日本	高山線	西富山～富山	0.7	高架化
ＪＲ西日本	山陽線	安芸中野～広島	7.6	高架化
ＪＲ西日本	呉線	矢野～海田市		高架化
ＪＲ西日本	関西線	奈良～郡山	1.9	高架化
ＪＲ西日本	東海道線	新大阪～福島	2.3	地下化
ＪＲ四国	予讃線	三津浜～市坪	2.4	高架化
ＪＲ九州	鹿児島線	大野城～水巻	4.5	高架化
ＪＲ九州	筑豊線	陣原～東水巻		高架化
ＪＲ九州	長崎線	浦上～長与	2.4	高架化

運転及び施設の状況

（令和 3 年 3 月 31 日現在）

事業者名	線　名	区　間	工事延長(km)	備考
東　武　鉄　道	伊　勢　崎　線	西　新　井〜谷　　　塚	1.7	高架化
東　武　鉄　道	伊　勢　崎　線	曳　　　舟〜とうきょうスカイツリー	0.9	高架化
東　武　鉄　道	伊　勢　崎　線	一　ノ　割〜北　春　日　部	2.9	高架化
東　武　鉄　道	野　　田　　線	八　木　崎〜藤　の　牛　島		高架化
東　武　鉄　道	野　　田　　線	清　水　公　園〜梅　　　郷	2.9	高架化
東　武　鉄　道	東　上　本　線	下　板　橋〜中　板　橋	1.6	高架化
西　武　鉄　道	新　宿　線	中　井〜野　方	2.4	地下化
西　武　鉄　道	新　宿　線	久　留　米　川〜東　村　山	4.5	高架化
西　武　鉄　道	国　分　寺　線	東　村　山〜小　川		
西　武　鉄　道	西　武　園　線	東　村　山〜西　武　園		
京　王　電　鉄	京　王　線	笹　　　塚〜仙　　　川	7.2	高架化
京　成　電　鉄	押　　上　　線	四　ツ　木〜青　　　砥	2.2	高架化
京浜急行電鉄	本　　　線	泉　岳　寺〜新　馬　場	1.7	高架化
京浜急行電鉄	大　師　線	川崎大師〜小島新田	5.0	地下化
相　模　鉄　道	本　　　線	西　横　浜〜和　田　町	1.8	高架化
新京成電鉄	新　京　成　線	鎌　ヶ　谷　大　仏〜くぬぎ　山	3.3	高架化
名　古　屋　鉄　道	名　古　屋　本　線	一　ツ　木〜牛　　　田	4.2	高架化
名　古　屋　鉄　道	三　河　線	三　河　八　橋〜重　　　原		
名　古　屋　鉄　道	名　古　屋　本　線	岐　　　南〜名　鉄　岐　阜	2.9	高架化
近　畿　日　本　鉄　道	奈　良　線	八　戸　ノ　里〜瓢　箪　山	3.3	高架化
南　海　電　気　鉄　道	南　海　本　線	浜　寺　公　園〜北　助　松	3.7	高架化
南　海　電　気　鉄　道	高　師　浜　線	羽　衣〜伽　羅　橋		高架化
南　海　電　気　鉄　道	南　海　本　線	石　　　津　川〜羽　衣	2.4	高架化
阪　急　電　鉄	京　都　線	南　方〜上　新　庄	7.1	高架化
阪　急　電　鉄	千　里　線	天神橋筋六丁目〜吹　田		高架化
阪　神　電　気　鉄　道	本　　　線	住　　　吉〜芦　　　屋	4.0	高架化
京　阪　電　気　鉄　道	京　阪　本　線	寝　屋　川　市〜枚　方　市	5.5	高架化
西　日　本　鉄　道	天神大牟田線	雑　餉　隈〜都　府　楼　前	3.3	高架化
西　日　本　鉄　道	天神大牟田線	井　尻〜春　日　原	1.9	高架化
富　山　地　方　鉄　道	本　　　線	電　鉄　富　山〜稲　荷　町	1.0	高架化
あいの風とやま鉄道	あいの風とやま鉄道線	呉　羽〜東　富　山	1.8	高架化

長大トンネル

鉄道におけるトンネルは総数4,858カ所で、その総延長は3,952kmである。
(令和2年3月31日現在)

JR

名　称	事業者名	線名	駅間	延長(m)	完成年月
青　　函	北　海　道	海峡線・北海道新幹線	津軽今別～木古内	53,850	昭和63.3
八甲田	東　日　本	東北新幹線	七戸十和田～新青森	26,455	平成23.12
岩手一戸	東　日　本	東北新幹線	いわて沼宮内～二戸	25,808	14.12
飯　山	東　日　本	北陸新幹線	飯山～上越妙高	22,251	27.3
大清水	東　日　本	上越新幹線	上毛高原～越後湯沢	22,221	昭和54.9

民鉄(地下鉄を除く。)

名　称	事業者名	線名	駅間	延長(m)	完成年月
頸　城	えちごトキめき鉄道	日本海ひすいライン	能生～名立	11,353	昭和44.4
赤　倉	北越急行	ほくほく線	魚沼丘陵～しんざ	10,472	平成9.3
鍋立山	北越急行	ほくほく線	まつだい～ほくほく大島	9,130	9.3
北　神	神戸市	北神線	新神戸～谷上	7,179	昭和63.4
真　崎	三陸鉄道	北リアス線	田老～摂待	6,532	50.3

(注)鉄道統計年報、国土交通省鉄道局資料による。

長大橋りょう(高架橋を除く)

鉄道における橋りょうは総数140,390で、その総延長は4,253kmである。
(令和2年3月31日現在)

JR

名　称	事業者名	線名	駅間	延長(m)	完成年月
第1北上川	東　日　本	東北新幹線	一ノ関～水沢江刺	3,868	昭和51.11
南備讃瀬戸大橋	四　国	本四備讃線	児島～宇多津	1,723	63.3
北備讃瀬戸大橋	四　国	本四備讃線	児島～宇多津	1,611	63.3
下津井瀬戸大橋	四　国	本四備讃線	児島～宇多津	1,477	63.3
烏　川	東　日　本	上越新幹線	本庄早稲田～高崎	1,380	56.7

民鉄

名　称	事業者名	線名	駅間	延長(m)	完成年月
関西国際空港連絡橋	関西国際空港	空港連絡線	りんくうタウン～関西空港	3,849	平成4.2
荒川・中川橋梁	東京地下鉄	東西線	南砂町～西葛西	1,236	昭和43.9
揖斐川橋梁	近畿日本鉄道	名古屋線	桑名～近鉄長島	987	34.9
木曽川橋梁	〃	〃	近鉄長島～近鉄弥富	861	34.9
千曲川村山橋梁	長野電鉄	長野線	村山～柳原	822	平成21.10

(注)鉄道統計年報、国土交通省鉄道局資料による。

自動券売機の設置状況 （令和2年3月31日現在）

事業者区分	設置駅数（駅）	設置台数（台）
J R 北 海 道	116	237
J R 東 日 本	856	3,868
J R 東 海	156	581
J R 西 日 本	804	1,749
J R 四 国	118	150
J R 九 州	381	607
大 手 民 鉄	1,750	5,752
中 小 民 鉄	1,200	2,799
公 営	423	1,583
合 計	5,804	17,326

(注) 1. 鉄道統計年報による。
2. 交通営団はH16.4.1より東京地下鉄となったため、
大手民鉄に計上。

自動集改札機の設置状況 （令和2年3月31日現在）

事業者区分	設置駅数（駅）	設置台数（台）
J R 北 海 道	65	427
J R 東 日 本	877	5,040
J R 東 海	167	939
J R 西 日 本	609	3,712
J R 四 国	21	87
J R 九 州	301	1,314
大 手 民 鉄	1,731	10,715
中 小 民 鉄	730	3,608
公 営	407	2,900
合 計	4,908	28,742

(注) 1. 鉄道統計年報による。
2. 交通営団はH16.4.1より東京地下鉄となったため、
大手民鉄に計上。

踏切道数の推移

(単位:箇所)

項目 年度	第 1 種	第 2 種	第 3 種	第 4 種	合 計
昭和40	6,543(11)〔4,111(11)〕	320(1)〔1(0)〕	12,681(21)〔9,531(26)〕	41,764(68)〔23,329(63)〕	61,308〔36,972〕
45	10,552(20)〔6,124(19)〕	72(0)〔0(0)〕	14,645(28)〔11,129(34)〕	27,961(53)〔15,743(48)〕	53,230〔32,996〕
50	21,199(44)〔13,466(43)〕	37(0)〔0(0)〕	6,621(14)〔5,132(16)〕	20,451(42)〔12,566(40)〕	48,308〔31,164〕
55	27,250(60)〔17,795(60)〕	20(0)〔0(0)〕	4,534(10)〔3,501(12)〕	13,949(30)〔8,569(29)〕	45,753〔29,865〕
60	29,547(69)〔18,941(69)〕	0(0)〔0(0)〕	3,788(9)〔2,940(11)〕	9,268(22)〔5,726(21)〕	42,603〔27,607〕
平成2	30,562(77)〔18,996(79)〕	0(0)〔0(0)〕	2,410(6)〔1,526(0)〕	6,683(17)〔3,535(15)〕	39,655〔24,057〕
7	30,994(81)〔19,332(83)〕	0(0)〔0(0)〕	1,812(5)〔1,123(5)〕	5,404(14)〔2,907(12)〕	38,210〔23,362〕
12	30,786(84)〔18,955(85)〕	0(0)〔0(0)〕	1,360(4)〔912(4)〕	4,568(12)〔2,452(11)〕	36,714〔22,319〕
20	29,900(87)〔18,632(88)〕	0(0)〔0(0)〕	947(3)〔660(3)〕	3,405(10)〔1,964(9)〕	34,252〔21,256〕
21	29,930(88)〔18,667(88)〕	0(0)〔0(0)〕	907(3)〔633(3)〕	3,305(10)〔1,899(9)〕	34,142〔21,199〕
22	29,967(88)〔18,644(88)〕	0(0)〔0(0)〕	861(3)〔594(3)〕	3,230(9)〔1,841(9)〕	34,058〔21,079〕
23	29,988(88)〔18,671(89)〕	0(0)〔0(0)〕	841(2)〔573(3)〕	3,138(9)〔1,772(8)〕	33,967〔21,016〕
24	29,860(88)〔18,707(89)〕	0(0)〔0(0)〕	816(2)〔552(2)〕	3,034(9)〔1,709(8)〕	33,710〔20,968〕
25	29,880(88)〔18,738(89)〕	0(0)〔0(0)〕	794(2)〔531(2)〕	2,981(8)〔1,669(8)〕	33,655〔20,938〕
26	29,836(89)〔18,464(89)〕	0(0)〔0(0)〕	775(2)〔509(2)〕	2,917(8)〔1,609(8)〕	33,528〔20,582〕
27	29,811(89)〔18,421(90)〕	0(0)〔0(0)〕	757(2)〔490(2)〕	2,864(9)〔1,567(8)〕	33,432〔20,478〕
28	29,800(89)〔18,416(90)〕	0(0)〔0(0)〕	737(2)〔475(2)〕	2,795(9)〔1,516(8)〕	33,332〔20,407〕
29	29,801(90)〔18,415(90)〕	0(0)〔0(0)〕	723(2)〔468(2)〕	2,726(8)〔1,466(8)〕	33,250〔20,349〕
30	29,748(90)〔18,337(91)〕	0(0)〔0(0)〕	698(2)〔450(2)〕	2,652(8)〔1,396(7)〕	33,098〔20,182〕
令和元	29,717(90)〔18,334(91)〕	0(0)〔0(0)〕	684(2)〔443(2)〕	2,603(8)〔1,358(7)〕	33,004〔20,135〕
2	29,567(90)〔18,213(91)〕	0(0)〔0(0)〕	639(2)〔403(2)〕	2,527(8)〔1,293(7)〕	32,733〔19,909〕

(注)1. 〔 〕内は、JR(国鉄)の数値で内数である。
　　　2. ( )内は、構成比(%)を表す。
　　　3. 国土交通省鉄道局資料による。
第1種踏切道　昼夜を通じて踏切警手が遮断機を操作している踏切道または自動遮断機が設置されている踏切道。
第2種踏切道　1日のうち一定時間だけ踏切警手が遮断機を操作している踏切道。
第3種踏切道　警報機が設置されている踏切道。
第4種踏切道　踏切警手もおらず、遮断機も警報機も設置されていない踏切道。

踏切道整備実績の推移

(単位：箇所)

年度＼項目	立体交差化	構造改良	踏切保安設備
7	119 〔 53〕	242 〔134〕	162 〔 68〕
12	108 〔 24〕	280 〔138〕	96 〔 52〕
20	58 〔 41〕	327 〔120〕	75 〔 51〕
21	37 〔 30〕	289 〔157〕	101 〔 79〕
22	29 〔 21〕	325 〔138〕	79 〔 63〕
23	42 〔 21〕	195 〔108〕	74 〔 58〕
24	98 〔 15〕	191 〔136〕	77 〔 65〕
25	34 〔 15〕	204 〔145〕	57 〔 47〕
26	26 〔 14〕	203 〔141〕	35 〔 28〕
27	40 〔 18〕	230 〔174〕	40 〔 32〕
28	25 〔 12〕	245 〔168〕	47 〔 36〕
29	14 〔 7〕	211 〔139〕	23 〔 17〕
30	11 〔 10〕	238 〔153〕	39 〔 29〕
令和元	17 〔 6〕	316 〔248〕	32 〔 26〕
2	31 〔 2〕	269 〔212〕	31 〔 26〕

(注)　1.〔 〕内は、JR の数値で内数である。
　　　2.踏切保安設備は、踏切遮断機又は踏切警報機。
　　　3.国土交通省鉄道局資料による。

踏切保安設備整備費補助実績の推移

年度＼項目	対象箇所数(箇所)	補助金額(千円)
7	52 〔 19〕	239,459 〔 54,153〕
12	60 〔 48〕	268,129 〔205,720〕
20	31 〔 8〕	147,238 〔 39,709〕
21	28 〔 6〕	131,412 〔 44,138〕
22	13 〔 6〕	85,038 〔 46,451〕
23	15 〔 7〕	108,608 〔 57,625〕
24	12 〔 3〕	72,359 〔 31,206〕
25	16 〔 2〕	71,498 〔 4,097〕
26	13 〔 4〕	74,288 〔 17,935〕
27	14 〔 2〕	80,374 〔 9,157〕
28	113 〔 1〕	122,065 〔 5,060〕
29	129 〔 1〕	156,491 〔 13,152〕
30	91 〔 3〕	168,301 〔 1,450〕
令和元	123 〔 2〕	144,527 〔 672〕
2	51 〔 3〕	66,885 〔 1,266〕

(注)　1.〔 〕内は、JR の数値で内数である。
　　　2.国土交通省鉄道局資料による。

閉そく等方式別営業キロ

(平成 31 年 3 月 31 日現在)(単位:km)

分類	自 動 そ く 式	車内信号 閉そく式	特殊自動,連 動及び連鎖 閉 そ く 式	タブレット 閉そく式	票券閉 そ く 式	スタフ閉 そ く 式	列車間の間 隔を確保す る装置によ る 方 式	その他	合　　計
鉄道	16,954.8 〔11,847.8〕	240.8 〔0.0〕	5,742.1 〔4,722.8〕	90.3 〔35.3〕	38.8 〔25.8〕	235.2 〔69.0〕	3,994.4 〔3,265.6〕	20.1 〔2.7〕	27,316.5 〔19,969.0〕
軌道	131.8	142.6	0.4	0.0	0.0	5.6	52.6	31.7	364.7
合計	17,086.6 〔11,847.8〕	383.4 〔0.0〕	5,742.5 〔4,722.8〕	90.3 〔35.3〕	38.8 〔25.8〕	240.8 〔69.0〕	4,047.0 〔3,265.6〕	51.8 〔2.7〕	27,681.2 〔19,969.0〕

(注) 1. 〔 〕内は JR の数値である。
　　 2. 国土交通省鉄道局資料による。

車内信号方式の設置線区

　鉄道の車内信号方式（車内信号閉そく式又は列車間の間隔を確保する装置による方式）の設置線区は次のとおりである。

(平成 31 年 3 月 31 日現在)

事 業 者 名	線　名	区　　間	設置キロ (km)	備　考
Ｊ Ｒ 北 海 道	海 峡 線	中 小 国～木 古 内	86.0	＊
	北海道新幹線	新 青 森～新 函 館 北 斗	148.8	＊
Ｊ Ｒ 東 日 本	東 北 新 幹 線	東 京～新 青 森	713.7	＊
	上 越 新 幹 線	大 宮～新 潟	303.6	＊
	北 陸 新 幹 線	高 崎～上 越 妙 高	176.9	＊
	上 越 線	越 後 湯 沢～ガーラ湯沢	1.8	＊
	赤 羽 線	池 袋～赤 羽	5.5	＊
	常 磐 線	綾 瀬～取 手	29.7	＊
	東 海 道 線	東 京～横 浜	28.8	＊
	東 北 線 （埼京線含む）	東 京～大 宮	48.3	＊
	仙 石 線	あ お ば 通～東 塩 釜	17.2	＊
	根 岸 線	横 浜～大 船	22.1	＊
	山 手 線	品 川～田 端	20.6	＊
Ｊ Ｒ 東 海	東海道新幹線	東 京～新 大 阪	552.6	＊
Ｊ Ｒ 西 日 本	山 陽 新 幹 線	新 大 阪～博 多	644.0	＊
	博 多 南 線	博 多～博 多 南	8.5	＊
	北 陸 新 幹 線	上 越 妙 高～金 沢	168.6	＊
Ｊ Ｒ 九 州	九 州 新 幹 線	博 多～鹿 児 島 中 央	288.9	＊
札 幌 市	南 北 線	麻 生～真 駒 内	14.3	＊
	東 西 線	宮 の 沢～新 さっぽろ	20.1	＊
	東 豊 線	栄 町～福 住	13.6	＊

事業者名	線名	区間	設置キロ (km)	備考
仙 台 市	南 北 線	泉 中 央〜富 沢	14.8	
	東 西 線	八 木 山 荒 井	13.9	
		動 物 公 園		
埼玉新都市交通	伊 奈 線	大 宮〜内 宿	12.7	
千葉都市モノレール	1 号 線	千葉みなと〜県 庁 前	3.2	
	2 号 線	千 葉〜千 城 台	12.0	
東 京 地 下 鉄	2 号(日比谷)線	北 千 住〜中 目 黒	20.3	＊
	3 号(銀座)線	浅 草〜渋 谷	14.3	＊
	9 号(千代田)線	綾 瀬〜代 々 木 上 原	21.9	＊
	〃	綾 瀬〜北 綾 瀬	2.1	＊
	8 号(有楽町)線	和 光 市〜新 木 場	28.3	＊
	11 号(半蔵門)線	渋 谷〜押 上	16.8	＊
	7 号(南北)線	目 黒〜赤 羽 岩 淵	21.3	＊
	4 号(丸ノ内)線	池 袋〜荻 窪	24.2	＊
	〃	中 野 坂 上〜方 南 町	3.2	＊
	5 号(東西)線	中 野〜西 船 橋	30.8	＊
	13号(副都心)線	小 竹 向 原〜渋 谷	11.9	＊
東 武 鉄 道	東 上 本 線	池 袋〜小 川 町	64.0	＊
西 武 鉄 道	西武有楽町線	練 馬〜小 竹 向 原	2.6	＊
東 京 都	10 号(新宿)線	新 宿〜本 八 幡	23.5	＊
	6 号(三田)線	白 金 高 輪〜西 高 島 平	24.2	＊
	12号(大江戸)線	都 庁 前〜光 が 丘	40.7	＊
	日暮里・舎人ライナー	日 暮 里〜見沼代親水公園	9.7	＊無人運転
京 王 電 鉄	京 王 線	新 宿〜京 王 八 王 子	37.9	＊
	相 模 原 線	調 布〜橋 本	22.6	＊
	高 尾 線	北 野〜高 尾 山 口	8.6	＊
	競 馬 場 線	東 府 中〜府中競馬正門前	0.9	＊
	動 物 園 線	高 幡 不 動〜多摩動物公園	2.0	＊
	井 の 頭 線	渋 谷〜吉 祥 寺	12.7	＊
東 京 急 行 電 鉄	東 横 線	渋 谷〜横 浜	24.2	＊
	目 黒 線	目 黒〜日 吉	11.9	＊
	田 園 都 市 線	渋 谷〜中 央 林 間	31.5	＊
	大 井 町 線	大 井 町〜二 子 玉 川	12.4	＊
横 浜 高 速 鉄 道	こどもの国線	長 津 田〜こどもの国	3.4	＊
	みなとみらい線	横 浜〜元 町・中 華 街	4.1	＊
東 京 モ ノ レ ー ル	東京モノレール羽田線	羽 田 空 港 第2〜モノレール浜松町 ビ ル	17.8	
ゆ り か も め	東京臨海新交通臨海線	新 橋〜豊 洲	14.7	＊無人運転
横 浜 市	1 号 線	関 内〜湘 南 台	19.7	＊
	3 号 線	関 内〜あ ざ み 野	20.7	＊
	4 号 線	中 山〜日 吉	13.0	＊
横 浜 シ ー サ イ ド ラ イ ン	金沢シーサイドライン	新 杉 田〜金 沢 八 景	10.6	＊無人運転
舞浜リゾートライン	ディズニーリゾート ラ イ ン	リゾートゲートウェイ・〜リゾートゲートウェイ・ ス テ ー シ ョ ン ス テ ー シ ョ ン	5.0	＊無人運転

事業者名	線名	区間	設置キロ (km)	備考
埼玉高速鉄道	埼玉高速鉄道線	赤羽岩淵～浦和美園	14.6	
多摩都市モノレール	多摩都市モノレール線	多摩センター～上北台	16.0	
首都圏新都市鉄道	常磐新線	秋葉原～つくば	58.3	*
名古屋市	1号(東山)線	高畑～藤ヶ丘	20.6	
	2号(名城)線	大曽根～名古屋港	14.9	
	3号(鶴舞)線	上小田井～赤池	20.4	
	4号(名城)線	大曽根～金山	17.5	
	6号(桜通)線	中村区役所～徳重	19.1	
上飯田連絡線	上飯田連絡線	味鋺～平安通	3.1	
愛知高速交通	東部丘陵線	藤が丘～万博八草	8.9	*無人運転
京都市	烏丸線	国際会館～竹田	13.7	
	東西線	六地蔵～太秦天神川	17.5	
大阪市	5号(千日前)線	野田阪神～南巽	12.6	
	7号(長堀鶴見緑地)線	大正～門真南	15.0	
	8号(今里)線	井高野～今里	11.9	
大阪港トランスポートシステム	南港ポートタウン線	トレードセンター前～住之江公園	7.3	*無人運転
	南港ポートタウン線	コスモスクエア～トレードセンター前	0.6	*無人運転
大阪高速鉄道	大阪モノレール線	大阪空港～門真市	21.2	
	国際文化公園都市(彩都)線	万博記念公園～彩都西	6.8	
神戸市	海岸線	三宮・花時計前～新長田	7.9	*
	山手線	新長田～新神戸	7.6	*
	西神線	西神中央～新長田	15.1	*
神戸新交通	ポートアイランド線	三宮～神戸空港	10.8	*無人運転
	六甲アイランド線	住吉～マリンパーク	4.5	*無人運転
北神急行電鉄	北神線	新神戸～谷上	7.5	
広島高速交通	広島新交通1号線	本通～広域公園前	18.4	
福岡市	1号(空港)線	姪浜～福岡空港	13.1	*
	2号(箱崎)線	中洲川端～貝塚	4.7	*
	3号(七隈)線	橋本～天神南	12.0	*
北九州高速鉄道	小倉線	小倉～企救丘	8.8	
沖縄都市モノレール	沖縄都市モノレール線	那覇空港～てだこ浦西	17.0	

注) 1. 東京急行電鉄こどもの国線は、東京急行電鉄(株)が第2種鉄道事業者、横浜高速鉄道(株)が第3種鉄道事業者である。
　　2. 上飯田連絡線味鋺～上飯田(2.3km)は、名古屋鉄道(株)が第2種鉄道事業者、上飯田連絡線(株)が第3種鉄道事業者である。
　　3. 上飯田連絡線上飯田～平安通(0.8km)は、名古屋市が第2種鉄道事業者、上飯田連絡線(株)が第3種鉄道事業者である。
　　4. 北神急行電鉄北神線は、北神急行電鉄(株)が第2種鉄道事業者、神戸高速鉄道(株)が第3種鉄道事業者である。
　　5. 南港ポートタウン線コスモスクエア～トレードセンター前(0.6km)は、大阪市が第2種鉄道事業者、(株)大阪港トランスポートシステムが第3種鉄道事業者である。
　　6. 備考欄の＊は列車間の間隔を確保する装置による方式である。

安全対策

自動列車停止装置（ATS）の設置状況の推移

年度＼区分	設置事業者数	設置キロ(km)	年度＼区分	設置事業者数	設置キロ(km)
平成 6	114[7]	24,221[18,210]	平成 19	155[7]	24,654.4[17,613]
7	117[7]	24,259[18,126]	20	156[7]	24,615.8[17,602]
8	124[7]	24,609[18,352]	21	156[7]	24,615.8[17,602]
9	132[7]	24,517[18,000]	22	158[7]	24,751.4[17,545]
10	135[7]	24,517[18,000]	23	158[7]	24,749.5[17,545]
11	135[7]	24,600[17,986]	24	157[7]	24,718.5[17,545]
12	136[7]	24,698[17,981]	25	157[7]	24,718.5[17,545]
13	141[7]	24,730[17,978]	26	162[7]	25,035.0[17,381]
14	145[7]	24,764[17,801]	27	164[7]	24,875.7[17,175]
15	152[7]	24,926.3[17,801]	28	164[7]	24,858.4[17,158]
16	155[7]	24,979.8[17,680]	29	166[7]	24,860.4[17,158]
17	157[7]	24,914.5[17,672]	30	164[7]	24,759.4[16,987]
18	159[7]	24,689.6[17,631]	令和 1	164[7]	24,751.7[16,971]

(注) 1. ATC 含む。
2. [ ]内は、JR 在来線の数値である。
3. ATS：自動列車停止装置、ATC：自動列車制御装置
4. 国土交通省鉄道局資料による。

列車集中制御装置（CTC）の設置状況の推移

年度＼区分	設置事業者数	設置キロ(km)	年度＼区分	設置事業者数	設置キロ(km)
平成 6	88[6]	17,168[13,940]	平成 19	116[6]	21,904.2[16,806.8]
7	92[6]	17,457[14,171]	20	115[6]	22,581.1[17,515.3]
8	94[6]	17,631[14,093]	21	115[6]	22,654.5[17,515.3]
9	101[6]	18,981[14,878]	22	116[6]	23,103.5[17,685.3]
10	101[6]	19,116[14,942]	23	116[6]	23,106.3[17,685.3]
11	101[6]	19,742[15,649]	24	114[6]	23,079.9[17,685.3]
12	102[6]	20,147[15,777]	25	114[6]	23,081.7[17,685.3]
13	103[6]	20,649[16,090]	26	117[6]	23,646.8[17,684.9]
14	107[6]	21,154[16,395]	27	118[6]	23,822.8[17,792.1]
15	112[6]	21,555[16,470]	28	119[6]	24,090.6[17,969.7]
16	114[6]	21,584.9[16,449.8]	29	121[6]	24,113.2[17,969.7]
17	111[6]	21,634.4[16,564.8]	30	121[6]	24,237.2[17,980.4]
18	112[6]	21,802.8[16,761.8]	令和 1	123[6]	24,243.2[17,980.4]

(注) 1. [ ]内は、JR の数値である。
2. CTC：列車集中制御装置
3. 電子閉そく化された区間を含む。
4. 国土交通省鉄道局資料による。

列車無線の設置状況の推移

年度＼区分	設置事業者数	設置キロ(km)	年度＼区分	設置事業者数	設置キロ(km)
平成 6	138[7]	19,842[13,987]	平成 19	171[7]	23,819.6[16,809.7]
7	104[7]	19,963[14,053]	20	171[7]	23,805.8[16,818.6]
8	147[7]	20,914[14,787]	21	171[7]	23,756.8[16,818.6]
9	150[7]	21,627[15,287]	22	174[7]	24,145.3[17,068.4]
10	153[7]	21,879[15,398]	23	174[7]	24,154.4[17,068.4]
11	153[7]	22,097[15,578]	24	173[7]	24,183.7[17,139.0]
12	154[7]	22,152[15,560]	25	175[7]	24,249.5[17,139.0]
13	158[7]	22,287[15,663]	26	178[7]	24,906.7[17,327.4]
14	164[7]	22,499[15,719]	27	181[7]	25,083.1[17,439.5]
15	168[7]	23,130[16,108.8]	28	181[7]	25,057.9[17,416.2]
16	171[7]	23,243.2[16,193.6]	29	183[7]	25,055.4[17,416.2]
17	172[7]	23,360.3[16,320.5]	30	183[7]	25,130.9[17,416.2]
18	172[7]	23,552.3[16,519.9]	令和 1	181[7]	25,349.0[17,636.0]

(注) 1. [ ]内は、JR の数値である。
2. 国土交通省鉄道局資料による。

運転事故の件数及び死傷者数の推移

　運転事故の件数は、長期的には減少傾向にあり、令和2年度は483件となっている。

　運転事故による死傷者数は、件数と同様に長期的には減少傾向にあるが、JR西日本福知山線列車脱線事故があった平成17年度など、甚大な人的被害を生じた運転事故があった年度は死傷者数が多くなっている。

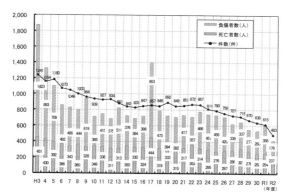

（注）国土交通省鉄道局資料による。

安全対策

列車走行百万キロ当たりの運転事故件数の推移

　列車走行百万キロ当たりの運転事故件数は、運転事故の件数と同様に長期的には減少傾向にあり、令和2年度は0.37件となっている。

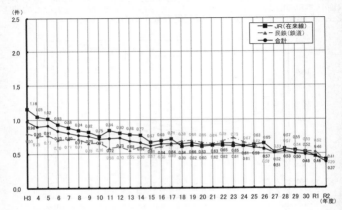

(注) 国土交通省鉄道局資料による。

重大事故件数の推移

　令和2年度は、重大事故（死傷者10名以上又は脱線車両10両以上）があり
ませんでした。

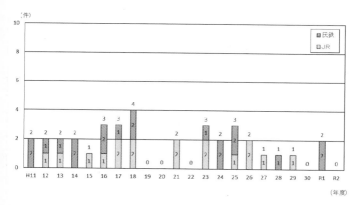

(注) 国土交通省鉄道局資料による。

踏切事故の件数及び死傷者数の推移

踏切事故は、踏切遮断機の整備等により、長期的には減少傾向にある。

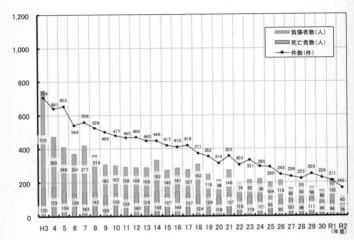

(注) 国土交通省鉄道局資料による。

分類別踏切事故件数（令和2年度）

(1) 原因別

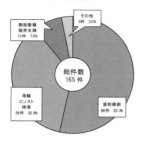

その他
5件 3.0%

側面衝撃
限界支障
13件 7.9%

総件数
165件

落輪
エンスト
停滞
59件 35.8%

直前横断
88件 53.3%

(2) 踏切種別別

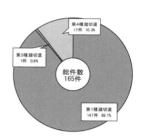

第4種踏切道
17件 10.3%

第3種踏切道
1件 0.6%

総件数
165件

第1種踏切道
147件 89.1%

(3) 衝撃物別

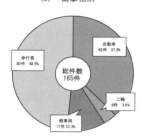

歩行者
80件 48.5%

総件数
165件

自動車
62件 37.6%

二輪
6件 3.6%

軽車両
17件 10.3%

（注）国土交通省鉄道局資料による。

鋼索鉄道の概要（令和元年度）

	会社名	項目 所在地	営業キロ	輸送人員 （千人）	旅客収入 （千円）
大手民鉄	近畿日本鉄道(西信貴)	大阪	1.3	49	23,296
	近畿日本鉄道(生駒)	奈良	2.0	470	98,200
	南海電気鉄道	和歌山	0.8	735	187,696
	京阪電気鉄道	京都	0.4	452	68,350
	小　計		4.5	1,706	377,542
その他	青函トンネル記念館	青森	0.8	46	19,887
	立山黒部貫光(黒部)	富山	0.8	689	434,271
	立山黒部貫光(立山)	富山	1.3	732	1,048,890
	筑波観光鉄道	茨城	1.6	383	172,579
	高尾登山電鉄	東京	1.0	1,205	470,304
	御岳登山鉄道	東京	1.0	421	205,442
	箱根登山鉄道	神奈川	1.2	1,079	341,074
	大山観光電鉄	神奈川	0.8	402	198,632
	伊豆箱根鉄道	静岡	0.3	194	44,882
	比叡山鉄道	滋賀	2.0	269	181,297
	京福電気鉄道	京都	1.3	236	92,847
	鞍馬寺	京都	0.2	267	0
	丹後海陸交通	京都	0.4	542	143,453
	能勢電鉄	兵庫	0.6	100	27,394
	六甲山観光鉄道	兵庫	1.7	565	218,114
	神戸すまいまちづくり公社	兵庫	0.9	143	53,633
	四国ケーブル	香川	0.7	194	78,444
	皿倉登山鉄道	福岡	1.1	207	66,490
	ラクテンチ	大分	0.3	223	7,570
	小　計		18.0	7,897	3,805,203
	合　計		22.5	9,603	4,182,745

(注)1.鉄道要覧、鉄道統計年報による。
　　2.旅客収入には手小荷物収入を含む。

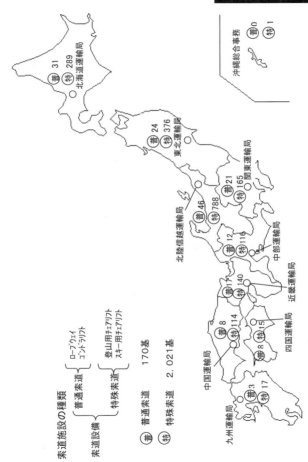

地方運輸局別索道分布図（令和3年3月末現在）

鋼索鉄道・索道

沖縄総合事務所
⑲ 0 ⑲ 1

北海道運輸局
⑲ 31 ⑲ 289

東北運輸局
⑲ 24 ⑲ 376

関東運輸局
⑲ 21 ⑲ 165

北陸信越運輸局
⑲ 46 ⑲ 788

中部運輸局
⑲ 12 ⑲ 116

近畿運輸局
⑲ 17 ⑲ 140

中国運輸局
⑲ 8 ⑲ 114

四国運輸局
⑲ 8 ⑲ 15

九州運輸局
⑲ 3 ⑲ 17

索道施設の種類

索道設備 ┌ 普通索道 ┤ ロープウェイ
          │   └ ゴンドラリフト
          └ 特殊索道 ┤ 登山用チェアリフト
                      └ スキー用チェアリフト

⑲ 普通索道　170基
⑲ 特殊索道　2,021基

鋼索鉄道・索道

索道営業基数の推移

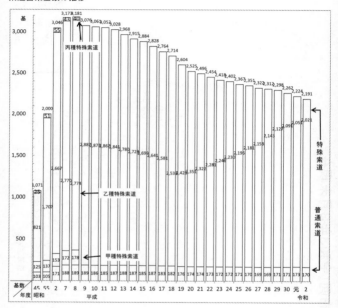

索道輸送人員の推移

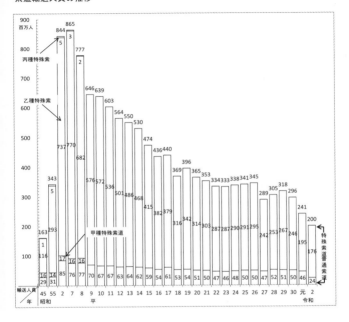

鋼索鉄道・索道

索道運輸収入の推移

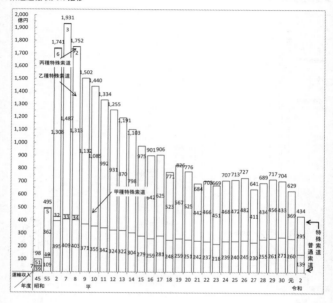

索道線路傾斜こう長ベスト10

線路傾斜こう長の長い普通索道を順に並べると次のとおりである。

(令和3年3月31日現在)

都道府県名	索道名(所在地)	索道の種類	営業キロ(m)	事業者名
1. 新 潟	苗場・田代ゴンドラ (苗場スキー場〜田代、かぐら、み つまたスキー場間)	単線自動 循 環 式	5,482	㈱プリンス ホ テ ル
2. 長 野	栂池ゴンドラ (2線) (栂池高原スキー場)	単線自動 循 環 式	4,126	栂池ゴンド ラリフト㈱
3. 岩 手	雫石第1ゴンドラ (雫石スキー場)	単線自動 循 環 式	3,531	㈱プリンス ホ テ ル
4. 岩 手	ザイラーゴンドラ (安比高原スキー場)	単線自動 循 環 式	3,494	㈱岩手ホテ ルアンドリ ゾート
5. 秋 田	阿仁ゴンドラ (阿仁スキー場)	単線自動 循 環 式	3,473	特定非営 利活動法 人森吉山
6. 北海道	七飯ゴンドラ (函館七飯スノーパーク)	単線自動 循 環 式	3,319	㈱鈴木商 会
7. 北海道	キロロゴンドラ (キロロスノーワールド)	単線自動 循 環 式	3,309	㈱キロロ リゾートホー ルディングス
8. 岩 手	雫石ゴンドラ (雫石スキー場)	単線自動 循 環 式	3,227	㈱プリンス ホ テ ル
9. 群 馬	パルコール嬬恋スキー 場ゴンドラ (嬬恋スキー場)	単線自動 循 環 式	3,193	ブリーズベイ オペレーショ ン6号㈱
10. 新 潟	かぐらゴンドラ (かぐらスキー場)	単線自動 循 環 式	3,132	㈱プリンス ホ テ ル

(注) 国土交通省鉄道局資料による。

磁気浮上式鉄道の比較

項目 \ 種類	超電導磁気浮上式鉄道	常電導磁気浮上式鉄道 (HSST)	常電導磁気浮上式鉄道 (トランスラピッド・ドイツ)
原　　　理	極低温（−269度）で電気抵抗が0になる超電導現象による強力な電磁石の磁力を利用して車両を浮上走行させる鉄道	通常の電磁石の吸引力を利用し車両を浮上走行させる鉄道	通常の電磁石の吸引力を利用し車両を浮上走行させる鉄道
開 発 目 的	高速都市間輸送	都市内・都市近郊輸送（空港アクセスを含む）	高速都市間輸送
開 発 主 体	(公財)鉄道総合技術研究所 東海旅客鉄道㈱	中部エイチ・エス・エス・ティ開発㈱	トランスラピッド・インターナショナル
浮上のしくみ	超電導電磁誘導吸引・反発（約10cm）〔側壁浮上方式〕	常電導吸引（約1cm）	常電導吸引（約1cm）
開 発 状 況	1997年から山梨実験線において本格的な走行試験を開始。 2004年、相対速度1,026km/hの高速すれ違い走行実施。 2011年、中央新幹線の走行方式に採用。 2013年、山梨実験線を更新・延伸（全長42.8km）し、走行試験を再開。	1985年筑波科学博で運行。 1986年バンクーバー交通博で運行。 1988年埼玉県で運行。 1989年横浜博で運行。 1991年名古屋市に実験線を建設し、走行実験を開始。 2001年愛知高速交通㈱軌道特許取得。（東部丘陵線藤ケ丘〜八草間営業キロ8.9km） 2005年愛知県にて運行を開始。（最高速度100km/h、営業キロ8.9km）	1979年ハンブルグ国際交通博で運行。（90 km/h） 2003年中国上海にて正式運行を開始。（最高速度430km/h、営業キロ29.9km）
最 高 速 度	実績 (有人) 603 km/h (2015年) 営業時の目標最高速度 500 km/h	実績 (無人) 307km/h (1978年、補助加速装置) (有人) 110km/h	実績 (有人) 450km/h (1993年)
断 面 の 概 略	地上一次リニアシンクロナスモーター	車上一次リニアインダクションモーター	地上一次リニアシンクロナスモーター

（注）国土交通省鉄道局資料による。

超電導磁気浮上式鉄道開発の経緯

昭和37年	リニアモーター推進浮上式鉄道の研究開始
50年	ML-100Aによる完全非接触走行成功
52年7月	宮崎実験線逆T形ガイドウェイ走行実験開始 (ML-500)
54年5月	ヘリウム冷凍機搭載走行実験 (ML-500R)
12月	最高速度517km/hを記録 (ML-500)
55年11月	宮崎実験線U形ガイドウェイ走行実験開始 (MLU001)
62年2月	MLU001 (2両編成) による有人走行400.8km/hを記録
4月	国鉄の分割民営化に伴い、鉄道総研が研究開発を承継
	MLU002走行実験開始
平成元年11月	MLU002による無人走行394km/hを記録
2年6月	運輸省は、鉄道総研、JR東海及び日本鉄道建設公団の3者に対し技術開発の基本計画及び山梨実験線の建設計画を承認
11月	山梨リニア実験線着手
3年10月	宮崎実験線で車両火災が発生し、実験車両MLU002が全焼
5年11月	宮崎実験線で、防火対策を施したMLU002N走行実験開始
6年2月	MLU002Nによる無人走行431km/hを記録
7年1月	MLU002Nによる有人走行411km/hを記録
8年7月	「山梨実験センター」開設
9年4月	山梨実験線先行区間において実験用第一編成車両 (MLX01) が走行実験開始
12月	山梨実験線において無人走行550km/h、有人走行531km/hを記録
10年2月	実験用第二編成車両が走行実験開始
11年4月	5両編成の車両による有人走行552km/hを記録
11月	高速すれ違い試験で相対速度1,003km/hを記録
14年6月	新型試験車両 (MLX01-901・MLX01-22) 山梨実験線車両基地へ搬入
15年11月	最高一日走行距離2,876kmを記録
12月	3両編成の車両による有人走行581km/hを記録
16年11月	高速すれ違い試験で相対速度1,026km/hを記録
19年1月	国土交通省は、技術開発の基本計画の変更及び山梨実験線の建設計画の変更 (先行区間の設備更新、一般区間の建設着手) を承認
20年5月	山梨リニア実験線の延伸更新工事 (18.4km→42.8km) に着手
21年4月	新型車両 (MLX01-901A・MLX01-22A) による走行試験開始
7月	超電導磁気浮上式鉄道実用技術評価委員会において、「実用化の技術の確立の見通しが得られた」と評価
22年5月	累積走行距離80万kmを突破
23年5月	全国新幹線鉄道整備法に基づく整備計画において中央新幹線の走行方式に採用
23年9月	先行区間での走行試験終了
24年11月	新型車両 (L0系) 山梨実験線車両基地へ搬入
25年8月	延伸更新された山梨リニア実験線 (42.8km) で走行試験再開
26年4月	累積走行距離100万kmを突破
27年4月	最高一日走行距離4,064kmを記録、7両編成の車両による有人走行603km/hを記録
29年2月	超電導磁気浮上式鉄道実用技術評価委員会において、「営業線に必要な技術開発は終了するとともに、今後はより一層の保守の効率化、快適性の向上等を目指した技術開発を推進すること」と評価
29年3月	国土交通省は、技術開発の基本計画の変更を承認
令和2年4月	L0系改良型試験車山梨実験線車両基地へ搬入
8月	L0系改良型試験車による走行試験開始

(注) 国土交通省鉄道局資料による。

鉄道事業に係る鉄道事業法（昭和 61 年法律第 92 号）の体系

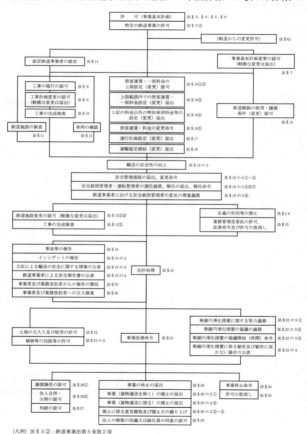

許　可（事業基本計画）　　法§3、§4、§5、§6
特定の鉄道事業の許可　　法§5②

（軌道からの変更許可）　　法§62

認定鉄道事業者の認定　　法§14

事業基本計画変更の許可
（軽微な変更は届出）　　法§7

工事の施行の認可　　法§8
工事計画変更の認可
（軽微な変更は届出）　　法§9
工事の完成検査　　法§10
鉄道施設の検査　　法§11
車両の確認　　法§13

旅客運賃・一部料金の
上限設定（変更）認可　　法§16①②
上限範囲内での旅客運賃・
一部料金設定（変更）届出　　法§16③
上記の料金以外の特別車両料金等の
設定（変更）届出　　法§16④
旅客運賃・料金の変更命令　　法§16⑤
運行計画設定（変更）届出　　法§17
運輸協定締結（変更）届出　　法§18

鉄道線路の使用・譲渡
条件（変更）認可　　法§15

輸送の安全性の向上　　法§18の2

安全管理規程の届出、変更命令　　法§18の3①～③
安全統括管理者・運転管理者の選任義務、解任の届出、解任命令　　法§18の3④⑤～⑦
鉄道事業者における安全統括管理者の意見の尊重義務　　法§18の3⑧

鉄道施設変更の認可（軽微な変更は届出）　　法§12①②
工事の完成検査　　法§12③

名義の利用等の禁止　　法§24
業務管理受委託の許可、
改善命令及び許可の取消し　　法§25

事故等の報告　　法§19
インシデントの報告　　法§19の2
大臣による輸送の安全に関する情報の公表　　法§19の3
鉄道事業者による安全報告書の公表　　法§19の4
事業者及び業務受託者からの報告の徴収　　法§55
事業者及び業務受託者への立入検査　　法§56

会計処理　　法§20

乗継円滑化措置に関する努力義務　　法§22の3①
乗継円滑化措置の協議の義務　　法§22の3②
乗継円滑化措置の協議開始（再開）命令　　法§22の3③
乗継円滑化措置に係る勧告及び勧告に従
わない場合の公表　　法§22の4

土地の立入り及び使用の許可　　法§22
植物等の伐採等の許可　　法§22の2

事業改善命令　　法§23

譲渡譲受の認可　　法§26①
法人合併・
分割の認可　　法§26②
相続の認可　　法§27

事業の休止の届出　　法§28
事業（貨物運送を除く）の廃止の届出　　法§28の2①
事業（貨物運送に係る）の廃止の届出　　法§28の2①
廃止に係る意見聴取及び廃止日の繰り上げ　　法§28の2②～⑤
法人の解散の決議又は総社員の同意の認可　　法§29

事業停止命令　　法§30
許可の取消し　　法§30

（凡例）法§5②：鉄道事業法第5条第2項

大都市センサス

　大都市交通センサスは、首都圏、中京圏、近畿圏の三大都市圏において、鉄道、バス等の大量公共機関の利用実態を調査し、各都市圏における旅客の流動量及び利用経路、時間帯別利用状況、結節点における乗換え等の実態を把握するとともに、人口分布と輸送量の関係、輸送需要構造の変化状況等を分析して、三大都市圏における公共交通ネットワークの利便性の向上、交通サービスの改善等の公共交通背策の検討に資する基礎資料とすることを目的とした調査であり、国土交通省において、昭和35年度から5年ごとに実施している。

　平成27年に実施した第12回調査の集計結果から、代表的なものを以下に紹介しておく。

① 平成27年の鉄道総輸送人員

　ー首都圏の終日の総輸送人員は、4,413万人／日で、そのうち、定期券利用者は63.4%、普通券利用者は36.6%となっている。

　ー中京圏の終日の総輸送人員は、321万人／日で、そのうち、定期券利用者は66.0%、普通券利用者は34.0%となっている。

　ー近畿圏の終日の総輸送人員は、1,337万人／日で、そのうち、定期券利用者は54.0%、普通券利用者は46.0%となっている。

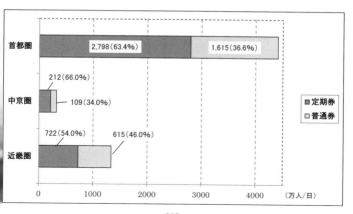

② 路線別（区間別）輸送量

(1)首都圏

首都圏では、山手線や山手線に接続する路線で終日 50 万人以上の輸送量のある区間があります。また、圏域中心（東京駅）から 30km 圏内に終日 25 万人以上の輸送量のある区間が多くあり、50km 圏内に終日 10 万人以上の輸送量のある区間があります。

首都圏　路線別駅間断面交通量（首都圏全域、終日）

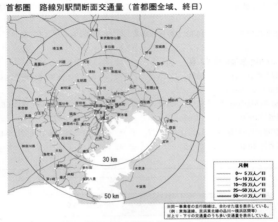

凡例
- 0〜 5万人／日
- 5〜10万人／日
- 10〜25万人／日
- 25〜50万人／日
- 50〜50万人／日

※同一事業者の並行路線は、合わせた値を表示している。
（例：東海道線、京浜東北線の品川〜横浜区間等）
※上り・下りの交通量のうち多い交通量を表示している。

注）定期券は「鉄道利用調査」、普通券は「鉄道OD調査」より集計。

参　考

(2)中京圏

中京圏では、東山線、名鉄名古屋本線で終日10万人以上の輸送量のある区間があります。また、圏域中央（名古屋駅）から30km圏内に終日5万人以上の輸送量のある区間があります。

中京圏　路線別駅間断面交通量（中京圏全域、終日）

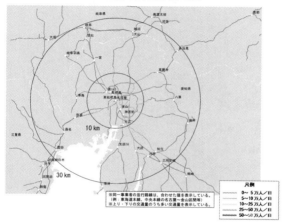

注）定期券は「鉄道利用調査」、普通券は「鉄道ＯＤ調査」より集計。

(3) 近畿圏

　近畿圏では、御堂筋線の一部区間で終日30万人以上の輸送量のある区間があります。また、圏域中心（大阪駅）から50km圏内に終日10万人以上の輸送量のある区間があります。

近畿圏　路線別駅間断面交通量（近畿圏全域、終日）

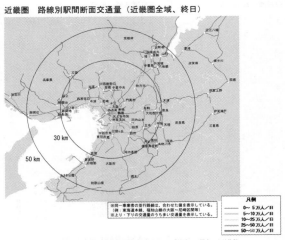

凡例

————	0～ 5万人／日
————	5～10万人／日
————	10～25万人／日
————	25～50万人／日
————	50～100万人／日

※同一事業者の並行路線は、合わせた値を表示している。
　（例：東海道本線、福知山線の大阪～尼崎区間等）
※上り・下りの交通量のうち多い交通量を表示している。

注）定期券は「鉄道利用調査」、普通券は「鉄道ＯＤ調査」より集計。

③　通勤・通学所要時間の変化

　三大都市圏における通勤・通学定期券利用者の平均所要時間は、通勤定期券利用者では、首都圏が最も長く（67.7 分）、次いで近畿圏（62.2 分）、中京圏（61.1 分）となっている。また、通学定期券利用者は、首都圏（78.1 分）、近畿圏（79.3 分）、中京圏（79.5 分）となっている。

〈首都圏〉

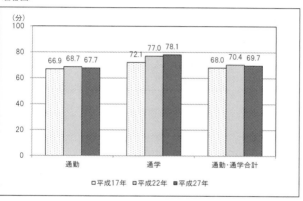

平均所要時間の変化

〈中京圏〉

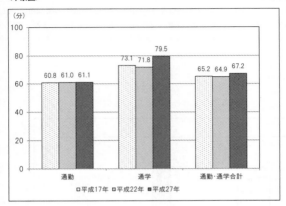

〈近畿圏〉

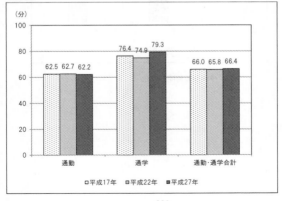

駅周辺における放置自転車の現況

　調査対象地域は、令和元年10月1日時点の、各都道府県の市、東京都特別区及び三大都市圏（東京駅から概ね半径50km、名古屋駅から概ね半径40km及び、大阪駅から概ね半径50km）の町村。全909市区町村。

　本調査において、「駅周辺」とは、最寄り駅から概ね500m以内の地域。「放置自転車」とは、自転車駐車場以外の場所に置かれている自転車であって、当該自転車の利用者が当該自転車を離れて直ちに移動することができない状態にあるもの。

1．駅周辺における自転車の放置台数の推移

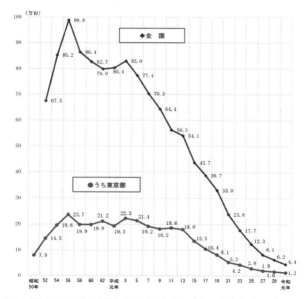

注　1）昭和50年は全国市長会調査、昭和52年から平成11年までは総務庁調査、平成13年から平成27年までは内閣府調査による。

注　2）調査対象は、昭和50年は市・区のみであるが、昭和52年以降は三大都市圏内の町村も含む。

注　3）調査時点は、各年につき10〜12月の晴天の平日、概ね午前11時頃を基準としている。

注　4）総合政策局の「駅周辺における放置自転車等の実態調査の集計結果」による。

2. 放置自転車の多い駅

(令和元年)

順位	駅　名	市区町村名	鉄道事業者名	放置台数
1	動物園前（新今宮）	大阪市(大阪府)	JR西日本、大阪メトロ、南海電鉄	1,062
2	久屋大通	名古屋市(愛知県)	名古屋市交通局	921
3	上前津	名古屋市(愛知県)	名古屋市交通局	829
4	栄	名古屋市(愛知県)	名古屋市交通局、名古屋鉄道	817
5	梅田 （大阪梅田・大阪）	大阪市(大阪府)	JR西日本、大阪メトロ、阪神電鉄、阪急電鉄	793
6	忍ヶ丘	四條畷市(大阪府)	JR西日本	758
7	伊勢佐木長者町	横浜市(神奈川県)	横浜市交通局	722
8	高岳	名古屋市(愛知県)	名古屋市交通局	715
9	松山市	松山市(愛媛県)	伊予鉄道	683
10	丸の内	名古屋市(愛知県)	名古屋市交通局	665
11	札幌	札幌市(北海道)	JR北海道、札幌市交通局	545
12	大通	札幌市(北海道)	札幌市交通局	537
13	大須観音	名古屋市(愛知県)	名古屋市交通局	496
14	福山	福山市(広島県)	JR西日本	471
15	名古屋	名古屋市(愛知県)	JR東海、名古屋市交通局、近鉄、名鉄、名古屋臨海高速鉄道	465
16	淡路	大阪市(大阪府)	阪急電鉄	446
17	矢場町	名古屋市(愛知県)	名古屋市交通局	439
18	石川町	横浜市(神奈川県)	JR東日本	382
19	恵比寿	渋谷区(東京都)	JR東日本、東京メトロ	356
20	伏見	名古屋市(愛知県)	名古屋市交通局	338
21	代官山	渋谷区(東京都)	東急電鉄	284
22	円山公園	札幌市(北海道)	札幌市交通局	279
23	すすきの	札幌市(北海道)	札幌市交通局	277
24	新下関	下関市(山口県)	JR西日本	272
25	平岸	札幌市(北海道)	札幌市交通局	266
26	中野	中野区(東京都)	JR東日本、東京メトロ	264
27	幡ヶ谷	渋谷区(東京都)	京王電鉄	263
28	川口	川口市(埼玉県)	JR東日本	256
29	新小岩	葛飾区(東京都)	JR東日本	254
	福井	福井市(福井県)	JR西日本	254

注）調査対象市区町村は、各都道府県の市、東京都特別区及び三大都市圏の町村。
　　総合政策局「駅周辺における放置自転車等の実態調査の集計結果」による

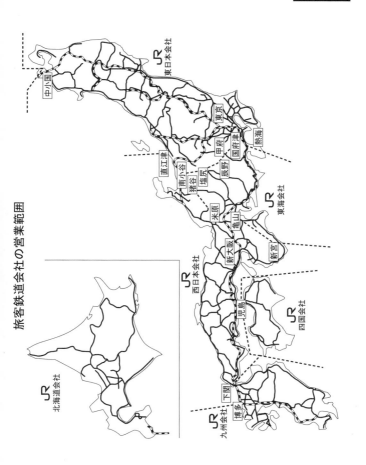

旅客鉄道会社の営業範囲

JR 北海道会社

JR 東日本会社

JR 東海会社

JR 西日本会社

JR 四国会社

JR 九州会社

中小国

東京

直江津 甲府 国府津 熱海

南小谷 塩尻 辰野

猪谷 米原 亀山

新大阪 新宮

児島

下関 博多

輸送機関別のエネルギー効率及び環境への影響
運輸部門における二酸化炭素排出原単位

●旅客輸送機関の二酸化炭素排出原単位（2018年度）

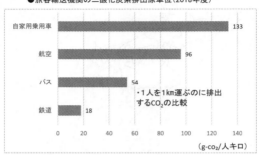

・1人を1km運ぶのに排出するCO₂の比較

自家用乗用車 133
航空 96
バス 54
鉄道 18

（g-co₂/人キロ）

資料：国土交通省資料による

●貨物輸送機関の二酸化炭素排出量原単位（2018年度）

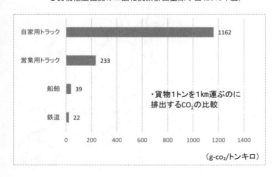

・貨物1トンを1km運ぶのに排出するCO₂の比較

自家用トラック 1162
営業用トラック 233
船舶 39
鉄道 22

（g-co₂/トンキロ）

資料：国土交通省資料による

鉄道関連主要年表

1869	（明治 2）	11.10	鉄道建設の廟議決定（東京・京都の幹線と東京・横浜、京都・神戸、琵琶湖畔・敦賀の三支線）…我が国初の鉄道計画
1870	（明治 3）	3.19	民部大蔵省に鉄道掛設置
		3.25	傭英国人建設技師エドモント・モレルらが、東京汐留から測量を開始
1871	（明治 4）	8.14	工部省に鉄道寮設置
1872	（明治 5）		鉄道略則(2月公布)、鉄道犯罪罰則(5月公布)
		10.14	新橋・横浜間(29km)鉄道開通
1873	（明治 6）	9.15	新橋・横浜間で貨物輸送を開始
1877	（明治 10）	1.11	工部省に鉄道局設置(鉄道寮廃止)
1881	（明治 14）	12.	日本鉄道会社設立(上野・青森間の鉄道敷設を目的とするわが国最初の私鉄鉄道、1883年7月28日に上野・熊谷開通)
1882	（明治 15）	6.25	東京馬車鉄道　新橋・日本橋間開業〈軌道業の開始〉
1885	（明治 18）	12.26	工部省の廃止により鉄道局は内閣直轄となる
		12.29	阪堺鉄道　難波・大和川北岸間開通(1888年5月、堺まで全通)
1887	（明治 20）	5.18	私設鉄道条例公布 (1885〜90年　第1次私鉄ブーム)
1889	（明治 22）	7.1	東海道線全通(新橋・神戸間)
1890	（明治 23）	5.	内国勧業博覧会で電車試運転(東京電灯社)
		8.23	軌道条例公布
		9.6	鉄道局を鉄道庁と改称、内務大臣直轄となる
1891	（明治 24）	9.1	上野・青森間(東北線全通：日本鉄道会社)

1892	（明治 25）	6.21	鉄道敷設法公布
		6.21	鉄道庁、内務省から逓信省に移管
1893	（明治 26）	6.1	神戸工場で860形タンク機関車を製作〈初めて国産機関車が完成〉
		11.10	鉄道庁は鉄道局と改称、逓信省の内局となる（1895〜1900年　第2次私鉄ブーム）
1895	（明治 28）	2.1	京都電気鉄道開業〈電気鉄道のはじめ〉
1896	（明治 29）	9.1	新橋・神戸間急行列車を運転
1900	（明治 33）	3.16	私設鉄道法公布（10.1施行）
		3.16	鉄道営業法公布（10.1施行）
1903	（明治 36）	8.22	東京電車鉄道の新橋・品川間開業（東京最初の市内電車）
		9.12	大阪市の路面電車開業（わが国初の公営鉄道）
1905	（明治 38）	3.13	鉄道抵当法公布（7.1施行）
1906	（明治 39）	3.31	鉄道国有法公布（4.20施行）

> 日本、山陽、九州など17鉄道路線　総延長4,800km買収。なお、1905年末5,231kmの民営鉄道に対し官鉄総延長は2,413kmであった。なお、市街鉄道についても東京（1911年）を皮きりに市営化が進行することとなる。

1907	（明治 40）	3.12	帝国鉄道庁官制公布（4.1施行）
1908	（明治 41）	12.5	鉄道院官制公布、施行：鉄道行政を逓信省から内閣に移管（鉄道院に軌道に関する権限も加わる。）
1909	（明治 42）	4.1	関西本線湊町・柏原間で気動車運転を開始〈気動車運転のはじめ〉
		4.13	軌道の抵当に関する法律公布（7.22施行）
1910	（明治 43）	4.21	軽便鉄道法公布（8.3施行）
1911	（明治 44）	3.23	軽便鉄道補助法公布（1912.1.1施行）
		8.1	東京市、市内電車を市営化

1914	（大正 3）	7.10	軽便鉄道協会（現在の（社）日本民営鉄道協会の前身）発足
1919	（大正 8）	3.1	中央本線、東京・中野間直通電車運転開始
		4.10	地方鉄道法公布（8.15施行）
1920	（大正 9）	5.15	鉄道省設置
1921	（大正 10）	4.14	軌道法公布（1924.1.1施行）
1922	（大正 11）	4.11	鉄道敷設法公布（5.1施行）
		10.13	鉄道大臣通達により毎年10月14日を「鉄道記念日」と定められる
1923	（大正 12）	9.1	関東大震災（震災後、自動車が急速に普及）
1925	（大正 14）	11.1	神田・上野間完成による山手線環状運転開始
1926	（大正 15）	4.25	東京駅、上野駅で自動券売機による入場券の発売を開始
1927	（昭和 2）	12.30	東京地下鉄道 浅草・上野間開業（わが国初の地下鉄）
1930	（昭和 5）	10.1	東京・神戸間に特急燕号運転開始
1931	（昭和 6）	4.1	自動車交通事業法公布（1933.10.1施行）
		9.1	清水トンネル完成
1932	（昭和 7）	4.1	京都市トロリーバス導入
1934	（昭和 9）	12.1	丹那トンネル完成
1938	（昭和 13）	4.1	国家総動員法公布（5.5施行）
		4.2	陸上交通事業調整法公布（8.1施行）
1940	（昭和 15）	2.1	陸運統制令公布（2.25施行）〔民営鉄道22社　1,051kmが買収〕
		12.	交通事業調整委員会「東京市及びその付近における陸上交通事業の調整に関する具体方策」答申〔王子軌道、東急玉川線の一部は東京市に、郊外民鉄は民鉄4社（東京急行電鉄、西武農業鉄道、東武鉄道、京成電鉄）に統合、地下鉄は四事業者

		〔東京市、東京地下鉄道、東京高速鉄道、京浜地下鉄道〕が帝都高速度交通営団に統合〕
1941 （昭和 16）	3.7	帝都高速度交通営団法公布（5.1施行）
1942 （昭和 17）		配電統制令、これにより電鉄業と電力業が分離
	6.11	関門トンネル完成（営業開始11.15）
1943 （昭和 18）	11.1	運輸通信省設置
1945 （昭和 20）	5.19	運輸通信省より通信部門を分離、運輸省となる
	8.15	終戦
1945〜49 年 （昭和 20〜24 年）		民営鉄道の再編成 1936年度末における地方鉄軌道経営者数 370社9,450km輸送人員22億8千万人/終戦時（1947年度）地方鉄軌道経営者数210社7,796km　輸送人員40億6千万人
		鉄道復興5ヵ年計画策定（国有鉄道）
		鉄道重点産業となる（傾斜生産方式）
1948 （昭和 23）	7.7	国有鉄道運賃法公布（7.10施行）
	12.20	日本国有鉄道法公布（1949.6.1施行）
1949 （昭和 24）	5.25	日本国有鉄道法施行法公布（6.1施行）
	5.31	運輸省設置法公布（6.1施行）、日本国有鉄道を分離
	9.15	東京・大阪間に特急が復活（「へいわ」のち「つばめ」と改称）
1951 （昭和 26）	3.	川崎トロリーバスを導入（占領軍の勧奨・東京都1952.5、大阪市1953.9）
	6.1	道路運送法公布（7.1施行）
		ワンマンバス運転開始
	10.25	国内民間航空営業開始（1番機マーチン202もく星号就航）
1953 （昭和 28）	8.5	地方鉄道軌道整備法公布、施行

	12.1	参宮道路開通（有料道路第1号）
1954　（昭和29）	1.20	戦後最初の地下鉄開通（池袋〜御茶の水）
	5.20	第1次道路整備5箇年計画決定
1955　（昭和30）	7.19	都市交通審議会設置
	12.23	経済自立5ヵ年計画策定
		（1956. 7. 17発表第10次経済白書「もはや戦後ではない」）
1956　（昭和31）	4.16	日本道路公団設立
1957　（昭和32）	4.1	国鉄施設整備5ヵ年計画発足（1956年8月計画策定）
	4.16	国土開発縦貫自動車道建設法公布、施行
		（1966.7　国土開発幹線自動車道建設法となる）
	4.26	高速自動車国道法公布、施行
	9.5	仙山線仙台・作並間で交流電気機関車の運転を開始〈交流電化のはじめ〉
		大手民鉄輸送力増強計画を策定 1957〜61年度計画投資額1,079億円 1960年度末累積投資額727億円　同年度で打ち切り
	12.	新長期経済計画策定
	11.1	東京・神戸間に特急「こだま」の運転を開始
1958　（昭和33）	12.12	東海道新幹線を1959年から5ヵ年計画で工事着工することに決定（交通閣僚懇談会）（1959. 4. 20起工）
1959　（昭和34）	3.15	地下鉄丸ノ内線　池袋・銀座・新宿全線開通
	4.	日本開発銀行による大都市民営鉄道への融資開始
	4.14	首都高速道路公団法公布施行（6.17公団設立）
	11.5	汐留・梅田間に特急コンテナ列車「たから」を運転

	12. 3	個人タクシーに初の免許
1960　(昭和35)	12. 4	都営1号線と京成線との相互直通乗入れ開始(直通運転の開始)
	12. 10	上野・青森間の特急「はつかり」を気動車化(ディーゼル特急のはじめ)
	12. 27	国民所得倍増計画策定
1961〜63年度 (昭和36〜38年度)		⎡大手民鉄第1次輸送力増強3ヵ年計画 　投資計画額1,266億円　実績額1,270億円 　(輸送力18%増強、ラッシュ時混雑率は14 ⎣社平均で235%へ)
1961　(昭和36)	11. 7	踏切道改良促進法公布、施行
1962　(昭和37)	4. 1	地下高速鉄道建設費補助制度スタート
		⎡実勢金利と6.5%の利差を補助する利差補 　給方式。1962年度は営団、東京都、名古屋 ⎣市及び大阪市に対し、1億8千万円
	5. 1	阪神高速道路公団設立
	10. 5	全国総合開発計画決定
1963　(昭和38)	4. 25	大阪駅前に我が国初の横断歩道橋完成
	7. 16	名神高速道路 尼崎・栗東間開通(1965. 7全線開通)
1964　(昭和39)	2. 29	日本鉄道建設公団法公布、施行
1964〜66年度 (昭和39〜41年度)		⎡大手民鉄第2次輸送力増強3ヵ年計画 　投資計画1,657億円　投資実績額1,452億円 ⎣(輸送力25%増、平均混雑率231%へ)
1964　(昭和39)	9. 17	羽田・浜松町間モノレール開通
	10. 1	東海道新幹線（東京〜新大阪）開業

	10. 10	第18回オリンピック東京大会
	〜10. 24	(1964年度国鉄財政赤字となる)
1965 (昭和40)	1.	中期経済計画策定
1966 (昭和41)	4. 1	地方バスに対する補助金制度開始
1967 (昭和42)	1. 5	1966年中の交通事故死亡者史上最高(13,895人)(「交通戦争」という新語生まれる)
	2. 28	物価安定推進会議設置決定
	3. 13	経済社会発展計画策定
	6. 28	(社)日本民営鉄道協会発足
	8. 3	公害対策基本法公布、施行
	10. 1	新大阪・博多間に寝台特急電車「月光」の運転を開始〈世界初の寝台特急電車運転〉
	12. 10	初の年末年始交通安全総点検の実施
1968 (昭和43)	3. 1	日本の人口1億人突破
1969 (昭和44)	5. 9	国鉄再建10カ年計画発足
		日本国有鉄道財政再建促進特別措置法公布、施行
1967〜71年度 (昭和42〜46年度)		⎡ 大手民鉄第3次輸送力増強計画 計画投資額4,800億円 投資実績額4,433億円、平均混雑率207%へ ⎤
1969 (昭和44)	5. 26	東名高速道路全線開通
	5. 30	新全国総合開発計画策定
	9.	「都市における道路と鉄道との連続立体交差化に関する協定」…連続立体交差化の推進
	12. 8	新幹線「ひかり」16両編成化
1970 (昭和45)	3. 14	日本万国博覧会開催(〜9. 13)
	5. 1	新経済社会発展計画策定
	5. 18	全国新幹線鉄道整備法公布(6.18施行)

	5. 20	運輸政策審議会、運輸技術審議会設置
	5. 27	サイリスタ・チョッパ車の導入(阪神)
	6. 1	交通安全対策基本法公布、施行
1971 (昭和46)	7. 31	運輸政策審議会「総合交通体系のあり方及びこれを実現するための基本的方策について」答申
1972〜76年度 (昭和47〜51年度)		⎡ 大手民鉄第4次輸送力増強計画 計画投資額7,383億円、投資実績額6,631億円 ⎣ (輸送力12%増強、平均混雑率199%へ)
1972 (昭和47)	3. 15	山陽新幹線(新大阪〜岡山)開業
	4.	地方鉄軌道近代化設備整備費補助制度を発足
	5. 15	沖縄復帰
	6. 9	日本鉄道建設公団による民鉄線建設等の助成制度発足
	11. 17	都市モノレールの整備の促進に関する法律公布、施行
1973 (昭和48)	2. 13	経済社会基本計画策定
	4. 27	春闘史上初の交通ゼネスト
	7. 10	名古屋・長野間に振子式特急電車「しなの」運転開始〈国内初の振子式電車運転〉
1975 (昭和50)	3. 10	山陽新幹線(岡山〜博多)開業
	6. 25	宅地開発公団法公布、施行
	7. 20	沖縄国際海洋博覧会開催(〜1976. 1. 18)
1976 (昭和51)	3. 2	国鉄の蒸気機関車全廃
	5. 14	昭和50年代前期経済計画策定
1977〜81年度 (昭和52〜56年度)		⎡ 大手民鉄第5次輸送力増強計画 計画投資額7,602億円 ⎣ 投資実績額7,545億円、平均混雑率189%へ
1977 (昭和52)	7. 26	国鉄宮崎実験線において磁気浮上方式鉄道(リニア・モーターカー)の浮上走行実験開始

	11. 4	第3次全国総合開発計画決定
	12.16	日本国有鉄道運賃法及び日本国有鉄道法の一部改正法公布(1978. 3. 31施行)…運賃決定方式の弾力化と投資対象事業の拡大
1978 (昭和53)	1.	交通対策本部「自転車駐車対策の推進について」決定
	4.	地下鉄補助制度の改正(建設費の70%相当額を国と地方公共団体折半で10年分割交付)
	5.20	新東京国際空港開港
	7.30	沖縄における交通方法の変更
1979 (昭和54)	8.10	新経済社会7ヵ年計画策定
	12.21	リニアモーターカーML-500形が時速517km/h を記録
1980 (昭和55)	11.25	自転車の安全利用の促進及び自転車駐車場の整備に関する法律公布(1981.5.20施行)
	12.27	日本国有鉄道経営再建促進特別措置法公布、施行
1981 (昭和56)	5.22	住宅・都市整備公団法公布、施行
1982～86 年度 (昭和57～61 年度)		⎡ 大手民鉄第6次輸送力増強計画 　 計画投資額9,527億円 ⎣ 投資実績額9,714億円、平均混雑率184%へ
1982 (昭和57)	6.23	東北新幹線(大宮～盛岡)開業
	11.15	上越新幹線(大宮～新潟)開業
1983 (昭和58)	8.	1980年代経済社会の展望と指針策定
1985 (昭和60)	3.10	青函トンネル本坑貫通
	3.14	東北、上越新幹線(上野～大宮)開業
	3.16	科学万博―つくば ‘85開催(～9. 16)
	7.26	日本国有鉄道再建監理委員会「国鉄改革に関する意見」を答申

	10.11	政府「国鉄改革のための基本方針」閣議決定
1986（昭和61）	4.30	特定都市鉄道整備促進特別措置法公布（7.29施行）
	11.28	国鉄改革関連8法成立
	12.4	〃　　　　公布（1987.4.1施行）
1987～91年度 （昭和62～平成3年度）		⎡ 大手民鉄第7次輸送力増強計画 ⎸ 計画投資額16,542億円 ⎣ 投資実績額17,133億円、平均混雑率179%へ
1987（昭和62）	4.1	国鉄分割・民営化、JR7社発足
1988（昭和63）	3.13	津軽海峡線（青函トンネル）開業
	4.10	本四備讃線（瀬戸大橋）開業
	5.	「世界とともに生きる日本」策定
1989（平成元）	5.31	運輸政策審議会第10号答申 「大阪圏における高速鉄道を中心とする交通網の整備に関する基本計画について」
1990（平成2）	5.31	相模鉄道が日本民営鉄道協会より大手として承認される
1991（平成3）	4.26	鉄道整備基金関連法（鉄道三法）公布、施行
	5.14	信楽高原鐵道で列車衝突事故
	6.3	運輸政策審議会総合部会答申
	6.20	東北新幹線（東京～上野）開業
	7.1	運輸省組織改正（鉄道局発足）
	9.4	東北新幹線（盛岡～青森）着工
	9.7	九州新幹線（八代～西鹿児島）着工
	9.17	北陸新幹線（軽井沢～長野）着工
	10.1	鉄道整備基金設立
1992～96年度 （平成4～8年度）		⎡ 大手民鉄第8次輸送力増強計画 ⎸ 計画投資額21,490億円 ⎣ 投資実績額20,108億円、平均混雑率163%へ

1992 （平成 4）	1.10	運輸政策審議会第12号答申	
		「名古屋圏における高速鉄道を中心とする交通網の整備に関する基本計画について」	
	6. 2	関東鉄道で列車脱線事故	
	6.19	運輸政策審議会第13号答申	
		「21世紀に向けての中長期の鉄道整備に関する基本的考え方について」	
	6.25	生活大国5か年計画策定	
	7. 1	山形新幹線(福島〜山形)新在直通運転開始	
	8.27	北陸新幹線(西石動信号場〜金沢)着工	
1993 （平成 5）	10.13	北陸新幹線(糸魚川〜魚津)着工	
	10.26	ＪＲ東日本株式上場	
1994 （平成 6）	6.17	特定都市鉄道整備促進特別措置法の一部を改正する法律公布 (8.1施行)	
	6.28	運輸技術審議会答申	
		「21世紀に向けての鉄道技術開発のあり方について」	
	9. 4	関西新空港開港	
	10.14	第1回「鉄道の日」	
1995 （平成 7）	1.17	阪神・淡路大震災発生	
	3.20	地下鉄サリン事件発生	
1996 （平成 8）	10. 8	ＪＲ西日本株式上場	
1997 （平成 9）	1. 1	新しい旅客鉄道運賃制度導入	
	3.22	秋田新幹線(盛岡〜秋田間)新在直通運転開始	
	5.30	全国新幹線鉄道整備法の一部を改正する法律公布、施行	
	10. 1	北陸新幹線(高崎〜長野)開業	
		運輸施設整備事業団設立	
	10. 8	ＪＲ東海株式上場	

1998 （平成 10）	3.21	九州新幹線(船小屋〜新八代)着工
	3.28	東北新幹線(八戸〜新青森)着工
		北陸新幹線(長野〜上越)着工
	6.15	運輸政策審議会鉄道部会答申 「旅客鉄道分野における需給調整規制廃止に向けて必要となる環境整備方策等について」
	10.19	日本国有鉄道清算事業団の債務等の処理に関する法律公布（10.22施行）
	11.13	運輸技術審議会答申 「今後の鉄道技術行政のあり方について」
1999 （平成 11）	4.14	リニア、山梨実験線で最高速度552km/hを達成
	5.21	鉄道事業法の一部を改正する法律公布（2000.3.1施行）
	6.27	山陽新幹線福岡トンネル内でコンクリート剥落事故
	11.28	ＪＲ北海道室蘭線礼文浜トンネルにおいてコンクリート剥落事故発生
	12.4	山形新幹線(山形〜新庄)開業
2000 （平成 12）	1.27	運輸政策審議会第18号答申 「東京圏における高速鉄道を中心とする交通網の整備について」
	3.8	営団地下鉄日比谷線中目黒駅において列車脱線衝突事故発生
	5.17	高齢者、身体障害者等の公共交通機関を利用した移動の円滑化の促進に関する法律（交通バリアフリー法）公布（11.15施行）
	8.1	運輸政策審議会第19号答申 「中長期的な鉄道整備の基本方針及び鉄道整備の円滑化方策について」

2001	（平成13）	1.6	北海道開発庁、国土庁、運輸省及び建設省を母体とする国土交通省設置
		4.25	航空事故調査委員会設置法等の一部を改正する法律公布（10.1施行）
		5.27	北陸新幹線（上越〜富山）着工
		6.2	九州新幹線（博多〜船小屋）着工
		6.22	旅客鉄道株式会社及び日本貨物鉄道株式会社に関する法律の一部を改正する法律公布（12.1施行）
		7.19	平成12年12月に続き、平成13年6月に列車衝突事故を発生した京福電気鉄道に対し、保安監査等を実施し、事業改善命令を発出。
2002	（平成14）	2.22	ＪＲ九州鹿児島線において列車衝突事故発生
		5.31	ワールドカップ・サッカー大会開催（〜6.30）（深夜の新幹線輸送等輸送対策を実施）
		6.12	全国新幹線鉄道整備法の一部を改正する法律公布、施行
		6.21	ＪＲ東日本株式の完全売却
		12.1	東北新幹線（盛岡〜八戸）開業
		12.18	独立行政法人鉄道建設・運輸施設整備支援機構法公布（2003.10.1施行）
		12.18	東京地下鉄株式会社法公布、施行
2003	（平成15）	10.1	独立行政法人鉄道建設・運輸施設整備支援機構設立
		12.2	リニア、山梨実験線で最高速度581km/hを達成
2004	（平成16）	3.12	ＪＲ西日本株式の完全売却
		3.13	九州新幹線（新八代〜鹿児島中央）開業
		4.1	東京地下鉄株式会社（東京メトロ）発足

	10. 23	上越新幹線列車脱線事故発生（新潟県中越地震）
	12. 16	整備新幹線政府・与党申合せを締結
2005 （平成 17）	3. 2	土佐くろしお鉄道宿毛線宿毛駅構内において列車脱線事故発生
	3. 15	東武鉄道伊勢崎線竹ノ塚駅構内第1種踏切において死傷事故発生
	3. 25	日本国際博覧会（愛知万博）開催（〜9.25）
	4. 25	ＪＲ西日本福知山線において列車脱線事故発生
	5. 6	都市鉄道等利便増進法公布(8.1施行)
	5. 22	北海道新幹線(新青森〜新函館)着工
	5. 24	エコレールマークの認定
	6. 4	北陸新幹線(富山〜金沢及び福井駅部)着工
	12. 6	鉄道テロ対策としての危機管理レベルの認定・運用の開始
	12. 25	ＪＲ東日本羽越線において列車脱線事故発生
2006 （平成 18）	3. 31	運輸の安全性の向上のための鉄道事業法等の一部を改正する法律公布(10.1施行)
	4. 5	ＪＲ東海株式の完全売却
	4. 14	ＪＲ北海道においてＤＭＶ試験的営業運行開始（〜11.11）
	6. 19	交通政策審議会陸上交通分科会鉄道部会中間とりまとめ（ネットワークとサービスの充実に向けて直ちに具体化を図るべき施策）
	6. 21	高齢者、障害者等の移動等の円滑化の促進に関する法律（バリアフリー法）公布(12.20施行)
2007 （平成 19）	3. 1	ＪＲ北海道石北線において列車脱線事故発生
	5. 25	地域公共交通の活性化及び再生に関する法律」公布（10.1施行）

2008	(平成20)	1.25	交通政策審議会陸上交通分科会鉄道部会・緊急提言「地域の暮らしや観光、まちづくりに組み込まれた持続可能な鉄道輸送の実現に向けて」
		4.28	九州新幹線武雄温泉〜諫早間着工
		6.19	交通政策審議会陸上交通分科会鉄道部会提言「環境新時代を切り拓く、鉄道の未来像」取りまとめ
		12.24	中央新幹線東京都・大阪市間の供給輸送力、施設・車両の技術開発、建設費用等に関する調査を指示
2009	(平成21)	2.24	地域公共交通の活性化及び再生に関する法律に基づく鉄道事業再構築事業実施計画の認定（福井鉄道、若桜鉄道：3.13）
		12.24	整備新幹線問題検討会議決定 「整備新幹線の整備に関する基本方針」 「当面の整備新幹線の整備方針」 中央新幹線東京都・大阪市間の供給輸送力、施設・車両の技術開発、建設費用等に関する調査報告書の提出（ＪＲ東海、鉄道・運輸機構）
2010	(平成22)	2.24	中央新幹線の営業主体及び建設主体の指名並びに整備計画の決定について交通政策審議会へ諮問
		12. 4	東北新幹線(八戸〜新青森)開業
2011	(平成23)	3.11	東日本大震災発生
		3.12	九州新幹線鹿児島ルート(博多〜新八代)開業
		5.12	交通政策審議会陸上交通分科会鉄道部会中央新幹線小委員会答申
		5.20	中央新幹線の営業主体及び建設主体の指名
		5.26	中央新幹線の整備計画の決定
		5.27	ＪＲ北海道石勝線において列車脱線火災事故発生
		6. 15	日本国有鉄道清算事業団の債務等の処理に関する法律等の一部を改正する法律公布（8.1施行）

	12. 26	整備新幹線の取扱いについて（政府・与党確認事項）の決定
2012（平成24）	1. 25	整備新幹線の収支採算性や投資効果の確認等について交通政策審議会へ付議
	4. 3	交通政策審議会陸上交通分科会鉄道部会整備新幹線小委員会とりまとめ
	8. 18	九州新幹線（武雄温泉～長崎）着工
	8. 19	北陸新幹線（金沢～敦賀）着工
	8. 27	北海道新幹線（新函館～札幌）着工
2013（平成25）	3. 16	東急東横線と東京メトロ副都心線との相互直通運転開始
	3. 23	交通系 IC カード全国相互利用サービス開始
	11. 6	タイ・バンコク市パープルラインの我が国企業による受注の発表
	12. 4	交通政策基本法公布、施行
2014（平成26）	4. 6	三陸鉄道全線運行再開
	4. 18	東京圏における今後の都市鉄道のあり方について交通政策審議会へ諮問
	5. 21	地域公共交通の活性化及び再生に関する法律の一部を改正する法律公布（11.20施行）
	12. 17	中央新幹線（品川～名古屋間）着工
2015（平成27）	3. 14	北陸新幹線（長野～金沢）開業
	6. 10	旅客鉄道株式会社及び日本貨物鉄道株式会社に関する法律の一部を改正する法律公布（2016. 4. 1施行）
2016（平成28）	3. 26	北海道新幹線（新青森～新函館北斗）開業
	4. 20	交通政策審議会第198号答申「東京圏における今後の都市鉄道のあり方について
	10. 25	ＪＲ九州株式上場・完全売却
	11. 18	独立行政法人鉄道建設・運輸施設整備支援機構法の一部を改正する法律公布、施行

2018	（平成30）	6. 22	鉄道軌道整備法の一部を改正する法律公布（8. 1施行）
2019	（平成31）	3. 24	ハード・ソフト両面にわたり日本が全面的に支援を実施したジャカルタ都市高速鉄道（MRT）南北線が開業
		6. 1	横浜シーサイドライン金沢シーサイドライン新杉田駅構内において人身傷害事故発生
		9. 5	京浜急行電鉄本線神奈川新町駅構内の踏切道において列車脱線事故発生
2020	（令和2）	12. 22	「東京圏における今後の地下鉄ネットワークのあり方等について」交通政策審議会へ諮問
2021	（令和3）	3. 31	日本国有鉄道清算事業団の債務等の処理に関する法律等の一部を改正する法律公布（4.1施行）
2021	（令和3）	7. 15	交通政策審議会第371号答申（東京圏における今後の地下鉄ネットワークのあり方等について）

ＪＲ北海道

87. 4. 1	北海道旅客鉄道株式会社発足	98. 7. 1	新型ノロッコ列車、釧網線釧路～塘路間運転開始
88. 3. 13	青函連絡航路廃止 青函トンネル開業 海峡線(中小国～木古内間)開業 寝台特急「北斗星」営業運転開始	98. 11. 21	札幌都市圏の駅に自動改札システムを導入
		99. 2. 26	小樽築港駅上下線舎供用開始
88. 4. 29	SL「C62－3号」営業運転開始	99. 5. 1	SL(C11－171号)復元
90. 9. 1	L特急「スーパーホワイトアロー」営業運転開始	99. 6. 11	留萌線「SLすずらん号」運転開始 富良野線に新型ノロッコ列車運転開始。「ラベンダー畑駅」(臨時駅)設置
90. 10. 16	デンマーク国鉄(DSB)との姉妹鉄道提携調印	99. 7. 16	豪華寝台特急「カシオペア」上野～札幌間運転開始
91. 7. 27	札幌～帯広間にグリーン車及び個室付2階建車両を増結した「スーパーとかち」運転	99. 11. 28	室蘭線礼文浜トンネル内でコンクリート塊が落下し、貨物列車が脱線
92. 7. 1	ダイヤ改正 ・快速「エアポート」運転開始。新千歳空港駅開業	00. 3. 11	ダイヤ改正 ・札幌～稚内間で新型特急「スーパー宗谷」営業運転開始 学園都市線複線高架事業完成
92. 7. 18	新リゾート車両「ノースレインボーエクスプレス」運転開始	00. 3. 31	有珠山噴火。室蘭線等で列車の運行に多大な影響
93. 3. 18	ダイヤ改正 ・急行「まりも」廃止	00. 10. 7	函館線札幌～小樽～ニセコ間で「SLニセコ号」運転
94. 1. 20	「道東高速鉄道株式会社」設立	00. 12. 25	721系快速「エアポート」の指定席に「uシート」新登場
94. 3. 1	ダイヤ改正 ・札幌～函館間に振子特急「スーパー北斗」営業運転開始	01. 4. 28	函館線函館～森間に「SL函館大沼号」運転
94. 10. 23	リゾート列車の第一号「アルファコンチネンタルエクスプレス」が引退	01. 7. 1	ダイヤ改正 ・特急「おおぞら」が全列車「スーパーおおぞら」化
95. 1. 27	経営ビジョン「ステップ アップ 21」を発表	02. 3. 16	ダイヤ改正 ・L特急「スーパーホワイトアロー」が旭川～札幌～新千歳空港間を直通運転
95. 3. 16	ダイヤ改正 ・学園都市線、一部(太平～篠路間)複線化開業 ・函館線に新駅「ほしみ駅」(星置～銭函間)が開業	02. 3. 27	JR北海道グループ中期経営計画「スクラムチャレンジ21」を発表
		02. 4. 27	函館線池田町～銚子口間に「流山温泉駅」開業
95. 7. 22	281系振子式特急気動車「スーパー北斗」がローレル賞を受賞	02. 5. 25	手稲橋上駅舎・自由通路供用開始
95. 9. 4	深名線運輸営業廃止。バス転換	02. 12. 1	ダイヤ改正 ・函館～八戸間に特急「スーパー白鳥」「白鳥」運転開始
96. 1. 10	鉄道旅客運賃改定	03. 3. 6	JRタワー開業
96. 6. 23	学園都市線新川高架開業	03. 6. 21	函館駅新駅舎開業
96. 9. 1	富良野線に「緑が丘駅」(神楽岡～西御料間)が開業	03. 8. 1	JR北海道インターネット指定席予約サービス開始
96. 11. 24	根室線帯広高架開業	04. 3. 15	エコロジー委員会設置
96. 12. 24	札幌圏輸送に新型通勤電車(731系)導入	05. 3. 31	JR北海道グループ中期経営計画「スクラムチャレンジ2006」を発表
97. 3. 22	ダイヤ改正 ・札幌～釧路間に振子特急「スーパーおおぞら」営業運転開始	05. 4. 1	組織改正(新幹線計画室新設)
97. 10. 1	室蘭駅新駅舎開業		
97. 10. 22	宗谷線高速化事業起工式		

05.6.1	札幌駅と新千歳空港駅に「JR北海道外国人インフォメーションセンター」を設置
05.9.14	札幌駅のルーフデザイン「direction」がブルネル賞を受賞
06.3.18	ダイヤ改正・道内相互発着の特急列車等の全面禁煙化の実施
06.6.1	組織改正(DMV推進センター、ICカード推進室新設)
07.4.14	釧網線浜小清水～藻琴間でDMV(デュアル・モード・ビークル)の試験の営業運行を開始
07.6.13	JR北海道グループ中期経営計画「スクラムチャレンジ2011」を発表
07.6.23	岩見沢駅新駅舎開業
07.10.1	ダイヤ改正・L特急「スーパーカムイ」運転開始
08.3.1	東室蘭駅新駅舎開業
08.3.17	組織改正(Kitaca事業室新設)
08.5.21	WCRR2008(世界鉄道研究会議)で論文「モータ・アシスト式ハイブリット駆動システムの開発」がPrize of Best Paperを受賞
08.10.25	ICカード乗車券「Kitaca」サービス開始
09.3.14	Kitaca電子マネーサービス開始・Suicaとの相互利用サービス開始
09.3.30	岩見沢複合駅等完成
09.8.1	札幌鉄道病院が全棟完成に伴い「JR札幌病院」へ名称を変更
09.10.1	ダイヤ改正・特急「とかち」が全列車「スーパーとかち」化
09.11.6	岩見沢複合駅舎が「2009年度グッドデザイン大賞」を受賞
09.12.1	「JR北海道文化財団」設立
10.6.22	組織改正(新幹線計画部設置)
10.10.10	旭川鉄道高架開業
10.12.4	ダイヤ改正・東北新幹線新青森開業特急「スーパー白鳥」「白鳥」の運転区間が函館～新青森に
11.1.30	白石橋上駅舎開業
11.4.3	稚内駅新駅舎開業
11.5.27	石勝線清風山信号場構内で列車脱線火災事故発生
11.7.28	岩見沢駅舎がブルネル賞を受賞
11.10.23	野幌鉄道高架開業
12.4.1	組織改正(新幹線開業準備室新設)
12.6.1	学園都市線桑園～北海道医療大学間電化開業
12.6.19	組織改正(企画室設置。企画部は「駅業務部」へ名称変更)
12.10.27	ダイヤ改正・学園都市線桑園～北海道医療大学間全面電車化等
12.11.14	「安全基本計画(案)」、JR北海道グループ「中期経営計画2016」策定
13.3.23	交通系ICカードの全国相互利用サービス開始
13.4.1	組織改正(新幹線推進本部設置)
13.4.26	江差線(木古内～江差間)の鉄道事業廃止届を提出
13.5.31	国土交通省運輸安全委員会から石勝線列車脱線火災事故に係る「鉄道事故調査報告書」が公表され、当社は「勧告」を受領
13.6.12	札幌市交通局等におけるKitacaの利用サービス開始
13.9.19	函館線大沼駅構内で貨物列車脱線事故発生
13.10.4	国土交通省鉄道局長から「保安監査の結果による当面の改善指示について」を受領
13.10.25	「保安監査の結果による当面の改善指示について(その2)」を受領
13.11.1	ダイヤ修正・最高速度、運転本数の見直し
13.11.29	国土交通省鉄道局長から「保安監査の結果による当面の改善指示について(その3)」を受領
14.1.24	国土交通省から「輸送の安全に関する事業改善命令及び事業の適切かつ健全な運営に関する監督命令」を受領
14.3.14	竜飛海底駅、吉岡海底駅、知内駅廃止
14.3.15	ダイヤ改正・最高速度の見直し
14.3.24	組織改正(資金管理室設置)
14.4.1	消費税引上げに伴う運賃・料金改定
14.4.16	北海道新幹線車両(H5系)発表
14.5.11	江差線木古内～江差間廃止
14.5.23	稚内駅の周辺整備事業「稚内駅前地区再開発事業[キタカラ]-北国の都市デザイン-」が平成25年度日本都市計画学会賞(計画設計賞)を受賞
14.6.11	北海道新幹線新駅の駅名発表。「新函館北斗」、「奥津軽いまべつ」
14.6.12	「JR北海道再生推進会議」を設置
14.6.22	江差線札苅駅構内で貨物列車脱線事故発生

14. 7. 23	「事業改善命令・監督命令による措置を講ずるための計画」を策定し、国土交通省へ提出	16.12. 5	留萌線一部廃止(留萌〜増毛間)
14. 9. 19	「保線安全の日」を制定	17. 1. 4	新しい社員研修センターの使用開始
14.10. 1	「新幹線開業準備対策本部」の設置	17. 3. 4	ダイヤ改正
14.11.20	北海道新幹線車両 H5系の列車名(「はやぶさ」(新函館北斗〜東京・仙台間)、「はやて」(新函館北斗〜盛岡間、新函館北斗〜新青森間))、シンボルマークを発表		・特急の運行体系の見直し(札幌〜稚内間・札幌〜網走間)、札幌〜旭川間に789系特急電車「ライラック」運転開始。 ・駅の廃止(千歳線美々駅、根室線島ノ下駅、稲士別駅、上厚内駅、釧網線五十石駅、函館線東山駅、姫川駅、桂川駅、北豊津駅、蕨岱駅)
14.12.26	事業改善命令・監督命令による措置を講ずるための計画「3.更なる安全確保へ」を国土交通大臣宛に提出	17.11. 4	リゾート列車「ニセコエクスプレス」の運転を終了
15. 1. 8	日高線の厚賀〜大狩部間で土砂流出	17.12. 6	JR北海道再生推進会議有志による「声明文」を受領
15. 3. 20	「安全投資と修繕に関する5年間の計画」を国土交通省へ提出	18. 2. 19	H100形電気式気動車(DECMO)試作車の走行試験を開始
15. 4. 1	「JR北海道グループ経営理念」「社是」改定。行動指針「私たちの誓い」制定。「コンプライアンス委員会」設置	18. 3. 17	ダイヤ改正
			・特急「北斗」が全列車「スーパー北斗」化 ・駅の廃止(根室線羽帯駅)
15. 4. 3	津軽海峡線青函トンネル内で、特急スーパー白鳥34号車両から発煙	18. 3. 22	キハ40「北海道の恵み」シリーズ車両のデビュー
15. 6. 26	JR北海道再生会議からJR北海道再生のための提言書を受領	18. 3. 25	特急「旭山動物園号」の運転を終了
15. 7. 31	組織改正(「奥津軽いまべつ開業準備部」、「木古内開業準備駅」、「新函館北斗開業準備駅」、「新幹線運行管理センター」の設置、新幹線準備運輸車両所を「函館新幹線総合車両所」に名称変更)	18. 3. 26	石勝線新夕張〜夕張間の鉄道廃止届書を提出
		18. 3. 29	北海道新幹線札幌駅ホーム位置決定
		18. 6. 17	「JR北海道の事業範囲見直しに係る関係者会議」において『JR北海道グループの「経営再生の見通し」(案)』を説明
15. 8. 22	寝台特急「北斗星」の運行を終了	18. 7. 27	国土交通大臣より事業の適切かつ健全な運営に関する監督命令を受領
16. 3. 20	寝台特急「カシオペア」の運行を終了	18. 9. 6	「北海道胆振東部地震」発生。道内全列車が運休
16. 3. 26	ダイヤ改正 ・北海道新幹線 新青森〜新函館北斗間、開業。 ・駅の廃止(石勝線十三里駅、東追分駅、根室線花咲駅、石北線上白滝駅、旧白滝駅、下白滝駅、金華駅、函館線鷲ノ巣駅) 組織改正(鉄道事業本部内に「新幹線統括部」を設置、「新幹線計画部」は総合企画本部内に移管)	18.10.30	快速「エアポート」車内における無料公衆無線LANサービスの開始
		18.11.17	函館線苗穂駅新駅舎開業
		18.12.21	札沼線北海道医療大学〜新十津川間の鉄道事業廃止届の提出
		18.12.26	千歳線新千歳空港駅リニューアルオープン
16. 4. 1	組織改正(総合企画本部内に「地域交通改革部」設置)	19. 1. 7	「話せる券売機」試行導入開始
16. 4. 28	留萌線(留萌〜増毛間)の鉄道事業廃止届を提出	19. 2. 28	客室乗務員による車内サービス終了
		19. 3. 15	北海道新幹線における車内販売終了
16. 5. 27	「安全再生の日」を制定	19. 3. 16	ダイヤ改正
16. 7. 29	「持続可能な交通体系のあり方について」発表		・青函トンネル内運転速度を時速160kmに引き上げ ・駅の廃止(根室線直別駅、尺別駅、初田牛駅)
16.11.18	「当社単独では維持することが困難な線区について」発表	19. 4. 1	石勝線一部廃止(新夕張〜夕張間)

19.4.9	JR北海道グループ長期経営ビジョン「未来2031」、JR北海道グループ中期経営計画、事業計画（アクションプラン）を発表
19.4.18	佐川急便との貨客混載事業を本格稼働（宗谷線稚内～幌延間）
19.6.1	組織体制の見直し（札幌駅周辺開発部、新幹線工事本部を設置）
19.7.28	宗谷線で観光列車「風っこ そうや」号を運転開始（～9月）
19.9.29	リゾート列車「クリスタルエクスプレス」の運転を終了
19.10.1	運賃・料金改定実施
19.11.11	「札幌駅交流拠点北5西1・西2地区市街地再開発準備組合」設立
19.11.26	経営改善委員会設置
20.1.27	安全アドバイザー会議設置
20.3.12	低気圧通過の影響で釧網線・花咲線において、線路冠水・路盤流出等の災害が発生
20.3.14	ダイヤ改正 ・快速エアポート毎時5本化 ・「特別快速」エアポートの設定 ・H100形の営業運転開始 ・白老駅周辺整備事業施設の供用開始 ・喫煙室内を除く駅構内禁煙化の実施 ・駅の廃止（根室線古瀬駅・釧網線南弟子屈駅）
20.3.23	新型コロナウイルス感染症の影響により、特急列車の編成両数見直しおよび減便を実施
20.5.7	札沼線一部廃止（北海道医療大学～新十津川間）
20.8.28	「THE ROYAL EXPRESS ～HOKKAIDO CRUISE TRAIN～」運転開始
20.10.17	北海道鉄道140年記念号として261系5000代「はまなす」編成デビュー
20.12.31	青函トンネル区間において北海道新幹線の「時速210km営業運転」を実施（～1/4）
21.2.28	ツインクルプラザ札幌支店・札幌南口支店等が閉店
21.3.13	ダイヤ改正 ・特急列車の減便、閑散期の曜日運休、減車による輸送力調整。 ・快速・普通列車の見直し、土休日の運休 ・駅の廃止（函館線 伊納駅、宗谷線南比布駅・北比布駅・東六線駅・北剣淵駅・下士別駅・北星駅・南美深駅・紋穂内駅・豊清水駅・安牛駅・上幌延駅・徳満駅、石北線 北日ノ出駅・将軍山駅・東雲駅・生野駅、釧網線 南斜里駅）
21.3.24	北海道新幹線を使用した貨客混載輸送事業を開始
21.4.1	日高線一部廃止（鵡川～様似間）
21.5.8	HOKKAIDO LOVE！ FURANO号として261系5000代「ラベンダー」編成デビュー

ＪＲ東日本

87.4.1	東日本旅客鉄道株式会社発足	93.12.23	中央線新型特急「あずさ」運転開始
87.6.7	お客さまのご意見をうかがう「グリーンカウンター」(お客さま相談室)を設置	94.3.1	「安全基本計画」発表
		94.7.15	オール2階建て新幹線「Max」デビュー
87.7.1	国内旅行業営業開始	94.10.3	新津車両製作所操業開始
87.7.16	会津線廃止(会津鉄道開業)	94.12.3	中央線「スーパーあずさ」130 km/h 運転開始
87.7.21	「とうきょうエキコン」開園		
87.10.15	一般旅行業代理店営業開始	95.4.1	格安レンタカー(6,800円)発売開始
88.3.13	寝台特急「北斗星」号運転開始(上野～札幌)	95.5.8	新潟地区にE127系新型電車営業運転
		95.5.24	京浜東北線6扉車導入
88.3.24	木原線廃止(いすみ鉄道開業)	95.7.2	中央線東京駅重層化新ホーム使用開始
88.4.1	「東京ステーションギャラリー」開設	95.12.1	ダイヤ改正
88.4.11	真岡線廃止(真岡鉄道開業)		・東京～那須塩原間に「なすの」デビュー
88.9.7	ATS－P形の導入を決定		・山形新幹線「つばさ」7両化
88.10.25	長井線廃止(山形鉄道開業)		・常磐線上野～土浦間に通勤型交直流電車運転
88.12.1	京葉線開業(新木場～西船橋間)		
88.12.5	東中野駅列車衝突事故 発生	96.1.	耐震対策として高架橋柱などの補強工事を実施
89.3.11	「スーパーひたち」号運転開始		
	東海道線に2階建グリーン車を連結	96.3.16	ダイヤ改正
89.3.29	足尾線廃止(わたらせ渓谷鉄道開業)		・埼京線恵比寿駅へ乗り入れ
89.4.1	安全研究所、総合訓練センターを設置		・八高線八王子～高麗川間の電化
		96.5.7	タッチパネル式新型自動券売機設置開始
90.3.10	京葉線(東京～新木場間)開業 新型自動改札システム導入開始	96.12.1	ダイヤ改正
			・武蔵野線8両化
90.4.28	「スーパービュー踊り子」号運転開始	96.12.14	東京圏輸送管理システム「ATOS」使用開始
90.10.14	21世紀への経営構想「FUTURE21」発表		
		97.3.22	ダイヤ改正
90.10.30	「国際鉄道安全会議」を開催		・秋田新幹線(盛岡～秋田間)「こまち」新在直通運転開始
90.12.20	越後湯沢～ガーラ湯沢開業 「GALA湯沢スキー場」オープン		・東北新幹線275 km/h 運転開始
91.3.1	「イオカード」発売開始		・北越急行株式会社「ほくほく線」開業
91.3.16	相模線全線電化開業		・全駅を「分煙化」、普通列車を全面禁煙化
91.3.19	成田～成田空港間 開業 「成田エクスプレス」運転開始	97.4.21	ICカード、乗車券システムの現地試験開始
91.6.20	新幹線(東京～上野間)開業	97.10.1	ダイヤ改正
91.12.1	JR東日本テレフォンセンターを開設 山手線全編成に6扉車1両連結し、11両編成化		・長野新幹線「あさま」デビュー
			・上越新幹線に「たにがわ」登場 等
92.2.28	低騒音高速試験電車「STAR21」完成	97.10.12	大月駅列車衝突事故 発生
92.3.17	JR東日本文化財団を設立	97.10.16	「新幹線自動改札システム」導入開始
92.4.1	エコロジー推進委員会設置	98.3.14	ダイヤ改正
92.7.1	山形新幹線(福島～山形間)「つばさ」号新在直通運転開始		・東海道、総武快速、武蔵野線等の増発
		98.11.1	新幹線早期地震検知システムの使用開始
92.12.3	成田空港第2ビル駅開業		
93.2.2	ビューカード営業開始	98.12.8	ダイヤ改正
93.3.1	終日禁煙を東京近郊及びエリア内主要駅に拡大		・秋田新幹線「こまち」6両化
			・常磐線「ひたち」を全て「フレッシュひたち」化
93.3.18	京浜東北線に209系登場		
93.7.2	房総新型特急「ビューさざなみ・わかしお」号デビュー	99.1.25	めぐり姫キャンペーンスタート
		99.2.2	「安全計画21」発表
93.10.26	株式上場(東京、大阪、名古屋、新潟各証券取引所に)		

99. 2. 19	新津車両製作所ISO14001認証取得
99. 8. 2	JR東日本株式（100万株）の第2次売却実施
99. 12. 4	ダイヤ改正 ・山形新幹線新庄延伸
00. 3. 11	ダイヤ改正 ・東北線「スーパーはつかり」デビュー ・中央・総武緩行線に新型電車（E231系通勤タイプ）登場 ・仙石線（あおば通～陸前原ノ町間）地下化開業
00. 4. 1	JR東日本総合研修センター発足
00. 11. 29	JR東日本グループの中期経営構想「ニューフロンティア21」を発表
00. 12. 2	ダイヤ改正 ・武蔵野線列車を海浜幕張駅まで延長運転 ・宇都宮線他にE231系を投入
00. 12. 26	鉄道事業法に基づく認定鉄道事業者の第1号として認定される
01. 2. 7	20代後半の働く女性をターゲットとした「のんびり小町」キャンペーン開始
01. 7. 2	埼京線で「女性専用車両」導入開始
01. 7. 13	「大人の休日」展開開始
01. 11. 18	「Suica」サービス開始
01. 12. 1	JR会社法改正法施行 JR東日本研究開発センター発足 ATS-Ps形列車非常停止装置を仙山線仙台～愛子間で使用開始 ダイヤ改正 ・中央線特急「あずさ」に新型車両（E257系）デビュー
02. 4. 21	山手線にE231系を投入
02. 6. 21	JR東日本株式の第3次売却の完了
02. 11. 11	「国際鉄道安全会議2002」開催
02. 12. 1	ダイヤ改正 ・東北新幹線盛岡～八戸間開業「はやて」運転開始 ・埼京線、東京臨海高速鉄道との相互直通運転開始
03. 4. 10	「旧新橋停車場」開業
03. 5. 6	世界初のハイブリッド車両「NEトレイン」走行試験開始
03. 10. 26	仙台エリア「Suica」サービス開始
04. 3. 5	「安全計画2008」発表
04. 8. 1	JR西日本の「ICOCA」との相互利用開始
04. 10. 16	湘南新宿ライン・宇都宮線・高崎線に普通列車グリーン車、「グリーン車Suicaシステム」を導入、「さざなみ」、「わかしお」に新型車両（E257系）を導入
04. 10. 23	新潟県中越地震　発生（上越新幹線「とき325号」脱線）
04. 12. 27	新潟県中越地震のため一部区間で運転を見合わせていた上越線及び飯山線で運転再開、在来線全線で運転再開
04. 12. 28	新潟県中越地震のため一部区間運転を見合わせていた上越新幹線全線運転再開
05. 1. 24	グループの中期経営構想「NEW FRONTIER2008―新たな創造と発展」発表
05. 4	「サービス介助士」資格取得の取り組みを開始
05. 6. 25	新幹線高速試験電車「FASTECH360」試験走行開始
05. 7. 9	ダイヤ改正 ・常磐線普通列車に新型車両E531系を導入
05. 12. 10	ダイヤ改正 ・長野新幹線、成田エクスプレス、房総特急を全車禁煙化
05. 12. 25	羽越本線列車脱線事故　発生
06. 1. 10	定期券機能付「ビュー・スイカ」カード受付開始
06. 1. 21	新潟エリアでのSuicaサービス開始
06. 1. 28	モバイルSuicaサービス開始
06. 3. 18	ダイヤ改正 ・東武鉄道と特急列車直通運転開始
06. 4. 6	新幹線高速試験電車「FASTECH360Z」試験走行開始
06. 4	遺失物管理システムを全支社に展開
06. 5. 14	交通博物館閉館
06. 10. 1	安全管理規程の制定
07. 2. 26	異常時案内用ディスプレイを首都圏主要駅に設置開始
07. 3. 18	Suicaと「PASMO」との首都圏ICカード相互利用開始
07. 3. 18	埼玉新都市交通、仙台空港鉄道、ジェイアールバス関東との Suica 相互利用開始 新幹線および特急列車全面禁煙化 ダイヤ改正 ・常磐線普通列車グリーン車の営業開始 ・仙台空港鉄道との直通運転開始
07. 5. 30	東京駅丸の内駅舎保存・復原工事着工
07. 7. 31	小海線にディーゼルハイブリッド車両（キハE200形）を導入し世界初の営業運転開始

7.10.14	鉄道博物館オープン
07.11.23	ハイグレード車両（E655系「なごみ（和）」）の営業運転開始
07.12.1	首都圏在来線早期地震警報システムの導入
08.3.15	「モバイルSuica」特急券サービス開始
08.3.25	海外向けインターネット指定席予約サービス"JR-EAST Shinkansen Reservation"サービス開始
08.3.29	Suica、JR西日本「ICOCA」、JR東海「TOICA」の相互利用開始
08.3.31	「グループ経営ビジョン2020−挑むー」発表
	新幹線（全エリア）のラーメン高架橋および橋脚の耐震補強対策（せん断破壊先行型）完了
08.5.30	東北縦貫線工事着手
08.6.17	降雨災害との関連性がよい雨量指標「実効雨量」の導入
08.11.4	在来線用試験電車「MUE-Train（ミュートレイン）」の試験走行開始
09.3.3	「安全ビジョン2013」発表
09.3.10	信濃川発電所における不祥事に対する行政処分により、同発電所での取水を停止
09.3.14	Suicaの利用エリア拡大、JR北海道「Kitaca」とのIC乗車券・電子マネー相互利用開始、東京近郊区間拡大
	ダイヤ改正
	・「西府駅」「西大宮駅」開業
09.4.1	首都圏の一定エリアにおける駅の全面禁煙化
09.4.27	在来線早期地震警報システムの全線区導入
09.6.1	会社間直通列車の全面禁煙実施
09.9.1	株式会社ビューカード設立
09.10.1	新型成田エクスプレス（E259系）営業運転開始
09.12.28	埼京線で車内防犯カメラ試行開始
10.3.1	「JR東日本♥生きる支援の強化月間」を実施
10.3.13	ダイヤ改正
	・横須賀線武蔵小杉駅開業
10.6.9	信濃川発電所において「流水の占用許可」による取水を再開
10.7.30	岩泉線列車脱線事故 発生
10.10.4	「痴漢撲滅キャンペーン」の実施
10.11.7	中央線（三鷹〜立川間）高架化完了
10.12.4	ダイヤ改正
	・東北新幹線八戸〜新青森開業
10.12.15	山手線LED照明を試行導入
11.2.25	東京駅太陽光発電システム使用開始
11.3.5	東北新幹線「はやぶさ」運転開始
11.3.11	東日本大震災発生
11.4.29	東北新幹線全線運転再開
11.6.24	電力使用制限令に基づき、「夏の特別ダイヤ」を実施
11.7.15	総合企画本部内に「観光戦略室」を設置
11.7.23	JRグループ「つなげよう、日本。〜旅する笑顔を東北の力に〜」キャンペーン実施
11.9.23	東北新幹線全線で通常ダイヤでの運転再開
11.10.10	仙石線で無線を用いた列車制御システム「ATACS」を使用開始
11.11.1	日本コンサルタンツ㈱を設立
12.3.17	ダイヤ改正
	・武蔵野線「吉川美南駅」開業
12.3.30	岩泉線についてバス転換を表明
12.4.2	東急車輛製造㈱の鉄道車両製造事業を吸収分割により継承した会社の全株式を東京急行電鉄㈱から取得し、新たに㈱総合車両製作所として子会社化
12.5.1	総合企画本部内に「復興企画部」を設置
12.8.1	本社復興企画部内に「気仙沼線BRT営業所」を設置
12.10.1	東京駅丸の内駅舎保存・復原工事完成
12.10.30	「グループ経営構想Ⅴ（ファイブ）〜限りなき前進〜」発表
12.11.1	ブリュッセル事務所を設置
13.2.1	東京駅とニューヨーク・グランドセントラル駅が姉妹駅締結
13.3.15	シンガポール事務所を設置
13.3.16	E6系新幹線「スーパーこまち」運転開始
13.3.23	交通系ICカードの全国相互利用サービス開始
13.4.1	北陸営業センターを設置
	駅業務専門受託会社の㈱JR東日本ステーションサービスを設立
13.6.10	本社技術企画本部内に「知的財産センター」を設置
13.9.3	当社グループの株式会社びゅうトラベルサービスが台湾において新たな訪

19. 4. 20　常磐線「Jヴィレッジ駅」開業 19. 6. 21　人事部および厚生部を統合し「人財戦略部」、法務部および総務部を統合し「総務・法務戦略部」を設置 19. 7.　1　移動空間の価値向上を目的とした車内サービス提供を創造する新会社「㈱JR東日本サービスクリエーション」が事業を開始 19. 11. 30　相鉄・JR直線線開業 20. 3. 14　ダイヤ改正 　　　　　・常磐線全線運転再開 　　　　　・「高輪ゲートウェイ駅」開業 　　　　　　JR東日本・JR北海道・JR西日本の3社で「新幹線 e チケットサービス」開始 20. 4.　1　復興企画部を廃止し、新たに経営企画部内に「復興企画室」を設置 　　　　　㈱日本レストランエンタプライズとジェイアール東日本フードビジネス㈱を合併、新社名を「㈱JR東日本フーズ」とする 20. 4.　7　「㈱えきまちエナジークリエイト」設立 20. 5. 12　環境長期目標「ゼロカーボン・チャレンジ2050」発表 20. 6. 23　「MaaS・Suica 推進本部」「エネルギー戦略本部」を設置 21. 3. 13　ダイヤ改正 　　　　　・東京100Km圏の主要路線において終電時刻の繰り上げ等を実施 　　　　　・奥羽本線「泉外旭川駅」開業	

ＪＲ東海

87. 4. 1	東海旅客鉄道株式会社発足
87. 7. 20	リニア中央新幹線構想推進のため、リニア対策本部を設置
88. 1. 30	岡多線の廃止、譲渡（1. 31 愛知環状鉄道として営業開始）
88. 2. 1	大阪支社、三重支店、飯田線営業所が発足（1989. 7. 1 大阪支社を関西支社に、1990. 3. 1 飯田線営業所を飯田支店にそれぞれ組織改正）
88. 3. 13	東海道新幹線新富士、掛川、三河安城駅、東海道本線西岡崎、三河安城、逢妻駅開業
88. 4. 1	バス事業を「ジェイアール東海バス株式会社」に営業譲渡
88. 10. 1	ロサンゼルス（現在はワシントンD.C.へ移設）、ロンドン、シドニーに海外事務所を設置
88. 11. 16	東海道本線三河塩津駅開業
89. 3. 11	ダイヤ改正（「ひかり 7 本ダイヤ」の実施、高山本線特急「ひだ」に新型キハ85系を投入
89. 6. 1	「JR 東海エクスプレス・カード」サービス開始
89. 7. 9	東海道本線金山駅開業
89. 8. 7	リニア実験線、建設地を山梨に決定（運輸省超電導磁気浮上方式鉄道検討委員会）
89. 12. 16	御殿場線CTC化
90. 2. 6	運輸大臣より中央新幹線の地形、地質等に関する調査の指示
90. 3. 1	リニア中央新幹線推進部、リニア実験線部を設置
90. 3. 10	ダイヤ改正（「ひかり 7 本ダイヤ」の拡大、「ワイドビューひだ」の増発及びスピードアップ、名古屋都市圏快速網の充実）
90. 4. 1	「株式会社ジェイアール東海ツアーズ」営業開始
90. 6. 25	山梨リニア実験線の建設計画を運輸大臣に申請、承認
90. 11. 28	山梨リニア実験線建設工事の着手式
91. 3. 16	ダイヤ改正（「ひかり 7 本ダイヤ」の拡大、通勤通学「こだま」増発、「ワイドビューひだ」スピードアップ、御殿場線特急「あさぎり」沼津～新宿間運転開始
91. 7. 1	中央新幹線計画部、リニア開発本部を設置
91. 10. 1	東海道新幹線鉄道施設を譲受け
91. 12. 14	東海道本線豊田町駅開業
92. 2. 15	自動改札システムが始動（金山・春日井・高蔵寺駅）
92. 3. 14	・ダイヤ改正（300 系新幹線「のぞみ」の営業運転開始、「ひかり 8 本ダイヤ」パターンの導入、キハ 85 系気動車「ワイドビュー南紀」運転開始） ・地震動早期検知警報システムが全面稼働
92. 7. 23	JR東海太閤ビル竣工
92. 7. 31	東海道新幹線品川駅新設に関し、鉄道側4者間で基本合意
92. 12. 6	中央本線（名古屋～中津川間）CTC化
93. 3. 18	ダイヤ改正（「のぞみ」1時間1本へ増発　博多まで乗り入れ開始
93. 8. 1	関西・紀勢・参宮線ダイヤ改正（快速「みえ」にキハ 75 系気動車を投入）
93. 10. 17	太多線CTC化
95. 1. 27	300X試験車両公式試運転
95. 3. 16	東海道本線尾頭橋駅開業
95. 4. 29	中央本線特急「しなの」に 383 系電車を投入
95. 10. 1	身延線ダイヤ改正（特急「ふじかわ」に373系電車投入）
95. 10. 10	東海道本線（新所原～米原間）のCTC化
96. 3. 16	ダイヤ改正（臨時「のぞみ」増発、新横浜駅停車の「のぞみ」夜1 往復増停車、東海道本線特急「東海」、飯田線特急「伊那路」373 系電車で運転開始）
96. 3. 23	東海道新幹線品川新駅設置に係る事業基本計画の変更等について運輸大臣が認可
96. 7. 1	山梨実験センター発足
96. 7. 26	300X試験車両が走行試験で国内最高の 443.0 km/h を記録
97. 3. 1	東京、名古屋、京都、新大阪の各駅に指定席券売機（ATV）を導入
97. 4. 3	山梨リニア実験線走行試験開始
97. 6. 11	新幹線自動改札機を全国で初めて導入（静岡駅）
97. 10. 1	ダイヤ改正（特急列車のダイヤ見直し、中央本線の快速の増発）
97. 10. 8	名古屋、東京、大阪、京都の4証券取引所へ株式上場
97. 11. 29	ダイヤ改正（「のぞみ」増発、新横浜駅停車増）
98. 3. 1	東海道新幹線各駅（新横浜駅を除く）に新幹線自動改札機を設置
98. 6. 11	山梨リニア実験線すれ違い走行試験

	開始
98. 7. 10	ダイヤ改正(285系寝台電車「サンライズ瀬戸・出雲」運転開始)
98. 10. 30	東海道本線東静岡駅開業
99. 2. 26	「東海道・山陽新幹線第2総合指令所」完成
99. 3. 13	ダイヤ改正(700系「のぞみ」営業運転開始、「のぞみ」の増発)
99. 9. 27	東海道本線(函南～新所原間)CTC化
99. 10. 2	ダイヤ改正(700系「のぞみ」増発)
99. 12. 4	ダイヤ改正(東海道本線に「特別快速」運転開始、中央本線に定員制の「セントラルライナー」を運転開始)
99. 12. 20	JRセントラルタワーズ竣工
00. 3. 9	運輸省の超電導磁気浮上式鉄道実用技術評価委員会(以下、「評価委員会」)において超電導リニアの「実用化に向けた技術上のめどは立ったものと考えられる」との評価
00. 3. 15	「ジェイアール名古屋タカシマヤ」開業
00. 5. 17	「名古屋マリオットアソシアホテル」開業
00. 10. 1	ダイヤ改正(「のぞみ」の新横浜停車増、「のぞみ」の日最大3往復増発)
00. 11. 26	亀山CTC指令を東海総合指令所に統合
01. 1. 14	関西本線CTC化
01. 2. 11	武蔵線CTC化
01. 3. 3	関西本線春日駅開業
01. 4. 22	東海道本線愛野駅開業
01. 9. 3	「エクスプレス予約」サービス開始
01. 10. 1	ダイヤ改正(「のぞみ」の30分間隔運転開始、新横浜停車増)
01. 12. 1	「旅客鉄道株式会社及び日本貨物鉄道株式会社に関する法律の一部を改正する法律」の施行により、JR会社法の適用対象から除外
02. 7. 1	愛知県小牧市に研究施設を開設
02. 9. 7	御殿場線長泉なめり駅開業
03. 2. 25	丸の内中央ビル竣工
03. 10. 1	・ダイヤ改正(東海道新幹線品川駅開業、全列車の最高速度270km/h化、1時間あたりで「のぞみ」7本となる抜本的なダイヤ改正を実施) ・50歳以上の方を対象とした旅クラブ・JR東海「50+(フィフティ・プラス)」がスタート
03. 12. 2	有人走行で鉄道の世界最高速度となる581km/hを記録
04. 2. 1	身延CTC指令を静岡総合指令所に統合
04. 4. 5	JR東海名川ビル竣工
04. 5. 28	技術開発部ISO14001認証取得
05. 3. 1	ダイヤ改正(1時間あたり最大で「のぞみ」8本、愛知環状鉄道との直通列車「エキスポシャトル」運転開始)
05. 3. 11	国土交通省の「評価委員会」において「超電導磁気浮上式鉄道について実用化の基盤技術が確立したと判断できる」との評価
05. 3. 25	「2005年日本国際博覧会」に「JR東海超電導リニア館」を出展
05. 7. 29	独立行政法人鉄道建設・運輸施設整備支援機構国鉄清算事業本部保有の当社株式60,000株の売却
05. 8. 30	東海道新幹線早期地震警報システム「TERRA-S(テラス)」の稼動開始
05. 12. 10	「エクスプレス予約」のサービス区間を新神戸間まで拡大
06. 2. 26	沼津CTC指令を静岡総合指令所に統合
06. 3. 18	・ダイヤ改正(東京～博多間で「のぞみ」終日年最大2本運転) ・東海道新幹線に新ATC(自動列車制御装置)システムを導入
06. 4. 5	・自己株式268,686株を取得 ・独立行政法人鉄道建設・運輸施設整備支援機構国鉄清算事業本部が保有する全ての当社株式の売却が終了
06. 6. 23	東海道新幹線21世紀対策本部を設置
06. 7. 18	「名古屋セントラル病院」開院
06. 7. 22	「エクスプレス予約」サービス区間を東海道・山陽新幹線全線へ拡大
06. 9. 25	山梨リニア実験線の設備更新および延伸となる設備投資計画を決定
06. 10. 1	在来線ダイヤ改正(313系新製車両を投入、名古屋地区の東海道線で快速列車・山陽新幹線を大幅に増強)
06. 11. 25	在来線用ICカード「TOICA」サービスを名古屋地区にて開始
07. 3. 18	山梨リニア実験線の建設計画の変更を国土交通大臣に申請、承認
07. 3. 18	ダイヤ改正(静岡地区を中心に313系新製車両を投入、東海道本線野田新町駅が開業)
07. 7. 1	ダイヤ改正(N700系営業運転開始)

07.8.24	東海道新幹線「地震防災システム」を機能強化(テラス検地点を増設)		09.11.16	「高速鉄道シンポジウム」を開催するとともに、N700系車両による最高速度330km/hの実証運転を実施
07.9.8	2004年10月の台風により一部区間でバス代行輸送を行っていた高山本線が全線で運転再開			
07.12.25	「自己負担を前提とした東海道新幹線バイパス、即ち中央新幹線の推進について」を発表		09.12.24	2008年に国土交通大臣より指示を受けた中央新幹線に係る全国新幹線整備法第5条の残り4項目に関する調査報告書を国土交通大臣に提出
08.1.27	飯田CTC指令を東海総合指令所に統合(すべてのCTC指令の東海・静岡総合指令所への統合が完了)		10.1.25	高速鉄道の海外事業展開について、米国2企業と提携し、米国をはじめとする諸外国での市場でいくつかの高速鉄道路線プロジェクトに参入することを表明
08.2.27	新横浜中央ビル竣工			
08.3.1	「TOICA」利用エリアを静岡地区へ拡大		10.3.13	・ダイヤ改正(東海道・山陽新幹線直通定期列車の「のぞみ」全N700系化)
08.3.15	ダイヤ改正(N700系「のぞみ」毎時1本運転、品川・新横浜駅全列車停車)			・「TOICA」の新サービス(利用エリア拡大、TOICA定期券による新幹線乗車機能、電子マネー機能の追加)を開始
08.3.26	「キュービックプラザ新横浜」開業			
08.3.29	東海道新幹線で「EX-IC」サービスを開始、「TOICA」「Suica」「ICOCA」による相互利用サービスを開始		10.5.19	「名古屋駅新ビル計画」の推進決定を発表
			11.3.5	「TOICA」「SUGOCA」の相互利用開始
08.3.31	在来線への安全装置の整備(運転情報記録装置・緊急列車停止装置等搭載)が完了		11.3.12	ダイヤ改正(東海道新幹線の全定期「のぞみ」の概ね9割をN700系で運転)
08.4.1	「ホテルアソシア新横浜」開業			
08.10.15	日本車輌製造株式会社を連結子会社化		11.3.14	「リニア・鉄道館」開業
			11.5.20	国土交通大臣が当社を中央新幹線(東京都・大阪市間)の営業主体及び建設主体に指名
08.10.22	1990年に運輸大臣より指示を受けた中央新幹線の地形、地質等に関する調査報告書を国土交通大臣に提出			
			11.5.26	国土交通大臣が中央新幹線(東京都・大阪市間)の整備計画を決定
08.12.24	国土交通大臣より中央新幹線に係る全国新幹線鉄道整備法第5条の残り4項目に関する調査の指示を受け調査開始		11.5.27	国土交通大臣が当社に中央新幹線(東京都・大阪市間)の建設を指示
09.3.14	・ダイヤ改正(1時間あたり最大で「のぞみ」9本、東海道・山陽直通列車のダイヤ充実、N700系「のぞみ」毎時2本運転、東海道本線南大高駅開業、在来線ホーム全面禁煙化)		11.7.1	東海道新幹線21世紀対策本部の名称を中央新幹線推進本部に変更
			11.6.7	中央新幹線(東京都・名古屋市間)計画段階環境配慮書を公表(名古屋市に係る区間については2011.8.7に公表)
	・N700系車内において無線LANによるインターネット接続サービスを開始(東京〜新大阪間)		11.9.13	国土交通省の「評価委員会」において超電導リニアの「誘導集電について」は、車上電源として実用化に必要な技術が確立している」との評価を表明
09.5.11	自己株式90,000株の消却を実施			
09.7.28	国土交通省の「評価委員会」において超電導リニアの「営業線に必要となる技術が網羅的、体系的に整備され、今後詳細な営業仕様及び技術基準等の策定を具体的に進めることが可能となった」との評価		11.9.27	中央新幹線(東京都・名古屋市間)の環境影響評価方法書を公表
			12.3.17	ダイヤ改正(全定期「のぞみ」をN700系で運転、東海道本線相見駅開業)
09.8.29	「EX-ICサービス」を山陽新幹線へ		12.4.21	「TOICA」「manaca」の乗車券機能の

12. 10. 1	株式の分割及び単元株制度の採用
12. 10. 9	既にお手持ちのクレジットカードで東海道新幹線のネット予約とIC乗車サービスを利用できる「プラスEX」サービスを開始
13. 2. 8	N700A車両営業運転開始
13. 3. 16	ダイヤ改正(N700AまたはN700系で運転する定期列車の増加、新大阪駅27番線の供用開始、東海道線の快速・普通列車用電車をすべてJR発足以降の新製車両に置き換え)
13. 3. 23	交通系ICカードの全国相互利用サービス開始
13. 8. 29	山梨リニア実験線の42.8kmへの延伸と設備更新が完了し、走行試験再開
13. 9. 20	中央新幹線(東京都・名古屋市間)の環境影響評価準備書を公告
14. 3. 15	ダイヤ改正(下り・上りともほぼすべての時間帯のご利用にあわせて、1時間に最大10本の「のぞみ」を運転できる「のぞみ10本ダイヤ」、静岡～沼津間にホームライナー新設)
14. 4. 9	台湾において台湾高速鐵道を運行している台灣高速鐵路股份有限公司との間で、技術コンサルティングの受託に関する契約を締結
14. 8. 29	中央新幹線(東京都・名古屋市間)の最終的な環境影響評価書を公告
14. 10. 1	東海道新幹線開業50周年
14. 10. 17	国土交通大臣が中央新幹線品川・名古屋間工事実施計画(その1)を認可
14. 12. 17	品川駅・名古屋駅において、中央新幹線の工事安全祈願式を実施
15. 3. 1	武豊線電化開業
15. 3. 14	ダイヤ改正(東海道新幹線で最高速度を向上し、285km/h運転を拡大、武豊線で夕通勤時間帯に名古屋からの直通快速列車や線内の普通列車を増発)
15. 4. 21	山梨リニア実験線において、有人走行で速度603km/hを記録し鉄道の世界最高速度を更新
15. 12. 18	中央新幹線の南アルプストンネル新設(山梨工区)工事について、本格的な土木工事に着手
16. 3. 26	・ダイヤ改正(早朝・深夜の一部「のぞみ」「こだま」で最高速度285km/hとし所要時間短縮、特急「ひだ」の運転時間帯を一部見直し)
16. 10. 12	・東海道新幹線の指定席・グリーン席をご利用のお客様の改札を原則省略 米国テキサス州にある高速鉄道プロジェクトについて、現地子会社「High－Speed－Railway Technology Consulting Corporation」が、現地事業開発主体と技術支援契約を締結
16. 11. 7	JRゲートタワー オフィス入居開始
16. 11. 18	「独立行政法人鉄道建設・運輸施設整備支援機構法の一部を改正する法律」が施行され、鉄道・運輸機構に対して、中央新幹線の建設の推進のため、財政投融資を活用した長期借入を申請
17. 2. 17	国土交通省の評価委員会において、超電導リニアの技術開発については「営業線に必要な技術開発は完了」との評価
17. 3. 4	ダイヤ改正(すべての定期「のぞみ」「ひかり」をN700Aタイプで運転)
17. 4. 17	「タカシマヤ ゲートタワーモール」、「名古屋JRゲートタワーホテル」が開業し、JRゲートタワーが全面開業
17. 9. 30	東海道・山陽新幹線で「スマートEX」サービス開始
18. 3. 2	国土交通大臣が中央新幹線品川・名古屋間工事実施計画(その2)を認可
18. 3. 17	ダイヤ改正(一部「のぞみ」の所要時間短縮、特急「あさぎり」の列車名を特急「ふじさん」に変更)
18. 7. 1	特急「ひだ」「南紀」(キハ85系気動車)車内において無料Wi-Fiサービスの提供を開始
18. 7. 25	東海道新幹線(N700A)車内において無料Wi-Fiサービスの提供を開始
18. 10. 17	国土交通大臣が中央新幹線品川・名古屋間大深度地下使用を認可
19. 3. 2	「TOICA」利用エリアを拡大
19. 3. 16	・ダイヤ改正(「のぞみ」70本の所要時間を3分短縮) ・ホームページにおける新幹線・在来線の各列車の走行位置や遅延状況等の運行情報の提供、Twitterによる運行情報の配信等を開始
19. 5. 24	N700S確認試験車による360km/hの速度向上試験を実施
20. 3. 14	ダイヤ改正(1時間あたり最大で「のぞみ」12本、東海道新幹線全列車の最高速度285Km/h化、東海道本線御厨駅開業)

20.5.20	東海道・山陽・九州新幹線 「特大荷物スペースつき座席」サービス開始
20.7.1	N700S車両営業運転開始
21.3.13	ダイヤ改正（一部「のぞみ」の所要時間短縮、東海道・山陽直通列車のダイヤ充実）
21.4.20	東海道・山陽新幹線に車いすスペースを6席設置したN700S車両を投入

ＪＲ西日本

87. 4. 1	西日本旅客鉄道株式会社発足
87. 7.13	信楽線廃止（信楽高原鉄道開業）
87. 7.25	岩日線廃止（錦川鉄道開業）
87.10.14	若桜線廃止（若桜鉄道開業）
87.11. 1	境線新駅（5駅）開業
87.12. 2	関西空港アクセス（空港～日根野間）第二種鉄道事業免許取得
88. 2. 5	線区受称名決定（近畿地区7線）
88. 3.13	山陽本線（新尾道、東広島駅）開業
88. 3.20	本四備讃線（茶屋町～児島間）開業
88. 3.25	能登線廃止（のと鉄道開業）
88. 4. 1	山陰本線、宮内串戸駅開業
88. 5.25	関西高速鉄道株式会社設立
88. 7.16	宮福鉄道営業開始
88.10. 1	北陸本線　明峰駅開業
88.10.28	片福連絡線第二種鉄道事業免許取得
88.12. 4	湖西線　小野駅開業
89. 3. 5	山陰本線（嵯峨～馬堀間）複線新線使用開始
89. 3.11	片町線　松井山手駅、山陰本線　太秦駅、玉手駅開業「グランドひかり」、「221系」営業運転開始
89. 7.20	「トワイライトエクスプレス」運行開始
89. 8.11	山陽本線　中野東駅、阿品駅開業
89.11.11	関西本線　東部市場前駅開業
90. 3.10	山陰本線（京都～園部間）電化
90. 3.31	大社線、鍛冶屋線、宮津線廃止
90. 4. 1	博多南線（博多～博多南間）営業開始　加古川線野村駅「西脇市駅」に駅名改称　近畿圏主要線区にラインカラー導入（10線区）
90. 8.26	221系電車「ローレル賞」受賞
90.11.14	嵯峨野観光鉄道株式会社設立
91. 2.26	東海道・山陽新幹線30億人輸送達成
91. 3.16	新尾道駅　栗東駅開業
91. 4.27	嵯峨野観光鉄道　観光トロッコ列車「ロマンチックトレイン嵯峨野」営業開始
91. 4.30	「207系通勤型電車」営業運転開始
91. 9. 1	七尾線（津幡～和倉温泉間）電化開業　七尾鉄道発足　七尾線（和倉温泉～輪島間）の運営をのと鉄道に移管
91. 9.14	北陸本線（米原～長浜間）直流化開業
91.10. 1	山陽新幹線譲り受け
91.12. 1	知的障害者の運賃割引適用開始
92. 3.15	山陽新幹線（新大阪～岡山間）開業20周年
92. 3.19	呉線・呉ポートピア駅開業
92. 3.30	新本社ビル完成
92. 5.16	新大阪総合指令室開設
92. 8. 8	WIN350 高速試験で350.4km/hを達成
92.10.22	奈良線不更地蔵駅開業
93. 3.14	広川ビーチ駅開業
93. 3.18	のぞみデビュー、山陰線・東山公園駅開業
93. 6. 1	京都・大阪・神戸の3支社発足
94. 6.15	関西空港線開業
94. 8.20	可部線・大町駅開業
94. 9. 4	関西国際空港開港（「はるか」デビュー、琵琶湖線「南草津駅」開業、嵯峨野観光線嵯峨、湖西線叡山、大和路線湊町駅を、それぞれ「嵯峨嵐山」「比叡山坂本」「JR難波」に改称
94.10. 1	呉線・安芸長浜開業
94.12. 3	「スーパーやくも」「スーパーはくと」（智頭急行）デビュー
95. 1.17	阪神・淡路大震災発生（山陽新幹線、JR神戸線などに大きな被害）
95. 4. 1	JR神戸線74日ぶりに全線開通
95. 4. 8	山陽新幹線が81日ぶりに全線開通
95. 4.20	「スーパー雷鳥」、「関空特快ウイング」デビュー、山陰線綾部～福知山間の電化工事完成
95. 4.28	早期地震検知警報システム「ユレダス」を山陽新幹線新大阪～西明石間で使用開始
95. 5.14	震災で被災したSL（C57－1号機）が「SLやまぐち号」に復帰
96. 3.16	山陰本線高速化・電化開業
96. 7.31	「スーパーくろしお・オーシャンアロー」デビュー
96.10. 8	大証、東証、名証で株式上場
96.11.28	山陽新幹線全線で「ユレダス」を使用
97. 3. 8	JR東西線（京橋～尼崎間）開業
97. 3. 8	JR宝塚線（新三田～篠山口間）複線化
97. 3.22	「500系のぞみ」、「はくたか」（北越急行）デビュー
97. 7.12	新しい京都駅の駅施設開業
98. 3.14	播但線（姫路～寺前間）電化開業
98. 4.28	在来線に早期地震検知警報システム「ユレダス」導入

日付	事項	日付	事項
98.7.10	新型特急寝台電車「サンライズエクスプレス」デビュー	03.9.3	上海に現地事務所「上海代表処」開設
99.2.26	東海道・山陽新幹線の第2指令所が完成	03.10.1	・のぞみ増発、自由席設置、のぞみ料金改定、小郡駅を「新山口駅」に改称
99.3.13	・「700系のぞみ」デビュー		・山陰本線（鳥取～米子）高速化開業「スーパーいなば」・「スーパーまつかぜ」デビュー
	・山陽新幹線「厚狭駅」開業		
99.5.10	「紀州路快速」デビュー	03.11.1	ICカード「ICOCA」サービス開始
99.6.27	福岡トンネルで走行中のひかりの屋根にコンクリート片が落下	03.11.30	可部線可部～三段峡間（46.2km）を廃止
99.8.31	博多総合車両所ISO14001認証取得	04.3.12	株式の完全売却（完全民営化の達成）
99.10.2	舞鶴線、綾部～東舞鶴間電化開業		
99.10.9	北九州トンネルでコンクリート片が落下	04.3.13	山陽本線・天神川駅、和歌山線・JR五位堂駅開業、和歌山線下田駅を「香芝駅」に改称
00.2.1	JR神戸線　兵庫～鷹取間に「神戸乗務員訓練センター」設置	04.6.1	映像制作などを支援する窓口「JR西日本ロケーションサービス」を発足
00.3.1	JR電話予約サービス「5489サービス」を開始	04.6.21	「JR西日本お客様センター」設置
00.3.13	「ひかりレールスター」デビュー	04.8.1	「Suica」・「ICOCA」相互利用開始「こどもICOCA」発売開始
00.4.1	網干総合車両所　発足		
00.4.7	交通科学博物館・梅小路蒸気機関車館と英国ヨーク国立鉄道博物館が姉妹提携	04.12.10	梅小路運転区「扇形車庫」が国の重要文化財に指定
00.9.23	嵯峨野線・園町駅開業	04.12.19	加古川～谷川間　48.5kmが電化開業
	嵯峨野線二条～花園間　複線新設使用開始	05.3.1	・寝台特急「さくら」「あさかぜ」、特急「いそかぜ」を廃止
00.11.6	インターネットによるきっぷ予約サービス「e5489」を開始		・JR神戸線・ひめじ別所駅開業、山陰線城崎駅が「城崎温泉」駅に改称
00.12.1	新築移転した大阪鉄道病院を開院		
01.3.1	JRゆめ咲線に「ユニバーサルシティ駅」開業	05.4.25	福知山線尼崎～塚口間で快速電車が脱線、死者107名、負傷者563名
01.3.3	奈良線輸送改善「JR小倉駅」開業	05.5.31	国土交通大臣に「安全性向上計画」を提出
	683系「サンダーバード」デビュー	05.11.11	「福知山線列車事故対策審議室」を設置
01.5.14	英国ヨーク国立鉄道博物館に「0系新幹線車両」を譲渡	05.12.1	「321系」通勤形車両の営業運転開始
01.7.7	山陰本線高速化特急「スーパーおき」「スーパーくにびき」デビュー	06.1.21	「ICOCA」「PiTaPa」の相互利用開始
01.10.1	TiS本部が㈱日本旅行と統合	06.1.24	伯備線で保線作業中の社員と特急列車が接触、4名が死傷
01.11.13	「中期経営目標」を発表		
02.3.23	呉線・新広駅開業	06.3.1	富山港線（富山～岩瀬浜間　8.0km）を廃止（富山ライトレール㈱が運行を引き継ぐ）
02.7.1	学研都市線・大阪環状線に「女性専用車」を試行導入		
02.7.29	JR京都・神戸線（草津～西明石間）に運行管理システムを導入	06.3.1	「福知山線列車事故ご被害者対応本部」を設置
02.10.1	大阪環状線および学研都市線に「女性専用車」本格導入	06.4.1	新たな「企業理念」、「安全憲章」施行開始、「制定式」を開催
	（12/2 JR京都線・神戸線・東西線・宝塚線に拡大、夕時間帯にも導入）	06.4.25	「福知山線列車事故追悼慰霊式」を開催（以降毎年4月25日に開催）
03.3.15	小浜線、敦賀～東舞鶴間電化開業		
03.4.1	「JR西日本案内センター」開設		

06. 6. 23	・鉄道本部内に「新幹線統括部」を新設 ・「安全研究所」を設置 ・広報室、監査室を「部」に改正
06. 10. 21	北陸線・湖西線直流化開業
06. 11. 30	新型交直流電車 521 系がデビュー
07. 3. 18	JR神戸線・さくら夙川駅開業
07. 4. 3	「鉄道安全考動館」を開館
07. 6. 1	「鉄道安全報告書」を公表
07. 7. 1	・「新幹線管理本部」「IT本部」を設置 ・「開発本部」を「創造本部」に改称 ・東海道・山陽新幹線「のぞみ」に「N700系」デビュー
07. 7. 3	「安全諮問委員会最終報告書」を発表
07. 7. 20	「みやじま丸」がシップ・オブ・ザ・イヤー2006の小型船舶部門賞を受賞
08. 3. 15	・おおさか東線の一部区間、放出～久宝寺間を開業 ・JR京都線・島本駅など新駅 7 駅が開業
08. 3. 18	「ICOCA」と「Suica」の電子マネー相互利用を開始
08. 3. 26	「安全基本計画」を発表
08. 3. 29	「ICOCA」と「Suica」(JR東日本)、「TOICA」(JR東海)の相互利用開始
08. 5. 16	「JR 西日本グループ中期経営計画2008-2012」を発表
08. 7. 1	「保安システム室」、「構造技術室」を設置
08. 9. 15	Jスルーカードの販売を終了
08. 10. 1	大阪環状線、JRゆめ咲線全 22 駅のホームおよびコンコースで全面禁煙をスタート
08. 10. 18	JR京都線・桂川駅開業
08. 11. 30	0系新幹線の定期運転が終了
08. 12. 1	湖西線(比良～近江舞子間)に防風柵が完成
09. 3. 14	姫路線に新型車両(キハ 122 系、127系)投入
09. 3. 31	関西線(八尾～杉本町間)を廃止
09. 4. 1	一般財団法人「JR西日本あんしん社会財団」を設立
09. 6. 1	在来線特急列車などを全座席禁煙化 サンダーバード号に新型車両(683 系4000 代)投入
09. 7. 1	京阪神近郊エリアの在来線ホームを禁煙化
09. 8. 3	「JR西日本お客様センター」運営子会社として、新会社「株式会社JR西日本カスタマーリレーションズ」を設立
09. 8. 29	山陽新幹線(新大阪～博多間)で「EX-IC サービス」をスタート
09. 11. 18	福知山線列車事故調査における重大なコンプライアンス問題に関して、社内調査の最終報告を国土交通大臣に提出
09. 12. 1	「企業再生推進本部」「企業倫理・リスク統括部」を設置
10. 3. 13	嵯峨野線京都～園部間複線化 ICOCA と Suica、TOICA の電子マネー相互利用開始
10. 8. 12	山陰線鎧～餘部間余部新橋りょうの架け替え工事が完了
10. 11. 7	特急「はまかぜ」に新型車両(キハ 189系)を投入
10. 12. 1	「近畿統括本部」発足
11. 3. 5	・新たなインターネット列車予約サービス「e5489」サービス開始 ・TOICA・ICOCA・SUGOCA の相互利用サービス開始
11. 3. 12	九州新幹線開業に伴い山陽・九州新幹線直通列車「みずほ」「さくら」がデビュー
11. 5. 4	大阪ステーションシティグランドオープン
11. 6. 1	こうのとり号に新型車両(287 系)投入
12. 3. 16	寝台特急「日本海」、急行「きたぐに」の定期運転が終了
12. 3. 17	くろしお号に新型車両(287 系)投入
12. 9. 24	当社、スペイン国鉄、スペイン鉄道インフラ管理機構と3社連携協定の覚書を締結
13. 3. 13	「JR 西日本グループ中期経営計画2017」「安全考動計画 2017」を発表
13. 3. 15	183 系特急電車の定期運転が終了
13. 3. 23	10 の交通系ICカードの全国相互利用開始
13. 12. 5	JRゆめ咲線桜島駅で昇降式ホーム柵試行運用を開始
14. 4. 6	交通科学博物館が閉館
14. 6. 1	・「監査役室」「技術企画部」などを設置、技術部を「技術開発部」へ改称 ・「社長特別補佐制度」を「安全統括管理者補佐制度」へ移行

日付	内容	日付	内容
15. 3. 12	寝台特急「トワイライトエクスプレス」の運転が終了	18.4.1	三江線(三次〜江津間)を廃止
15. 3. 14	・北陸新幹線 長野〜金沢間が開業 ・北陸本線金沢〜直江津間が各第三セクター会社に移管 ・城端線・新高岡駅、陽本線新白島駅が開業 ・北陸本線・寺井駅を能美根上駅に改称 ・広島エリアに新型車両(227系(Red Wing))を導入	18.4.27	「JR西日本グループ中期経営計画2022」を発表
		18.6.1	「新幹線鉄道事業本部」の設置
		18.9.14	「祈りの杜 福知山線列車事故現場」ご案内開始
		18.10.1	「ICOCA ポイント」「PiTaPa ポストペイサービス」開始
		18.12.9	SL「やまぐち」号 35系客車のブルーリボン賞受賞
15. 4. 2	「LUCUA 1100(ルクアイーレ)」グランドオープン	19.3.16	おおさか東線 新大阪〜放出駅間が開業 嵯峨野線 梅小路京都西駅が開業 JR 神戸線・JR 京都線・琵琶湖線の一部快速に有料座席サービス「Aシート」を導入
15. 7. 1	「シンガポール事務所」を設置		
15. 8. 30	梅小路蒸気機関車館が閉館 北陸新幹線「W7/E7系」車両が「ブルーリボン賞」を受賞		
16.2.26	民間企業による国内公募普通社債として最長年限となる40年債を発行	19.4.1	当社初となる企業内保育所「かものはし保育園かたやま」を開園
16.3.26	JR神戸線「麻耶駅」「東姫路駅」開業	19.7.10	なにわ筋線の鉄道事業許可証取受
16.4.1	医療法人 JR広島鉄道病院の設立に伴い広島鉄道病院の業務を移管	20.6.1	「企画統括部」、「イノベーション本部」を設置
16.4.28	京都鉄道博物館開業(4/29 グランドオープン)	20.10.30	「JR 西日本グループ中期経営計画2022」見直しを公表
16.6.15	安全管理体制に対する第三者評価を公表	20.11.1	「デジタルソリューション本部」を設置
16.8.17	京都鉄道博物館に収蔵の233号機関車が当社が所有する車両として初めて国の重要文化財に指定	20.12.26	名古屋証券取引所(市場第一部)、福岡証券取引所への株式上場を廃止
16.9.30	株式会社五万石千里山荘の株式を追加取得し、発行済株式総数の100%を取得	21.3.17	「将来にわたる鉄道の安全の実現に向けて」の策定
16.10.14	京都鉄道博物館が「日本鉄道大賞」受賞	21.4.9	令和3年度 知財功労賞(オープンイノベーション推進企業)経済産業大臣表彰を受賞
16.10.30	菱重プロパティーズ株式会社の株式取得		
16.12.1	JR 西日本イノベーションズ設立	21.4.30	環境長期目標「JR 西日本グループ ゼロカーボン2050」の策定ならびに TCFD 提言への賛同及び情報開示を公表
16.12.23	大阪環状線専用新型車両323系デビュー		
17.3.4	可部線電化延伸(可部〜あき亀山間)、山陽本線 寺家駅開業	21.6.1	「地域共生部」、「ビジネスデザイン部」、「IT 部」、「コーポレートコミュニケーション部」、「ガバナンス推進本部」、「法務部」、「総務・秘書部」を設置
17.4.1	会社発足30周年		
17.6.17	「TWILIGHT EXPRESS 瑞風」運行開始		
17.9.30	東海道・山陽新幹線「スマートEX」を開始	21.9.1	新株式発行及び株式の売出し決定
17.12.11	「のぞみ34号」で台車に亀裂が発生(重大インシデント)		
18.3.17	JR 京都線 JR総持寺駅、おおさか東線衣摺加美北駅を開業		

ＪＲ四国

87. 4. 1	四国旅客鉄道株式会社発足
87. 10. 2	予讃線(坂出～多度津間)電化開業
88. 4. 1	中村線と土佐くろしお鉄道㈱に移管、営業開始
88. 4. 9	宇高連絡船廃止
88. 4. 10	瀬戸大橋線開通
89. 3. 11	世界初の振り子式ディーゼル特急車両2000系デビュー、土讃線に投入
90. 11. 3	牟岐線 文化の森駅開業
90. 11. 21	予讃線(伊予北条～伊予市間)電化部分開業
91. 3. 16	高松～宇野間の高速廃止
91. 3. 16	予讃線 大浦駅開業
91. 11. 21	四国内全線自動信号化完成
92. 3. 26	阿佐海岸鉄道と相互乗入開始
92. 7. 23	振子式電車8000系デビュー
92. 7. 23	予讃線(観音寺～新居浜、今治～伊予北条間)電化部分開業
92. 9. 15	徳島駅新駅舎開業
93. 3. 18	予讃線、高松～伊予市間の全面電化が完成
93. 7. 27	高徳線・佐古駅付近の高架が完成
93. 9. 21	予讃線・坂出～丸亀間複線化完成
94. 12. 3	予讃線「高瀬大坊」を「みの」に駅名改称
95. 9. 20	予讃線全通50周年、高徳線全通60周年、土讃線(多度津～須崎間)開通60周年
96. 3. 16	徳島線で初めての特急「剣山」(185系)の運転を開始
96. 4. 26	近郊型電車6000系デビュー
96. 11. 24	観光船「讃岐丸」の廃止を記念して最終航海を実施
97. 2. 21	高松駅、坂出駅、宇多津駅開業100年
97. 2. 26	予讃線坂出駅高架化完成
97. 7. 11	予土線の愛称が「しまんとグリーンライン」に決定
97. 7. 28	予土線初の特急列車「I LOVEしまんと号」、新型トロッコ列車デビュー
97. 10. 1	土佐くろしお鉄道㈱の宿毛線(中村～宿毛間23.6km)が営業開始
97. 11. 1	土讃線阿波池田～大歩危間で「おおぼけトロッコ列車」の運転を開始
97. 11. 18	瀬戸大橋線の利用者数が1億人突破。開通から3,510日目
98. 3. 14	高徳線高速化工事が完成。時速130km/hの新型2000系「うずしお」デビュー
	高徳線オレンジタウン駅営業開始
98. 6. 10	宇和島駅ビルグランドオープン
98. 7. 11	客車寝台特急「瀬戸」を電車化
98. 9. 24	高知県を中心に集中豪雨、土讃線に築堤崩壊等の災害発生
98. 12. 25	土讃線92日ぶりに全線開通
99. 9. 1	185系リニューアル車「アイランドエクスプレスII」デビュー
00. 4. 1	113系リニューアル車営業運転開始
00. 5. 29	徳島線の愛称が「よしの川ブルーライン」に決定
00. 8. 17	予讃線・鬼無駅の愛称名「鬼無桃太郎駅」を使用開始
00. 10. 14	土讃線の特急「南風」にアンパンマン列車を運転開始
01. 3. 3	ダイヤ改正に合わせ、土讃線の特急「南風」にアンパンマン列車2号を運転開始
01. 4. 25	土讃線後免駅新駅舎開業
01. 5. 13	サンポート高松のオープンに伴い、予讃線高松新駅舎開業
01. 10. 1	ダイヤ改正に合わせ、予讃線にアンパンマン列車の運転を開始
02. 3. 23	予讃線高松地区輸送改善工事が完了。快速「サンポート」デビュー
02. 6. 26	牟岐線と阿佐海岸鉄道㈱の愛称が「阿波室戸シーサイドライン」に決定
02. 7. 13	予讃線・市坪駅の愛称が「野球(の・ボール)駅」使用開始
02. 10. 6	「ゆうゆうアンパンマンカー」が高徳・徳島線で運転開始
02. 10. 06	高松駅が「鉄道建築協会作品賞 国土交通省鉄道局長賞」を受賞
02. 11. 15	高松駅が「交通バリアフリー優秀大賞」を受賞
03. 3. 21	瀬戸大橋開通15周年を記念して「瀬戸大橋トロッコ号」が岡山～琴平間で運転

03. 4. 8	「フリーゲージトレイン」が予讃線・高松〜松山間での走行試験のため四国に登場	09. 5.23	讃岐鉄道 丸亀〜琴平間開業120周年記念イベント開催
03. 7.14	瀬戸大橋線の利用者数が1億5千万人突破。開通から5,575日目	09.10. 2	南風アンパンマン列車リニューアル
03.10. 1	ダイヤ改正実施（特急「南風」増発、新型快速「マリンライナー」登場）	09.10.22	瀬戸大橋線の利用客が、2億人を突破
03.11.19	牟岐線 阿南駅新駅舎が開業	10. 1.11	土讃線坪尻駅開業60周年を記念して、臨時列車「秘境坪尻号」を運転
04. 7. 1	鉄道友の会が選定する2004年ブルーリボン賞を快速「マリンライナー」が受賞	10. 3.13	ダイヤ改正（牟岐線全線で1500・1200型気動車の運転開始）
04.10. 1	快速「マリンライナー」がグッドデザイン賞を受賞	11. 3.12	ダイヤ改正実施（特急列車の新設、鳴門線で1500・1200型気動車、土讃線全線で1000型気動車の運転開始）
04.10.13	8000系特急電車をリニューアルし営業開始	11. 7. 9	予土線で「海洋堂ホビートレイン」の運転開始
05. 3. 1	ダイヤ改正実施（通勤・通学時間帯に特急列車増発、高松〜松山間の一部の特急に女性専用席設定）	12. 3.17	高松駅および坂出駅でICカード「ICOCA」のサービスを開始
05.10. 1	予讃線のアンパンマン列車に「アンパンマンシート」登場	12.11.10	瀬戸大橋線の利用者数が2億2222万2222人突破。
05.10. 3	8000系リニューアル車両が2005年度グッドデザイン賞を受賞	13. 4. 1	一部の普通列車で実施しているドアの半自動扱いを通年化
05.10.28	SL急行「讃岐義経号」運転（予讃線・高松〜多度津間）	13. 4.10	瀬戸大橋線開業25周年
06. 3. 1	駅番号表示（駅ナンバリング）を導入	13. 7.14	予土線で運行している「海洋堂ホビートレイン」をリニューアル
06. 3.18	ダイヤ改正実施（ミッドナイトEXP松山を新居浜駅まで延長運転）	13. 7.28	徳島県などと連携した「ジャズトレイン」を牟岐線・徳島〜阿南駅間で運転
06. 5.25	1500型気動車営業運転開始	13. 8. 1	志度駅の開業88周年（米寿）を記念したイベントを開催
06. 6. 6	アンパンマントロッコデビュー		
06.11.23	SL急行「土佐二十四万石博 一豊&千代号」を新設	13.10. 5	予土線で運転していたトロッコ列車「清流しまんと号」をリニューアルした「しまんトロッコ」がデビュー
07. 4. 1	JR四国発足20周年謝恩ツアー「20周年記念列車で行く 四国一周鉄道の旅」を催行	13.10. 5	予土線で運転していたトロッコ列車「清流しまんと号」をリニューアルした「しまんトロッコ」がデビュー
07.10. 5	「ゆうゆうアンパンマンカー」リニューアルデビュー		
08. 2.26	土讃線 知多駅新駅舎開業	13.10.12	「予讃線・多度津〜観音寺間開通百周年記念入場券」を発売。（3000セット）
08. 3.15	ダイヤ改正実施「ホームエクスプレス阿南」を新設		
08. 3.15	土讃線 小村神社前駅開業		
09. 2.14	徳島駅開業110周年イベント開催		

13.10.13	予讃線松山駅と台湾政府交通部鉄路管理局の松山(しょうざん)駅が友好駅協定を締結	16.2.29	土讃線の新観光列車名称「四国まんなか千年ものがたり」を発表
14.3.1	予讃線・高松駅～多度津駅間と瀬戸大橋線・児島駅～宇多津駅間でICカード「ICOCA」のサービスを開始	16.3.26	ダイヤ改正を実施、「8000系予讃線アンパンマン列車」、「8600系しおかぜ」運転開始
14.3.15	ダイヤ改正を実施、「鉄道ホビートレイン」が予土線で運行を開始	16.3.27	牟岐線　徳島～桑野間開業80周年記念沿線探検スロー列車「カモン牟岐線☆えーもんあるでないで号」を運転
14.4.1	消費増税に伴う運賃改定を実施		
14.5.23	讃岐鉄道(丸亀～多度津～琴平)開業125周年	16.5.11	イメージキャラクター「すまいるえきちゃん、れっちゃくん」デビュー
14.6.23	予讃線高松～松山間に新型特急電車「8600系」運転を開始	16.7.2	「海洋堂ホビートレイン　かっぱうようよ号」がリニューアルデビュー
14.7.26	観光列車「伊予灘ものがたり」運転開始	16.8.5	徳島駅の到着メロディに「阿波よしこの」を導入
14.9.5	瀬戸内海国立公園指定80周年を記念して、寝台特急「サンライズ瀬戸」(下りのみ)高松～琴平間延長運転を実施	16.10.21	予土線　土佐大正駅で鉄道ホビートレインの運転体験を実施
		16.11.27	「絶景！土讃線秘境トロッコ」の定期運転を終了
14.10.18	予土線(宇和島鉄道)宇和島～近永間開通100周年記念列車「なかよし3兄弟、はじめての遠足号」を運転	17.1.30	「2600系特急形気動車」の完成を発表
14.11.15	土讃線高知～須崎間開通90周年記念沿線探検スロー列車「龍馬おもてなし号」を運転	17.3.17	土讃線　高知駅に「アンパンマン列車ひろば」がオープン
15.3.21	瀬戸大橋アンパンマントロッコ リニューアルデビュー 土讃線琴平～大歩危間で「絶景！土讃秘境トロッコ」運転	17.3.30	台湾鉄路管理局「EMU800型電車」のデザインをラッピングした8000系特急電車の運行を開始
		17.4.1	「四国デスティネーションキャンペーン」が開幕。「四国まんなか千年ものがたり」、「太平洋パノラマトロッコ」運行開始
15.3.22	高徳線全線開通80周年記念列車「みどりの友達☆オリーブ号」を運転	
15.6.15	予土線(しまんとグリーンライン)で「予土線川柳列車」を運転	17.7.7	「夕焼けビール列車」20周年記念号を運転
15.6.20	予讃線全線開通70周年記念「えええとこ南予！がいな町並み号」を運転	17.9.23	土讃線トロッコ列車「志国高知幕末維新号」運行開始
15.7.26	観光列車「伊予灘ものがたり」運行開始1周年	17.10.14	「ゆうゆうアンパンマンカー」リニューアルデビュー
15.11.28	土讃線　高松駅～高知駅間開通80周年記念沿線探検スロー列車「山郷・渓谷☆総めぐり号」を運転	17.12.2	新型特急気動車「2600系」運行開始
		18.2.14	愛媛鉄道(予讃線)「伊予大洲駅～伊予長浜駅間」開通100周年記念式典を開催
16.2.21	えひめいやしの南予博PR列車「おさんぽなんよ」運行開始	
16.2.25	台湾鉄路管理局と友好鉄道協定を締結	18.4.10	瀬戸大橋線開業30周年記念式典を開催

18.4.15	簡易宿所「4S STAY 京都九条」開業	19.11.30	トロッコ列車「志国高知 幕末維新号」がラストランを迎え、運行を終える
18.7.3	世界初の制御付振子式特急形気動車「2000系試作車・愛称TSE」の定期運行終了に伴う「さよならTSE」カウントダウン乗車ツアーが行われ、多度津工場にて運転を終了	20.3.14	ダイヤ改正を実施。予讃線・北伊予駅～伊予横田駅間に新駅「南伊予駅」が開業(松山運転所・新車両基地運用開始)
18.8.9	予讃線・本山駅～観音寺駅間の運転を再開(平成30年7月豪雨災害の影響)	20.7.4	観光列車「志国土佐 時代の夜明けのものがたり」が土讃線・高知駅～窪川駅間で運行を開始
18.8.10	予讃線(愛ある伊予灘線)・伊予市駅～伊予大洲駅間と予土線・宇和島駅～窪川駅間の運転を再開(平成30年7月豪雨災害の影響)	20.7.18	2700系特急気動車「土讃線あかい・きいろいアンパンマン列車」が土讃線・高知駅～岡山駅間で運行を開始
18.9.13	予讃線・卯之町駅～宇和島駅間の運転を再開(平成30年7月豪雨災害の影響)	20.10.10	徳島線「藍よしのがわトロッコ」が徳島駅～阿波池田駅間で運行を開始
18.10.11	宿泊特化型ホテル「JRクレメントイン高松」が開業	20.10.31	牟岐線・阿波海南駅～海部駅間の鉄道事業を廃止。同区間は、阿佐海岸鉄道(株)が運行
18.11.17	簡易宿所「4S STAY 阿波池田駅前」が開業	20.11.28	宿泊特化型ホテル「JRクレメントイン高知」が開業
19.3.16	ダイヤ改正を実施し、牟岐線に「パターンダイヤ」を導入	21.3.13	ダイヤ改正を実施。土讃線(高知駅～土佐山田駅間)・徳島線(徳島駅～穴吹駅間)にパターンダイヤを導入
19.7.28	観光列車「伊予灘ものがたり」が5周年を迎え、各地でイベントを開催		
19.8.6	新型特急気動車「2700系」が高徳線「うずしお」で営業運転(運転日限定)を開始		
19.9.3	新型特急気動車「2700系」が土讃線「しまんと・あしずり」で営業運転(運転日限定)を開始		
19.9.28	新型特急気動車「2700系」が土讃線「南風・しまんと・あしずり」・高徳線「うずしお」で定期運転を開始		

ＪＲ九州

87. 4. 1	九州旅客鉄道株式会社発足
87. 7. 1	新駅開業(鞍手駅)
87. 10. 1	新駅開業(西小倉駅)
88. 3. 13	ダイヤ改正 ・ハイパーサルーン「有明」号デビュー 　(博多～西鹿児島間) ・新駅開業(小森江駅など13駅)
88. 3. 20	新型特急「オランダ村特急」デビュー
88. 8. 28	SL「あそBOY」デビュー(熊本～宮地間)
88. 12. 19	門司港駅 国指定重要文化財に
89. 3. 11	ダイヤ改正 ・「かもめ」にハイパーサルーン投入 ・特急「ゆふいんの森」デビュー 　(春日駅など14駅)
89. 4. 1	消費税導入に伴う運賃、料金の改定 (改定率3.0%)
90. 3. 10	ダイヤ改正 ・新駅開業(けやき台駅、長里駅)
90. 5. 2	「ビートル」就航(博多－平戸－長崎 オランダ村航路)
91. 3. 16	ダイヤ改正 ・篠栗線に新型気動車200形投入 ・新駅開業(吉野駅)
91. 3. 25	国際航路開設 福岡－釜山間「ビートル2世」就航(2時間55分)
91. 4. 6	熊本駅ビルオープン
91. 9. 7	九州新幹線鹿児島ルート(八代-西鹿児島間)起工式
91. 9. 30	新駅開業(千鳥駅)初の女性駅長誕生
92. 3. 10	大村線早岐－ハウステンボス間電化完成 新駅開業(ハウステンボス駅)
92. 3. 25	特急「ハウステンボス号」運転開始
92. 3. 27	博多駅コンコースグランドオープン
92. 7. 15	ダイヤ改正 ・新型特急787系「つばめ」デビュー ・特急「あそ」「ゆふいんの森 　Ⅱ」デビュー ・新駅開業(平成駅)
92. 12. 1	「ホテルブラッサム福岡」開業
93. 3. 6	日豊本線宮崎駅付近連続立体交差事業完成、宮崎駅高架開業
93. 3. 18	ダイヤ改正 ・特急「にちりんシーガイア」、夜行特急電車「ドリームつばめ」「ドリームにちりん」新設
93. 5. 27	787系特急「つばめ」ブルーリボン賞受賞
93. 10. 1	「宮崎フレスタ」オープン
94. 3. 1	ダイヤ改正 ・長崎本線に787系つばめ型車両投入 ・新型近郊電車813系投入 ・新駅開業(舞松原駅、高田駅)
94. 3. 31	「ビートル」(博多－平戸－ハウステンボス間)休止
94. 7. 1	ダイヤ改正 ・ハイパーサルーンリニューアル ・ジョイフルトレインの廃止
94. 7. 12	787系特急「つばめ」ブルネル賞受賞
94. 12. 3	ダイヤ改正 ・寝台特急「みずほ」廃止
95. 4. 20	ダイヤ改正 ・新型特急883系「ソニックにちりん」 　デビュー ・特急「きりしま」新設 ・新駅開業(吉富駅)
95. 6. 1	「ハウステンボスジェイアール全日空 ホテル」開業
95. 9. 1	普通列車、快速列車の全面禁煙実施
95. 10. 28	新駅開業(美咲が丘駅)
95. 11. 30	大分駅リニューアルオープン
96. 1. 10	初の運賃改定実施(改定率7.8%)
96. 3. 16	ダイヤ改正 ・「つばめ」をつばめ型車両に統一 ・グリーン車両の全面禁煙実施
96. 5. 31	883系特急「ソニック」ブルーリボン賞受賞
96. 7. 1	西鹿児島駅リニューアルオープン
96. 7. 3	883系特急「ソニック」ブルネル賞受賞
96. 7. 18	ダイヤ改正 ・宮崎空港線開業 ・新駅開業(田吉駅、宮崎空港駅)
97. 3. 22	ダイヤ改正 ・博多－大分間の特急「にちりん」を「ソニック」に名称変更 ・新駅開業(一本松駅)
97. 4. 1	消費税率見直しに伴う運賃・料金の変更実施(改定率1.9%)
97. 11. 29	ダイヤ改正 ・豊肥本線に「キハ200」投入 ・特急列車 禁煙車両のデッキもすべて禁煙に
97. 12. 18	総合指令システム使用開始(鹿児島本線 羽犬塚～袋)
98. 3. 5	博多総合指令第I期工事終了
98. 3. 14	新小倉駅ビル「アミュプラザ」オープン
98. 3. 21	九州新幹線鹿児島ルート(船小屋-新八代間)起工式

98.4.27	「ステーションホテル小倉」開業
98.5.1	ビートル2隻体制での運航開始
99.3.13	ダイヤ改正
	・「新ゆふいんの森」、「シーボルト」デビュー
	・行橋駅高架開業
99.7.2	新駅開業(スペースワールド駅)
99.7.30	南福岡駅ビルオープン
99.10.1	豊肥本線 電化開業(熊本～肥後大津間)
	・ダイヤ改正
	・特急「有明」豊肥本線乗り入れ、新型近郊電車815系投入
99.12.4	ダイヤ改正
	・寝台特急「さくら」(東京～長崎・佐世保間)と「はやぶさ」(東京～熊本間)を東京～鳥栖間で併結し「さくら(東京～長崎間)・はやぶさ(東京～熊本間)」として運転
00.1.22	筑肥線 下山門～筑前前原間複線化開業
	・ダイヤ改正
	・筑肥線に303系近郊電車投入
00.2.21	博多総合指令第II期工事終了
00.3.11	ダイヤ改正
	・新型特急885系「かもめ」デビュー
	・特急「ひゅうが」新設
	・寝台特急「あかつき」の肥前山口～佐世保間を廃止し、「彗星」と統合
	・新駅開業(久留米大学前駅)
00.9.21	「アミュプラザ長崎」グランドオープン
00.9.22	「JR九州ホテル長崎」開業
00.11.21	新駅開業(陣原駅)
01.2.5	ジェイアール九州バス㈱設立
01.2.26	総合指令システム(JACROS)第3期完成、開発工事全て完了
01.3.3	ダイヤ改正
	・885系特急「白いソニック」デビュー
	・新駅開業(弥生が丘駅)
01.4.6	ビートル3隻体制での運航開始
01.5.18	885系特急「かもめ」ブルーリボン賞受賞
01.6.2	九州新幹線鹿児島ルート(博多～船小屋間)起工式
01.7.24	885系特急「かもめ」、815系近郊形電車 ブルネル賞受賞
01.8.1	「JR九州ホテル鹿児島」開業
01.10.6	ダイヤ改正
	・篠栗線・筑豊本線(福北ゆたか線)電化開業
	・特急「かいおう」誕生
	・新型近郊電車817系投入
01.12.26	佐世保駅高架開業
02.3.23	ダイヤ改正
	・新駅開業(大分大学前駅)
02.12.1	箱崎駅 高架開業
03.3.15	ダイヤ改正
	・特急「ゆふいんの森」リニューアル
	・新駅開業(本城駅)
	・特急「シーボルト」廃止
03.7.1	ビートル4隻体制での運航開始
03.7.7	新駅開業(千早駅)
03.8.9	九州鉄道記念館オープン
03.10.1	ダイヤ改正
	・宮崎地区に817系近郊電車投入
03.12.12	九州新幹線 運賃・料金認可
04.3.3	船舶事業部に釜山支店設置
04.3.9	「JR九州ホテル熊本」開業
04.3.13	ダイヤ改正
	・九州新幹線 新八代～鹿児島中央開業
	・新駅開業(九州新幹線 新八代駅、新水俣駅)
	・駅名改称(西鹿児島駅→鹿児島中央駅)
	・観光特急「はやとの風」、特急「九州横断特急」、特別快速「なのはなDX」、観光列車「いさぶろう・しんぺい」、特急「ゆふDX」登場
	・日豊本線 大分～佐伯間 高速化完成
	・寝台特急「なは」運転区間変更(新大阪～熊本)
04.9.17	鹿児島本線 箱崎駅・吉塚駅上り線高架開業
04.9.17	「アミュプラザ鹿児島」グランドオープン
05.3.1	ダイヤ改正
	・寝台特急「さくら」廃止
05.3.24	「新・ソニック883」運転開始
05.7.1	JR九州リテール㈱発足
05.8.1	JR九州高速船㈱設立
05.8.28	SL「あそBOY」さよなら運転
05.9.23	新駅開業(九大学研都市駅)
05.10.1	ダイヤ改正
	・リレーつばめにDX グリーン新設
	・寝台特急「彗星」廃止

05. 10. 1	「JRホテル屋久島」開業
06. 2. 14	JR九州高速船㈱と未来高速㈱業務提携契約 調印式
06. 3. 18	ダイヤ改正
	・新駅開業(光の森駅)
06. 7. 15	新「ビートル」デビュー「グリーン席」新設
06. 7. 22	観光列車「あそ1962」デビュー
06. 12. 17	日向市駅高架開業
07. 3. 18	ダイヤ改正
	・全車禁煙の特急列車拡大
07. 5. 15	㈱ドラッグイレブンホールディングスの株式取得
07. 8. 31	九州鉄道リネンサービス㈱の株式取得
07. 9. 30	「JR九州ホテル小倉」開業
08. 2. 17	武雄温泉駅第1期開業 高架駅での営業を開始
08. 3. 15	ダイヤ改正
	・肥薩おれんじ鉄道-熊本・鹿児島中央間に直通快速列車を新設
	・寝台特急「なは・あかつき」廃止
	・新駅開業(鹿遊舎ひこさん駅)
	・駅名改称(筑前新宮→福工大前駅)
08. 4. 1	旅行事業の支店名を「JR九州旅行支店」に変更
08. 4. 28	九州新幹線西九州ルート(武雄温泉-諫早間)起工式
08. 8. 24	豊肥・久大本線大分駅高架開業
08. 10. 1	日向市駅ブルネル賞受賞
09. 2. 26	山陽・九州新幹線直通列車の列車名を「さくら」に決定
09. 3. 1	ICカード乗車券「SUGOCA」サービス開始
09. 3. 14	ダイヤ改正
	・新駅開業(ししぶ駅、広木駅、久留米高校前駅)
	・寝台特急「富士・はやぶさ」廃止
	・九州内全ての特急列車を全車禁煙に
09. 4. 25	「SL人吉」デビュー(熊本-人吉間)
09. 8. 22	九州新幹線 新800系開業
09. 10. 10	日南線観光特急「海幸山幸」デビュー
09. 11. 29	トロッコ列車「TORO-Q」運行終了
09. 12. 5	武雄温泉駅付近連続立体交差事業完成
10. 2. 18	鹿児島中央駅リニューアル
10. 3. 13	ICカード乗車券「SUGOCA」相互利用開始
	・新駅開業(新宮中央駅、神村学園駅)
09. 3. 22	九州新幹線鹿児島ルート レール締結式
10. 4. 1	上海事務所開設
	・農業生産法人㈱JR九州ファーム大分設立
10. 6. 4	JR九州リテール㈱と㈱ファミリーマート九州地区のファミリーマート店展開における基本合意締結
10. 7. 1	JR九州バニ二・システムズ㈱設立
10. 8. 31	九州新幹線(博多~新八代)試験列車運転開始
10. 10. 20	山陽・九州新幹線直通列車 最速達タイプの名称を「みずほ」と発表
10. 12. 22	九州新幹線運賃・特急料金認可
11. 3. 3	「JR博多シティ」グランドオープン
11. 3. 5	JR東海「TOICA」、JR西日本「ICOCA」との相互利用開始
11. 3. 12	ダイヤ改正
	・九州新幹線全線開業、山陽新幹線との直通運転開始
	・観光特急「指宿のたまて箱」デビュー
	・特急「リレーつばめ」、「ドリームにちりん」廃止
	・485系車両廃止
	・「かもめ」「みどり」「にちりん」「ひゅうが」「きりしま」に787系車両投入
	・新駅開業(新鳥栖駅、新大牟田駅、新玉名駅、富合駅)
	・駅名改称(船小屋駅→筑後船小屋駅)
	・新八代駅~宮崎駅間に高速バス「B&Sみやざき」運行開始
11. 6. 4	特急「あそぼーい!」デビュー
11. 3. 13	「祝!九州」キャンペーンがカンヌ国際広告祭にて3部門受賞
11. 8. 1	「JR九州たまごファーム」設立
11. 10. 1	N700系7000/8000番代、新鳥栖駅ブルネル賞受賞
11. 10. 1	高速船ビートル 対馬~釜山航路就航
11. 10. 8	特急「A列車で行こう」デビュー
11. 11. 3	「JR九州ホテル宮崎」オープン
12. 3. 17	ダイヤ改正
	・山陽・九州新幹線直通「みずほ」「さくら」増発
	・一部の「ゆふ」「ゆふいんの森」の運転区間を博多~別府に
	・新型通勤車両817系(ロングシート)投入
12. 3. 17	大分駅高架開業

12. 3. 20	「赤坂うまや上海静安店」オープン
12. 4. 1	福岡・北九州都市圏の一部エリアの在来線駅　全面禁煙実施
12. 4. 1	「ホテルオークラ JR ハウステンボス」リブランドオープン
12. 5. 28	クルーズトレイン「ななつ星 in 九州」運行概要発表
12. 8. 18	九州新幹線西九州ルート(武雄温泉−長崎間)起工式
12. 9. 3	JR 九州ファーム宮崎㈱設立
12. 9. 29	門司港駅保存修理工事に伴い仮駅舎での営業開始
12. 10. 1	クルーズトレイン「ななつ星 in 九州」第1期予約受付開始
12. 12. 1	IC カード「SUGOCA」エリア拡大(長崎、大分、熊本、鹿児島)
13. 3. 15	「JQ SUGOCA」募集開始
13. 3. 16	ダイヤ改正 ・広島始終着の山陽・九州新幹線直通「さくら」新設 ・特急「A 列車で行こう」1 往復増発、3 往復運転に
13. 3. 23	交通系 IC カード全国相互利用サービス開始
13. 3. 27	都城太陽光発電所　発電開始
13. 4. 1	博多ターミナルビル㈱を㈱JR博多シティに、ジェイアール九州都市開発㈱を JR 九州ホテルズ㈱に社名変更
13. 4. 8	「JR 九州ホテルブラッサム博多中央」オープン
13. 5. 24	タイ国鉄と協力関係構築に関する覚書締結
13. 6. 27	「JR 九州シニアライフサポート㈱」設立
13. 10. 15	クルーズトレイン「ななつ星 in 九州」運行開始
14. 3. 1	住宅型有料老人ホーム「SJR 千早」開業
14. 3. 15	ダイヤ改正 ・新鳥栖・久留米両駅に全ての「さくら」停車
14. 4. 1	消費税率の引上げに伴う運賃・料金変更(改定率 2.857%)
	㈱駅レンタカー九州をJR九州レンタカー＆パーキング㈱に社名変更
14. 7. 1	農業生産法人 JR 九州ファーム㈱設立

14. 8. 8	「JR 九州ホテル ブラッサム新宿」オープン
14. 10. 1	大分ターミナルビル㈱を㈱JR 大分シティに社名変更
14. 10. 15	「ななつ星 in 九州」ブルネル賞受章
15. 2. 5	筑肥線に新型車両 305 系電車導入
15. 3. 14	ダイヤ改正 ・柚須駅に全ての快速列車が停車 鹿児島本線熊本地区一部高架開業および上熊本駅舎落成 香椎線 Smart Support Station サービス開始
15. 4. 16	「JRおおいたシティ」オープン
15. 7. 18	特急「ゆふいんの森」1両増結、5両編成での運行開始
15. 8. 8	JRKYUSHU SWEET TRAIN「或る列車」運行開始(大分コース)
15. 11. 1	JRKYUSHU SWEET TRAIN「或る列車」長崎コースでの運行開始
15. 11. 14	宮崎エリアで IC カード「SUGOCA」サービス開始
16. 1. 27	株式会社おおやま夢工房の株式取得
16. 3. 15	JR 九州スマートフォンアプリダウンロード開始
16. 3. 26	ダイヤ改正 ・「九州横断特急」・「いさぶろう・しんぺい」の運転区間変更 ・新駅開業(西熊本駅) ・谷山駅・慈眼寺駅 高架開業
16. 4. 1	改正 JR 会社法施行
16. 4. 7	「ななつ星 in 九州」肥薩おれんじ鉄道への乗り入れ開始
16. 4. 14	熊本地震前震発生(4.16 本震発生)
16. 4. 27	九州新幹線 全線運転再開(熊本地震による影響)
16. 5. 20	「JR 九州グループ中期経営計画2016-2018」発表
16. 6. 13	「ななつ星 in 九州」第1回日本サービス大賞 内閣総理大臣賞受賞
16. 7. 4	九州新幹線 通常本数での運転再開(熊本地震による影響)
16. 7. 9	豊肥本線豊後荻〜宮地・阿蘇運転再開(熊本地震による影響)
16. 10. 19	架線式蓄電池電車「DENCHA」運行開始
16. 10. 25	東京証券取引所市場第一部上場

16.10.26	福岡証券取引所上場
16.12.22	「JR九州アプリ」で列車位置情報「どれどれ」サービス開始
17.3.4	ダイヤ改正
	・九州新幹線徐行運転解除　通常速度での運行開始（熊本地震による影響）
	・特急「かわせみ やませみ」運行開始
	・若松線の全ての列車を蓄電池電車「DENCHA」に置き換え
〃	筑豊本線（若松〜折尾間）で Smart Support Station サービス開始
17.4.1	新制服着用開始
17.4.27	811系リニューアル車両運行開始
17.5.2	バンコク事務所設置
17.5.24	架線式蓄電池電車「DENCHA」ブルーリボン賞受賞
17.6.24	「JR九州ホテル ブラッサム那覇」オープン
17.7.15	特急「ゆふいんの森」小倉・大分経由で運行開始（17.7.5 平成29年九州北部豪雨の影響）
18.3.17	ダイヤ改正
	・運転本数、運転区間大幅見直し
	・大分市内の一部の駅（日豊本線牧駅、幸崎駅、豊肥本線滝尾駅）で Smart Support Station サービス開始
	・熊本駅 鹿児島本線および豊肥本線ホーム 高架開業
18.3.27	「ななつ星 in 九州」新ルートでの運行開始（運行開始後初の大幅ルート変更）
18.7.1	JR九州メンテナンス㈱、JR九州鉄道営業㈱、JR九州サービスサポート㈱、JR九州エンジニアリング㈱設立
18.7.14	ダイヤの一部を修正
〃	久大本線日田〜光岡間運転再開（平成29年7月九州北部豪雨の影響）
18.12.1	豊肥本線大分大学前駅、敷戸駅で Smart Support Station サービス開始
19.2.1	新型ホームドア本格導入開始 筑肥線（下山門〜筑前前原間）に順次設置
19.3.9	原田線桂川〜原田間運転再開（平成30年7月豪雨による影響）
19.3.10	門司港駅グランドオープン（復原工事終了）
19.3.16	新駅開業（糸島高校前駅）
〃	JR 鹿児島本線等連続立体交差事業 熊本駅全面完成
〃	鹿児島本線に821系電車投入、香椎線（西戸崎〜宇美間）に蓄電池電車「DENCHA」投入
19.4.1	JR九州ビルホールディングス㈱、JR九州ホテルズアンドリゾーツホールディングス㈱、JR九州パレットワーク㈱設立
19.4.25	黒崎駅グランドオープン
19.5.30	第一交通産業㈱と、業務提携契約締結
19.8.20	「THE BLOSSOM HIBIYA」オープン
19.9.25	「THE BLOSSOM HAKATA Premier」オープン
19.10.1	消費税率の引上げに伴う運賃・料金変更（改定率1.850%）
〃	JR九州フィナンシャルマネジメント㈱を分割し、JR九州ビジネスパートナーズ㈱、JR九州FGリース㈱発足
19.11.28	トヨタ自動車×西日本鉄道×JR九州　マルチモーダルモビリティサービス「my route」福岡市・北九州市で本格実施
〃	九州新幹線みやまき電区分所「電力融通装置」運用開始
19.12.12	長崎県とまちづくりに関する連携協定締結
19.12.16	㈱萬坊の株式取得
20.2.4	㈱JR熊本シティ、㈱JR宮崎シティ設立
20.3.6	社員研修センター安全祈願祭
20.3.14	長崎地区にYC1系ハイブリッド車投入
20.3.28	長崎本線長崎〜浦上間高架開業
20.4.1	カメラシステム搭載の811系電車「RED EYE」運用開始
〃	JR九州内すべての駅の全面禁煙実施
20.5.30	指宿枕崎線（郡元〜喜入間）で Smart Support Station サービス開始
20.8.8	豊肥本線肥後大津〜阿蘇間運転再開（平成28年熊本地震による影響）
20.10.16	新D&S列車「36ぷらす3」運行開始
20.10.28	九州新幹線（武雄温泉・長崎間）の列車名「かもめ」に決定
20.11.20	「アミュプラザみやざき」グランドオープン

20.12.24	香椎線(西戸崎〜香椎間)自動運転装置 営業列車での実証運転開始
21.1.2	折尾駅新駅舎 使用開始
21.2.17	「気候関連財務情報開示タスクフォース (TCFD)提言」への賛同表明、気候関連 情報の開示
21.3.1	久大本線全線で運転再開(令和 2 年 7 月豪雨による影響)
21.3.13	ダイヤ見直し 特急「有明」運転取りやめ 筑肥線(下山門〜筑前前原間)に軽量 型ホームドア設置
21.3.14	「流れ星新幹線」特別運行
21.4.1	JR 九州アセットマネジメント株式会社設立
〃	地域特化型ファンド「合同会社 JR 九州 企業投資」設立
21.4.23	「アミュプラザくまもと」グランドオープン
〃	「THE BLOSSOM KUMAMOTO」オープン
21.4.28	九州新幹線(武雄温泉・長崎間)の路線 名称「西九州新幹線」に決定
21.5.18	九州新幹線を使用した貨客混載事業開 始(博多〜鹿児島中央)
〃	九州新幹線荷物輸送サービス 「はやっ便」開始(博多〜鹿児島中央)
21.6.30	シェアオフィス事業に参入 博多駅に「コワ ーキング＆コラーニングスペースQ」開業
21.8.10	株式会社ヌルボン設立

ＪＲ貨物

87. 4. 1	日本貨物鉄道株式会社発足		97. 12. 5	EF210形式機関車営業運転開始
87. 10. 1	30フィートコンテナ使用開始		98. 2. 1	「ホテルメッツ田端」開業
88. 1. 20	活魚コンテナ輸送開始		98. 10. 20	インターネットホームページ開設
88. 3. 13	ダイヤ改正、津軽海峡線開業		98. 12. 25	四日市港の可動橋「末広橋梁」重要
	110km/hスーパーライナー列車新設			文化財指定
88. 4. 10	瀬戸大橋線開業		99. 5. 31	本社、千代田区飯田橋の新社屋に移転
88. 10. 1	日本縦貫リレー運転開始（福岡貨物		99. 6. 16	エフ・プラザ新座営業開始
	ターミナル～札幌貨物ターミナル間）		00. 3. 11	EH500形式機関車営業開始
89. 5. 24	スライドヴァンシステム営業開始		00. 3. 16	高松貨物ターミナル駅開業
90. 3. 10	ダイヤ改正 1300トン牽引列車新設		00. 10. 10	羽生オフレールステーション開業
90. 6. 19	EF200形式直流電気機関車試作車		00. 12. 2	京葉線ルート営業開始
	完成		01. 6. 20	EH200形式直流電気機関車試作車
90. 7. 18	EF500形式交直流電気機関車試作			完成
	車完成		01. 12. 12	EH510形式交直流電気機関車試作
91. 3. 25	エフ・プラザ梶ヶ谷営業開始			車成完成
91. 10. 14	自動車専用コンテナ使用開始		02. 3. 23	北九州貨物ターミナル駅営業開始
91. 3. 25	DF200形式電気式ディーゼル機関		03. 1. 9	M250系特急コンテナ電車（スーパー
	車完成			レールカーゴ）試作車完成
92. 4. 3	エフ・プラザ札幌営業開始		03. 2. 5	ガーデンエアタワー竣工
92. 7. 1	EF200形式機関車営業運転開始		03. 10. 8	金沢貨物ターミナル駅開業
	エフ・プラザ東京営業開始		03. 12. 1	神戸貨物ターミナル駅開業
93. 2. 26	エフ・プラザ隅田川営業開始		04. 3. 13	M250系特急コンテナ電車営業運転
93. 3. 10	DF200形式機関車営業開始			開始
93. 4. 19	宇都宮（夕）駅に初のパレットサービス		04. 3. 13	鹿児島貨物ターミナル駅移転開業
	センター開設		04. 6. 21	山形コンテナセンター移転開業
93. 6. 23	東海道線貨物輸送力増強工事起工		04. 11. 9	姫路貨物駅～富山貨物駅でLNG（液
	式			化天然ガス）鉄道輸送開始
93. 8. 28	EF200形式機関車「ローレル賞」受		05. 3. 17	新中期経営計画「ニューストリーム
	賞			2007」策定
94. 1. 3	貨物情報ネットワークシステム		05. 6. 2	東京貨物ターミナル駅構内に「車両
	（FRENS）が始動			技術検修所」開設
94. 3. 15	営業支店（26箇所）設置		05. 8. 15	「IT-FRENS＆TRACEシステム」稼動
94. 3. 21	姫路貨物駅開業		05. 9. 7	刈谷コンテナセンター営業開始
94. 9. 15	DF200形式機関車「ローレル賞」受		05. 10. 23	スーパーレールカーゴが鉄道友の会
	賞			「ブルーリボン賞」を受賞
95. 3. 6	カーラックシステム営業開始		06. 3. 18	鳥栖貨物ターミナル駅開業
	（名古屋貨物ターミナル～新潟貨物		06. 3. 20	「スーパーグリーンシャトル列車」
	ターミナル間）			営業運転開始
95. 7. 6	エフ・プラザ梅小路営業開始		06. 10. 13	社歌を制定
95. 10. 2	海上コンテナ輸送開始		06. 11. 15	携帯電話向けインターネットサイトを開
95. 10. 6	廃棄物輸送開始			設
96. 2. 16	EF210形式直流電気機関車試作車		06. 11. 15	自動車部品専用列車（ロング パス エ
	完成			クスプレス）営業運転開始
96. 5. 14	ワイドコンテナ輸送開始		07. 3. 18	山陽線鉄道貨物輸送力増強事業完
96. 9. 21	船舶代行輸送開始			成
96. 11. 30	通信衛星を利用した列車位置検知シ		07. 3. 26	日韓RAIL-SEA-RAILサービス開始
	ステム使用開始		07. 6. 14	「貨物鉄道百三十年史」発刊
97. 1. 26	さいたま新都心建設站砕輸送開始		07. 7. 12	「JR貨物による輸送品質改善アクショ
97. 2. 19	日中複合一貫輸送事業で中国鉄道			ンプラン」発表
	部と事業提携		07. 11. 20	「写真でみる貨物鉄道百三十年」発刊
97. 6. 17	EH500形式交直流電気機関車試作		07. 11. 29	エフ・プラザ東L棟完成
	車完成		08. 3. 12	中期経営企画「ニューストリーム2011」
97. 9. 15	本社、文京区後楽に仮移転			策定
97. 10. 2	JR初の女性運転士誕生		08. 3. 24	I-TEMセンター発足

08.4.1	運転支援システム「PRANETS」使用開始	15.9.16	インド国貨物専用鉄道の運営・維持管理プロジェクトを受託
08.7.5	PCB廃棄物輸送開始	16.3.18	江差線脱線対策として輪重測定装置を4駅で運用開始
08.10.14	「PRANETS」「SEA&RAIL サービス」が日本鉄道賞を受賞	16.3.26	海峡線において北海道新幹線と共用走行開始
08.10.24	「貨物鉄道百三十年史」「写真でみる貨物鉄道百三十年」が優秀会社史特別賞受賞	16.4.18	平成28年熊本地震被災向け救援物資輸送に対応した臨時貨物列車の運転を実施
09.2.23	四日市港の可動橋「末広橋梁」近代化産業遺産認定	16.5.18	マルチプル型物流施設の名称を「レールゲート」に決定
09.2.24	「安全改革委員会」設置	16.6.23	「営業開発室」新設
09.3.14	運転支援システム「PRANETS」を使用した列車位置情報の提供開始	16.8月~	台風10号による石北線・根室線不通で、臨時貨物、トラック代行及び船舶代行輸送を実施
09.10.1	運転支援システム「PRANETS」が「情報化月間推進会議議長表彰」を受賞	16.9.14	31ftウイングコンテナの増備を発表
09.11.8	「鉄道コンテナ輸送 50 年記念列車出発式」開催	17.3.31	「JR貨物グループ 中期経営計画2021」を発表
10.3.25	HD300 形式ハイブリッド機関車試作車完成	17.6.15	DD200 形式電気式ディーゼル機関車 試作機完成
10.6.2	小名木川貨物駅跡地商業施設「アリオ北砂」完成	17.9.12	ビール4社の共同物流開始、札幌貨物ターミナル駅にて出発式
10.9.24	八王子駅南口立体駐車場開業	17.11.15	会社発足30周年記念事業として、統一した会社ロゴデザインの看板・表札の設置
11.2.14	本社 渋谷区移転		
11.3.12	鹿児島線(北九州・福岡間)輸送力増強事業完成 全国8駅 駅名改称	17.12.1	「東京貨物ターミナル駅事務所他施設整備事業」の竣工式
11.3.18	東日本大震災による備蓄減のため各地へ緊急石油輸送を実施	17.12.5	JR発足 30 周年記念「JR7 社共同企画スペシャルツアー」出発式
11.11.2	東日本大震災で発生した災害廃棄物の輸送開始	18.1.24	経営統括本部総務部「人事制度改正推進室」の新設
12.10.27	汎用31ftウイングコンテナ使用開始	18.2.14	汎用コンテナサイズの順次切り替えを発表、19 形式から背高タイプ20 形式へ
12.11.18	HD300 形式ハイブリッド機関車「ローレル賞」受賞	18.3.23	経営統括本部財務部「経理センター」を新設
12.11.27	EH800 形式交流機関車試作車完成	18.4.25	東海道・武蔵野・東北線における「カンガルーライナーSS60」の運転を開始
13.3.15	梅田駅 138年の営業終了		
13.3.16	吹田貨物ターミナル駅開業 百済貨物ターミナル駅リニューアル開業	18.7.11	「平成30年7月豪雨」による不通区間の代行輸送及び被災自治体に対する救援物資輸送の実施
13.3.16	「隅田川駅鉄道貨物輸送力増強事業」竣工	18.8.20	「平成30年7月豪雨」に伴う代行輸送区間の増備
13.10.18	「調達部」新設	18.8.24	貨物列車の迂回運転実施
14.1.1	「海外事業室」新設	18.9.11	「平成30年北海道胆振東部地震」による被災自治体に対する救援物資(救助用寄贈品)の輸送
14.3.25	「コンプライアンス室」「計画推進室」新設		
14.3.31	「新中期経営計画 2016」を発表	18.9.12	EH800形式交流電気機関車 運転士異常時対応訓練用シミュレータの導入
14.10.22	「新形式機関車運転シミュレータ」の導入		
15.1.1	「マーケティングセンター」新設	18.11.14	次世代ITインフラシステムの導入
15.3.14	伯耆大山駅~米子駅(貨物)機能移転	18.12.18	北陸線 敦賀~敦賀港間の廃止
15.6.15	「戦略推進室」、「鉄道収支管理室」新設	19.3.29	「JR貨物グループ 中期経営計画2023」を発表
15.8.7	四日市港の可動橋「末広橋梁」機械遺産認定		

都市内交通

83.3.3	福岡市 1 号線((仮)博多～博多 0.3 km)開業
85.3.14	横浜市 1 号線(上永谷～舞岡 2.0 km) 3 号線(横浜～新横浜 7.0 km)開業
85.4.5	大阪市 4 号線(深江橋～長田 3.2 km)開業
85.6.18	神戸市西神線(学園都市～名谷 3.5 km)山手線(大倉山～新神戸 3.3 km)開業
86.1.31	福岡市2号線(馬出九大病院前～箱崎九大前 1.6 km)開業
86.9.14	東京都新宿線(船堀～篠崎 4.9 km)開業
86.11.12	福岡市2号線(箱崎九大前～貝塚 1.0 km)開業
87.3.18	神戸市西神線(学園都市～西神中央 5.9 km)開業
87.4.18	大阪市1号線(我孫子～中百舌鳥 5.0 km)開業
87.5.24	横浜市1号線(舞岡～戸塚 1.6 km)開業
87.7.15	仙台市南北線(八乙女～富沢 13.6 km)開業
87.8.25	営団有楽町線(和光市～営団成増 2.2 km)開業
88.3.28	千葉都市モノレール(株)2号線(スポーツセンター～千城台 8.0 km)開業
88.6.8	営団有楽町線(新富町～新木場 5.9 km)開業
88.6.11	京都市烏丸線(京都～竹田 3.3 km)開業
88.12.2	札幌市東豊線(栄町「豊水すすきの 8.1 km)開業
89.1.26	営団半蔵門線(半蔵門～三越前 4.4 km)開業
89.3.19	東京都新宿線延伸(篠崎～本八幡 2.8 km)開業
89.9.10	名古屋市桜通線(中村区役所～今池 6.3 km)開業
90.3.20	大阪市7号線(京橋～鶴見緑地 5.2 km)開業
90.10.24	京都市烏丸線(北山～北大路 1.2 km)開業
90.11.28	営団半蔵門線(三越前～水天宮前 1.3 km)開業
91.6.12	千葉都市モノレール(株)2号線延伸(千葉～スポーツセンター 4.0 km)開業
91.11.29	営団南北線(駒込～赤羽岩淵 6.3 km)開業
91.12.10	東京都 12 号線(練馬～光が丘 3.8 km)開業
92.7.15	仙台市南北線(八乙女～泉中央 1.2 km)開業
93.3.3	福岡市 1 号線(博多～福岡空港 3.3 km)開業
93.3.4	大阪市 6 号線(動物園前～天下茶屋 1.5 km)開業
93.3.18	横浜市 3 号線(新横浜～あざみ野 10.9 km)開業
93.8.12	名古屋市 3 号線(上小田井～庄内緑地公園 1.4 km)開業
93.9.27	東京モノレール(株)東京モノレール羽田線(羽田整備場～羽田空港 5.1 km)開業
94.3.30	名古屋市 6 号線(今池～野並 8.6 km)開業
94.8.20	広島高速交通(株)広島新交通 1 号線(広域公園前～本通 18.4 km)開業
94.9.30	大阪高速鉄道(株)大阪モノレール線(千里中央～柴原 4.3 km)開業
94.10.14	札幌市 3 号線(豊水すすきの～福住 5.6 km)開業
95.8.1	千葉都市モノレール(株)1号線(千葉みなと～千葉 1.5 km)開業
95.11.1	(株)ゆりかもめ 東京臨海新交通臨海線(新橋～有明 12.0 km)開業
95.12.7	営団有楽町線(小竹向原～新線池袋 3.1 km)開業
96.3.26	営団南北線(駒込～四ツ谷 7.1 km)開業
96.3.28	神戸電鉄(株)公園都市線(フラワータウン～ウッディタウン中央 3.2 km)開業
96.3.30	東京臨海高速鉄道(株)臨海副都心線(新木場～東京テレポート 4.9 km)開業
96.4.27	東葉高速鉄道(株)東葉高速線(西船橋～東葉勝田台 16.2 km)開業
96.12.11	大阪市7号線(京橋～心斎橋 5.7 km)開業
97.4.1	大阪高速鉄道(株)大阪モノレール線延伸(大阪国際空港～柴原 3.1 km)開業
97.6.3	京都市烏丸線延伸(北山～国際会館 2.6 km)開業
97.8.22	大阪高速鉄道(株)大阪モノレール線延伸(南茨木～門真市 7.9 km)開業
97.8.29	大阪市7号線延伸(鶴見緑地～門真南 1.3 km、心斎橋～大正 2.9 km)開業
97.9.30	営団南北線延伸(四ツ谷～溜池山王 2.3 km)開業
97.10.12	京都市東西線(醍醐～二条 12.7 km)開業
97.12.18	大阪港トランスポートシステム(株)テクノポート線(大阪港～コスモスクエア 2.4 km)、ニュートラム線(コスモスクエア～中ふ頭 1.3 km)開業
97.12.19	東京都12号線延伸(新宿～練馬 9.1 km)開業

98.4.1	北九州高速鉄道㈱北九州都市モノレール小倉延伸(平和通～小倉 0.4 km)開業
98.8.28	スカイレールサービス㈱広島短距離交通瀬野線(みどり口～みどり中央 1.3 km)開業
98.10.1	大阪高速鉄道㈱国際文化公園都市モノレール線延伸(万博記念公園～阪大病院前 2.6 km)開業
98.11.27	多摩都市モノレール㈱多摩都市モノレール線(立川北～上北台 5.4 km)開業
99.2.25	札幌市東西線延伸(琴似～宮の沢 2.8 km)開業
99.3.24	千葉都市モノレール㈱1 号線延伸(千葉～県庁前 1.7 km)開業
99.8.29	横浜市 1 号線延伸(戸塚～湘南台 7.4 km)開業
00.1.10	多摩都市モノレール㈱多摩都市モノレール線延伸(多摩センター～立川北 10.6 km)開業
00.1.19	名古屋市 4 号線延伸(大曽根～砂田橋 1.7 km)開業
00.4.20	東京都大江戸線延伸(新宿～国立競技場 2.1 km)開業
00.7.22	北総開発鉄道㈱北総・公団線延伸(印西牧の原～印旛日本医大 3.8 km)開業
00.9.26	営団南北線延伸(溜池山王～目黒 5.7 km)開業
00.9.26	東京都三田線延伸(三田～目黒 4.0 km)開業
00.11.26	筑豊電気鉄道㈱(黒崎駅前～熊西 0.6 km)開業
00.12.12	東京都大江戸線延伸(都庁前～国立競技場 25.7 km)開業
01.3.23	名古屋ガイドウェイバス㈱志段味線(大曽根～小幡緑地 6.5 km)開業
01.3.28	埼玉高速鉄道㈱埼玉高速鉄道線(赤羽岩淵～浦和美園 14.6 km)開業
01.3.31	東京臨海高速鉄道㈱臨海副都心線延伸(東京テレポート～天王洲アイル 2.9 km)開業
01.7.7	神戸市海岸線(新長田～三宮・花時計前 7.9 km)開業
01.7.27	㈱横浜リゾートラインディズニーリゾートライン(5.0 km)開業
02.10.27	芝山鉄道㈱芝山鉄道線(東成田～芝山千代田 2.2 km)開業
02.12.1	東京臨海高速鉄道㈱臨海副都心線延伸(天王洲アイル～大崎 4.4 km)開業
03.3.19	営団半蔵門線(水天宮前～押上 6.0 km)開業
03.3.27	上飯田連絡線㈱上飯田連絡線(味鋺～上飯田 3.1 km)開業(第2種:名古屋市、名古屋鉄道)
03.8.10	沖縄都市モノレール㈱沖縄都市モノレール線(那覇空港～首里 12.9km)開業
03.12.13	名古屋市4号線(砂田橋～名古屋大学 4.5km)開業
04.2.1	横浜高速鉄道㈱みなとみらい 21 線(横浜～元町・中華街 4.1km)開業
04.10.6	名古屋市 4 号線(名古屋大学～新瑞橋 5.6km)開業
04.10.6	名古屋臨海高速鉄道㈱あおなみ線(名古屋～金城ふ頭 15.2km)開業
04.11.26	京都市東西線(六地蔵～醍醐 2.4km)開業
04.12.1	東京モノレール㈱羽田線(羽田空港第1ビル～羽田空港第2ビル 0.9km)開業
05.1.29	中部国際空港連絡鉄道㈱空港線(常滑～中部国際空港 4.2km)開業(第2種:名古屋鉄道)
05.2.3	福岡市七隈線(橋本～天神南 12.0km)開業
05.3.6	愛知高速交通㈱東部丘陵線(藤が丘～万博八草 8.9km)開業
05.8.24	首都圏新都市鉄道㈱常磐新線(秋葉原～つくば 58.3km)開業
06.2.2	神戸新交通㈱ポートアイランド線延伸(市民広場～神戸空港 4.3km)開業
06.3.27	㈱ゆりかもめ東京臨海新交通臨海線延伸(有明～豊洲 2.7km)開業
06.3.27	近畿日本鉄道㈱けいはんな線延伸(生駒～学研奈良登美ヶ丘 8.6km)開業
06.12.24	大阪市今里筋線(井高野～今里 11.9km)開業
07.3.18	仙台空港鉄道㈱仙台空港線(名取～仙台空港 7.1km)開業
07.3.19	大阪高速鉄道㈱国際文化公園都市モノレール線延伸(阪大病院前～彩都西 4.2km)開業
08.1.16	京都市東西線延伸(二条～太秦天神川 2.4km)開業
08.3.15	西日本旅客鉄道㈱おおさか東線(放出～久宝寺 9.2km)開業
08.3.30	東京都日暮里・舎人ライナー(日暮里～見沼代親水公園 9.7km)開業
08.3.30	横浜市4号線(日吉～中山 13.0km)開業
08.6.14	東京地下鉄㈱副都心線(池袋～渋谷 8.9km)開業
08.10.19	京阪電気鉄道㈱中之島線(中之島～天満橋 3.0km)開業
09.3.20	阪神電気鉄道㈱阪神なんば線(西九条～大阪難波 3.8km)開業
10.7.17	京成電鉄㈱成田空港線(印旛日本医大～成田空港高速鉄道線接続点 10.7km)開業
11.3.27	名古屋市交通局桜通線延伸(野並～徳重 4.2km)開業
15.12.6	仙台市東西線(八木山動物公園～荒井 13.9km)開業
19.3.16	西日本旅客鉄道㈱おおさか東線(放出～新大阪 11.1km)開業

19.10. 1	沖縄都市モノレール㈱沖縄都市モノレール線(首里～てだこ浦西 4.1km)開業
19.11.30	相鉄・JR 直通線(西谷～羽沢横浜国大 2.7km)開業

用語解説

索　引

〔ア行〕

〔カ行〕

〔サ行〕

〔タ行〕

〔ナ行〕

〔ハ行〕

〔ヤ行〕

〔ラ行〕

〈統計単位〉

営 業 キ ロ	旅客又は貨物の輸送営業を行うことを明示した営業線の長さで，輸送量又は運賃計算の基礎となる。停車(留)場の中心距離をもって表わす。
建 設 キ ロ	実際に工事が行われる区間の長さを表わす。
輸 送 人 員	輸送した旅客の総人員数。
輸 送 人 キ ロ	輸送した各々の旅客(人)にそれぞれの旅客が乗車した距離(キロ)を乗じたものの累積。
輸 送 ト ン キ ロ	輸送した各々の貨物(トン)にそれぞれの貨物を輸送した距離(キロ)を乗じたものの累積。
輸 送 ト ン 数	輸送した貨物の総トン数。
輸 送 密 度	旅客営業キロ1キロメートル当たりの1日平均旅客輸送人員 線区年間輸送人キロ÷営業キロ÷365
列 車 キ ロ	駅間通過列車回数に駅間キロを乗じたもの。
車 両 キ ロ	駅間通過車両数に駅間キロを乗じたもの。客車走行キロと貨車走行キロの合計。
客 車 走 行 キ ロ	駅間通過客車数に駅間キロを乗じたもの。
貨 車 走 行 キ ロ	駅間通過貨車数に駅間キロを乗じたもの。
1人平均乗車キロ	輸送人キロ÷輸送人員
混 雑 率	輸送人員÷輸送力×100
集 中 率	最混雑時間帯(1時間)の輸送人員÷1日平均輸送人員×100
乗車効率(客車走行定員利用効率)	人キロ÷(客車走行キロ×客車平均定員)×100

〈事業種別〉

第1種鉄道事業	自らが鉄道線路を敷設し，運送を行う事業であり，自己の線路の容量に余裕がある場合には，第2種鉄道事業者に自己の線路を使用させることができる。

| 第2種鉄道事業 | 第1種鉄道事業者又は第3種鉄道事業者が敷設した鉄道線路を使用して運送を行う事業。 |
| 第3種鉄道事業 | 鉄道線路を敷設して第1種鉄道事業者に譲渡するか、又は、第2種鉄道事業者に使用させる事業であり自らは運送を行わない。 |

〈運　賃〉

対キロ制	キロ当り賃率に乗車区間の営業キロを乗じて運賃を算出する制度。
対キロ区間制	一定の距離を基準として区間運賃を定め、発駅を起点としてこの区間運賃により運賃を定める制度。
区間制	営業路線を、おおむね等距離にある駅を基準として2つ以上の区間に分割し、運賃を算出する制度。
均一制	乗車キロに関係なく運賃を均一にする制度。
乗継運賃制度	乗継ぎ旅客の運賃負担の軽減と利便向上を目的とした運賃制度。
共通運賃制度	鉄軌道線とバスの併行区間における輸送調整と旅客の利便向上を目的とした運賃制度。
運賃	運輸事業における運賃計算の基礎となる単価。
運賃計算キロ程	運賃計算上の基礎となるべきキロ程である。均一運賃制度を採用する場合を除き運賃は運送距離に応じて計算される。実測キロをそのまま使用する場合と、割増または短縮したものを使用する場合とがある。

〈財　務〉

| 地下高速鉄道整備事業費補助 | 大都市における交通混雑の緩和及び都市機能の維持・増進を図るため、地下高速鉄道の新線建設費、耐震補強工事費及び大規模改良工事費の一部を補助する。 |
| | 補助率　補助対象建設費の35%　地方公共団体も基本的に同様の補助を実施 |

空港アクセス鉄道等 整備事業費補助	都市の国際競争力の向上や、地域の連携・交流の促進を通じた地域の活性化等の観点から、空港アクセス鉄道及びニュータウン鉄道の新線建設費等の一部を補助する。平成20年度予算からニュータウン鉄道等整備事業費補助を改称。 補助率　補助対象建設費の18%等 　　　　地方公共団体も同様の補助を実施
踏切保安設備整備費 補助金（踏切補助）	交通事故の防止及び交通の円滑化に寄与するため、踏切保安設備の整備を行う経営困難な事業者に対し、その整備費を国が 1/3 又は 1/2、地方公共団体が 1/3 で補助する。

〈土　木〉

踏　　切　　道	
第1種踏切道	昼夜を通じて踏切警手がしゃ断機を操作している踏切道又は自動しゃ断機が設置されている踏切道。
第2種踏切道	1 日のうち一定時間だけ踏切警手がしゃ断機を操作している踏切道。
第3種踏切道	警報機が設置されている踏切道。
第4種踏切道	踏切警手もおらず、しゃ断機も警報機も設置されていない踏切道。
連続立体交差化	鉄道と幹線道路（一般国道、都道府県道及び都市計画決定された道路）とが複数箇所で交差する鉄道区間について、踏切道を除却することを目的として、鉄道を連続的に高架化又は地下化することをいう。

〈 そ の 他 〉

LRT （Light Rail Transit）	従来の路面電車から走行空間、車両等を向上させたもので、高い速達性、輸送力等を持った、人や環境に優しい都市公共交通システム。

地下鉄の工法
〔開削（オープンカット）工法〕

　従来から最も一般的に用いられている工法である。まずトンネル位置の両側に土留めのため杭を打ちこみ、その内側を順次掘削し、終わると鉄筋を組みコンクリートを流しトンネルをつくる。このとき、路面交通を確保する必要があるときは、掘削に先だって土留めの上に桁をかけ履工板を敷いておく。またガス、水道等の地下埋設物はその位置で防護するか、あらかじめ移設しておく。トンネルが完成したら、埋め戻してもとの状態に復旧する。

開削工法の実施例（横断面）

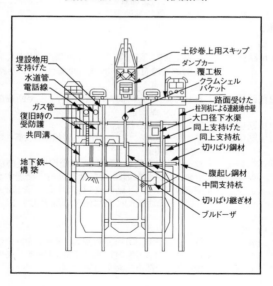

埋設物用支持けた
水道管
電話線
ガス管
復旧時の受防護
共同溝
地下鉄構築

土砂巻上用スキップ
ダンプカー
覆工板
クラムシェルバケット
路面受けた
柱列杭による連続地中壁
大口径下水渠
同上支持けた
同上支持杭
切りばり鋼材
腹起し鋼材
中間支持杭
切りばり継ぎ材
ブルドーザ

〔シールド工法〕

　家屋密集地帯の地下や、丘陵、河川の地下等深いところを掘削する場合の工法である。まず立坑を掘り発進基地を設け、円形の鉄わくをジャッキで押しながらトンネルを掘り進め、鉄製又は鉄筋コンクリート製のセグメントを組み立てていく。地上の建物や路面交通に影響を与えないで、ずい道を造れる利点がある。反面、他の工法に比べて現在では工事費が高くつく欠点がある。

シールド工法の実施例（縦断面）

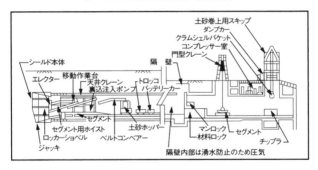

〔NATM〕

　ロックボルトを吹付けコンクリートを主たる支保部材として、地山の強度的劣化を極力抑えてトンネルを掘り進めていこうとするトンネル工法であり、地質の変化に対応しやすく、掘削中の地山のゆるみが少なく、地表沈下を最小とすることができる。また、従来シールド工法が施工された都市トンネルにも適用できる場合がある。

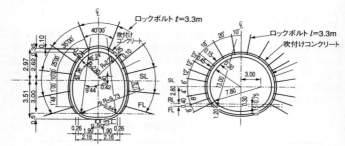

(a) 単線鉄道トンネルの例　　　(b) 複線新幹線トンネルの例

〔ケーソン（潜函）工法〕

　河底横断や、地形、地質、周囲の建造物などの関係で施工条件の悪い場合にはよく使われる工法で、河底横断の場合は、川の中に島をつくり、その島の上でトンネルとなる箱を組み立て、これを沈下させたのち、所定の位置まで掘削しながら埋設し同じ工法でいくつかの箱を沈めていって長いトンネルをつくる。

ケーソン工法の手順（横断面）

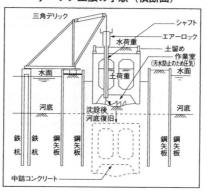

〔沈埋工法〕

　あらかじめ浚せつ機で河底に掘っておいた穴に、トンネルを沈めて埋める工法で、川をせき止めたり航行を妨げる時間が短いので、過密した都市の河川や港では最適の工法といわれている。しかし、一般にはケーソン工法より工費が割高になる。

沈埋工法の手順（横断面）

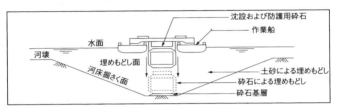

（資料：交通営団「地下鉄の話」、東京都「都営地下鉄建設概要」、名古屋市「名古屋の地下鉄」による。）

ロングレール	通常 200m以上の長さのレール。乗り心地がよく、軌道保守に有利である。 （参考）　一般のレールの長さは、25m程度である。

〈電気・運転〉

電力管理システム	変電所の機器の操作、故障時の処理等の業務を電子計算機により自動的に行い、電力運用を安全かつ総合的に行うシステム。

列車集中制御装置 Centralized Traffic Control（CTC）	中央指令所から各駅の信号設備を集中制御し、かつ列車運行状況を監視し、列車運転をより安全に、能率的に行う装置。
自動列車停止装置 Automatic Train Stop（ATS）	列車又は車両の運転に関して、信号現示の誤認や曲線等の速度制限箇所等での速度超過があった場合に、自動的にブレーキを作動させて停止又は、安全上支障のない速度まで減速させる装置。
自動列車制御装置 Automatic Train Control（ATC）	列車の走行速度を自動的に制限速度以下に制御する装置。
自動列車運転装置 Automatic Train Operation（ATO）	列車の起動、加速、速度の一定保持、減速、定位置停止をすべて自動的に行う装置。
運転管理システム	CTC 装置と電子計算機を組合わせて、各駅の進路制御、ダイヤ管理、あるいは各駅の案内放送、表示等をすべて自動的に行うシステム。
表　定　速　度	列車の運転区間の距離を、運転時間（駅間の走行時間に途中駅の停車時間を加えた時間）で除したもの。
平　均　速　度	列車の運転区間の距離を、駅間の走行時間で除したもの。

線 路 の 構 造

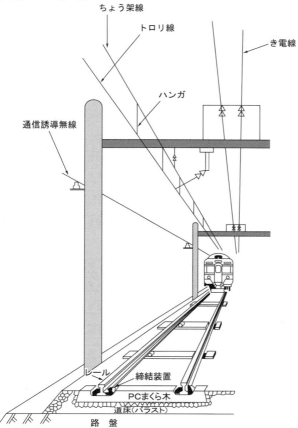

参　考

国土交通省鉄道局関係組織図

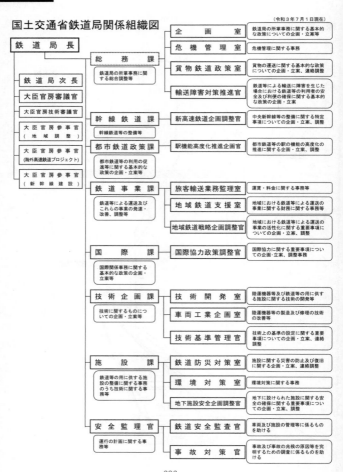

	企　画　室	鉄道局の所掌事務に関する基本的な政策についての企画・立案等

鉄 道 局 長

- 鉄道局次長
- 大臣官房審議官
- 大臣官房技術審議官
- 大臣官房参事官（地域調整）
- 大臣官房参事官（海外高速鉄道プロジェクト）
- 大臣官房参事官（新幹線建設）

総　務　課
鉄道局の所掌事務に関する総合調整等

- 企　画　室 — 鉄道局の所掌事務に関する基本的な政策についての企画・立案等
- 危 機 管 理 室 — 危機管理に関する事務
- 貨物鉄道政策室 — 貨物の運送に関する基本的な政策についての企画・立案、連絡調整
- 輸送障害対策推進官 — 鉄道等による輸送に障害を生じた場合における鉄道等の利用者の安全及び利便の確保に関する基本的な政策の企画・立案

幹 線 鉄 道 課
幹線鉄道等の整備等

- 新高速鉄道企画調整官 — 中央新幹線の整備に関する特定事項についての企画・立案、調整

都市鉄道政策課
都市鉄道等の利用の促進等に関する基本的な政策の企画・立案等

- 駅機能高度化推進企画官 — 都市鉄道等の駅の機能の高度化の推進に関する企画・立案、調整

鉄 道 事 業 課
鉄道による運送及びこれらの事業の発達・改善、調整等

- 旅客輸送業務監理室 — 運賃・料金に関する事務等
- 地域鉄道支援室 — 地域における鉄道等による運送の事業に関する財務に関する事務等
- 地域鉄道戦略企画調整官 — 地域における鉄道等による運送の事業の活性化に関する重要事項についての企画・立案、調整

国　際　課
国際関係事務に関する基本的な政策の企画・立案等

- 国際協力政策調整官 — 国際協力に関する重要事項についての企画・立案、調整事務

技 術 企 画 課
技術に関するものについての企画・立案等

- 技 術 開 発 室 — 陸運機器等及び鉄道等の用に供する施設に関する技術の開発等
- 車両工業企画室 — 陸運機器等の製造及び修理の技術の改善等
- 技術基準管理官 — 技術上の基準の設定に関する重要事項についての企画・立案、連絡調整

施　設　課
鉄道等の用に供する施設の整備に関する事務のうち技術に関する事務等

- 鉄道防災対策室 — 施設に関する災害の防止及び復旧に関する企画・立案、連絡調整
- 環 境 対 策 室 — 環境対策に関する事務
- 地下施設安全企画調整官 — 地下に設けられた施設に関する安全の確保に関する重要事項についての企画・立案、調整

安 全 監 理 官
運行の計画に関する事務等

- 鉄道安全監査官 — 車両及び施設の管理等に係るものを助ける
- 事 故 対 策 官 — 事故及び事故の兆候の原因等を究明するための調査に係るものを助ける

鉄道関係団体一覧　　　　　　　　　　（令和 3 年 7 月 1 日現在）

◎一般社団法人　日本民営鉄道協会
JAPAN PRIVATE RAILWAY ASSOCIATION
住　所　〒100-8171　東京都千代田区大手町 2 − 6 − 1
　　　　　　　　　　　　　　朝日生命大手町ビル 16 階

電　話　（03）5202-1401
代表者　会長　野　本　　弘　文
◎一般社団法人　公営交通事業協会
MUNICIPAL TRANSPORTATION WORKS ASSOCIATION
住　所　〒105-0003　東京都港区西新橋 1-11-3
　　　　　　　　　　　　　　虎ノ門アサヒビル 9 階

電　話　（03）3591-5063
代表者　会長　内　藤　　　淳
◎一般社団法人　日本地下鉄協会
JAPAN SUBWAY ASSOCIATION
住　所　〒101-0047　東京都千代田区内神田 2-10-12
　　　　　　　　　　　　　　内神田すいすいビル 9 階

電　話　（03）5577-5182
代表者　会長　髙　島　宗　一　郎
◎一般財団法人　日本鋼索交通協会
JAPAN FUNICULAR TRANSPORT ASSOCIATION
住　所　〒111-0056　東京都台東区小島 2-18-15
　　　　　　　　　　　　　　新御徒町妙見屋ビル 3 階

電　話　（03）3866-3163
代表者　会長　星　野　　寛
◎一般社団法人　日本モノレール協会
JAPAN MONORAIL ASSOCIATION
住　所　〒101-0047　東京都千代田区内神田 2−12−10
電　話　（03）3258-6471
代表者　会長　二　階　俊　博
◎独立行政法人鉄道建設・運輸施設整備支援機構
JAPAN RAILWAY CONSTRUCTION, TRANSPORT AND TECHNOLOGY
AGENCY
住　所　〒231-8315　神奈川県横浜市中区本町 6-50- 1
　　　　　　　　　　　　　　横浜アイランドタワー24F

電　話　（045）222-9101
理事長　河　内　　　隆

数字でみる鉄道 2021

令和 4 年 1 月発行　　定価：935円（本体価格850円＋税10%）

監修　国土交通省鉄道局

発行　一般財団法人　運輸総合研究所

〒105-0001 東京都港区虎ノ門3丁目18番19号　UD神谷町ビル

電　話　（03）　5470－8410

ＦＡＸ　（03）　5470－8411

ISBN　978-4-910466-06-4　C0065　¥850 E